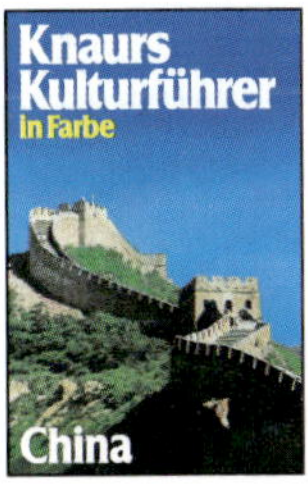

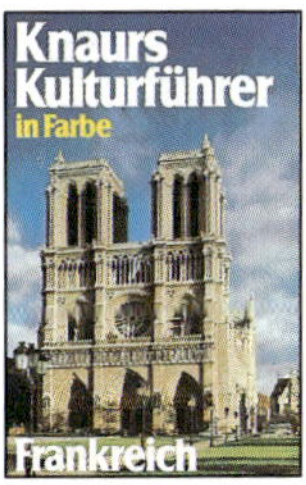

Fortsetzung am Ende des Buches

Droemer
Knaur®

Marianne Mehling (Hg.)

KNAURS KULTURFÜHRER IN FARBE

Salzburg und Salzburger Land

Über 240 farbige Fotos und Grundrisse
sowie 7 Seiten Karten

Droemer Knaur

**Autoren: Joachim Hertlein, Dr. Marianne Mehling,
Maria Paukert, Prof. Dr. Albin Rohrmoser, Serguej Dmitriev**

**Fotos: Torsten Fricke, Schreyer-Löbl,
Salzburger Museum Carolino Augusteum**

Die Deutsche Bibliothek – CIP-Einheitsaufnahme

Knaurs Kulturführer in Farbe Salzburg und Salzburger Land /
Marianne Mehling (Hg.). [Autoren: Joachim Hertlein ...
Fotos: Torsten Fricke]. –
München : Droemer Knaur, 1994
ISBN 3-426-26549-4
NE: Mehling, Marianne [Hrsg.]; Hertlein, Joachim; Fricke, Torsten

Für Hinweise auf Veränderungen und Ergänzungen ist die Redaktion dankbar.
Zuschriften an Droemer Knaur Verlag, 81664 München.
Idee: Redaktionsbüro Harenberg (Schwerte)
Umschlagabbildung: Blick auf Feste Hohensalzburg und Dom
(Foto: Bavaria/Picture Finders, Gauting)
Karten: Herbert Winkler, München
Stadtplan Salzburg: Kartographie Huber, München
Grundrisse: Karl Schneider, Solms
Reproduktion: Fotolito Longo, Frangart (Bozen)
Texterfassung und Filmbelichtung: Appl, Wemding
Umbruch: Ventura Publisher br
Druck: Appl, Wemding
Aufbindung: Großbuchbinderei Sigloch, Künzelsau
Printed in Germany
ISBN 3-426-26549-4

5 4 3 2 1

Vorwort

»Die Gegenden von Salzburg, Neapel und Konstantinopel halte ich für die schönsten der Erde«, so schrieb Alexander von Humboldt, der Weltreisende und Wissenschaftler, 1804. Und für den Komponisten Franz Schubert waren die Begriffe »Salzburg« und »die schönste Gegend« »Synonyme«. Ferdinand von Olivier empfand Salzburg als eine »Schöpfungslandschaft aus Gottes Hand«. Im Zeitalter der Romantik entdeckten die Schriftsteller und Maler die einmalige Schönheit der Stadt und des Salzburger Landes, in denen faszinierende Gegenden mit Bergen, reichen Wiesen, den breiten Flüssen Saalach und Salzach, zahlreichen reizvoll gelegenen Seen, schroffen Felsen, riesigen Wasserfällen und friedlichen Tälern mit einer vollendeten Kultur konkurrieren, mit Baukunst, Bildhauerei, Malerei in den mittelalterlichen Burgen, den gotischen oder barocken Landkirchen z.B., vor allem aber mit der grandiosen Architektur der Stadt Salzburg, deren Bauten sich zu einem harmonischen Ganzen zusammenschließen – vollendet wie nur selten auf dieser Erde – und offensichtlich prädestiniert für Musik – von der überall noch lebendigen Volksmusik und volkstümlichen Musik bis hin zu Michael Haydn und Wolfgang Amadeus Mozart und der internationalen Anziehungskraft und dem Flair der Festspielstadt.
Salzburg, die Hauptstadt des österreichischen Bundeslandes Salzburg, hat wie kaum eine andere von Anfang an die Geschichte und Kulturgeschichte des gesamten Landes geprägt, das sich heute in fünf Gaue gliedert, den Flachgau und den Tennengau im N, den Lungau im SO und den Pongau und den Pinzgau mit den Hohen Tauern im S und SW.
Im vorliegenden Kulturführer sollen die Orte des Bundeslandes Salzburg besprochen werden, dazu aber einige bes. kunstgeschichtlich bedeutende Stätten, wie z.B. Mondsee und St. Wolfgang, deren Besuch der Kulturreisende ganz einfach mit einem Aufenthalt in Salzburg verbinden kann und die andererseits eng mit der Geschichte des Landes und seiner Hauptstadt verbunden sind und dabei noch innerhalb des Salzkammerguts nö des Tennengaus, das zum großen Teil zu Oberösterreich und der Steiermark gehört, liegen.
Das Salzburger Land hat eine bewegte Geschichte hinter sich, wobei die hohen Gebirge oft rettend gegen den Ansturm von Fremdherrschern wirkten, so z.B. in der Völkerwanderungszeit, aber auch während der Türkenkriege im 16. Jh. während des Dreißigjährigen Krieges. Die z.T. abgeschlossene Lage in einsamen Gebirgstälern war aber auch für die Überlieferung ursprünglichen Brauchtums, das hier mit Passions- und Weihnachtsspielen, mit Volksmusik, Tänzen, Trachten, Märkten, Festen und Umzügen bis heute eine wesentliche Rolle spielt, von Bedeutung.
Kulturgeschichtliche Funde gibt es schon aus der Steinzeit. Die Illyrer schürften im Land nach Kupfer und begannen mit dem Salzbergbau. In der keltischen Hallstattzeit begann der für den Reichtum des Landes bedeutende Salzhandel. Wie weit schon damals das Kunsthandwerk gediehen war, zeigen die Funde von Dürrnberg oberhalb von Hallein vom 5. Jh. v. Chr. (heute im Salzburger Museum Carolino Augusteum und dem Keltenmuseum in Hallein). Während der Römerzeit war Salzburg Hauptstadt eines

Verwaltungsbezirks der Provinz Noricum, wovon noch viele Überreste zeugen. Noch heute lassen sich die Meilensteine einer ursprünglich römischen Straße, die über Kuchl und die Tauern bis nach Rom führte, entdecken. Im 5. Jh. n. Chr. kamen slawische und germanische Volksstämme ins Land und verdrängten die Römer. Im frühen Mittelalter bauten die Bayernherzöge Festungen in der Salzburger Region. Die Gründung des Klosters St. Peter im 7. Jh. durch den hl. Rupert bedeutete den Ursprung des selbständigen Bistums, das Salzburg und das Salzburger Land ab 739 bis zur Säkularisation 1803 regieren, bereichern und vor allem während des Mittelalters und der Barockzeit kultivieren sollte. 1805 kam das Land zu Österreich, 1809 durch Napoleon zu Bayern und 1816 durch den Wiener Kongreß wieder zu Österreich, wo es ab 1850 selbständiges Kronland und 1918 Bundesland der Republik Österreich wurde. Doch nur kurze Zeit, bis die Romantiker seine Schönheit und historische Bedeutung erkannnten, bis der Fremdenverkehr mit Winter- und Sommerurlaubern das Land eroberte und bis schließlich seit der ersten Hälfte unseres Jahrhunderts die Festspielgäste aus aller Welt dem Genie Mozart und der Barockstadt zuströmten, schien Salzburg nach den glanzvollen Jahrhunderten während der Herrschaft der Fürsterzbischöfe an Bedeutung verloren zu haben. Heute steht es mehr denn je im Blickpunkt eines allgemeinen kulturellen Interesses.

Wie in den übrigen Bänden der Reihe stehen auch hier die Farbabbildungen gleichrangig neben dem Text. Von mehr als 210 beschriebenen Orten werden Burgen, Kirchen und Klöster, Schlösser, Rathäuser, Herrensitze, Theater und Museen vorgestellt. Über 240 farbige Fotos und Skizzen sowie 7 Seiten Karten illustrieren den Text. Und analog zu den Vorgängerbänden sind die Artikel alphabetisch nach Orten geordnet.

Die Brücken zwischen den Orten, die geographisch benachbart sind, in diesem Buch jedoch durch das Alphabet getrennt wurden, schlägt der Kartenteil auf den Seiten 254–259. Er führt alle behandelten Orte auf. Große Punkte kennzeichnen einen Hauptort, kleine Punkte der gleichen Farbe im Umkreis die dazugehörigen Umgebungsorte. Verschiedene Farben wurden verwendet, um deutlich zu machen, zu welchem Hauptort die betreffenden Umgebungsorte gehören.

Die Karte bietet so einen Überblick darüber, welche Orte in der Nachbarschaft eines Zielpunktes liegen und deshalb vielleicht zusätzlich in einen Reiseplan einbezogen werden können. Bei jedem Ort sind im Kopf des Artikels Einwohnerzahl und ein Hinweis auf die betreffende Karte (S. 255 □ E2 = Seite 255, Planquadrat E2) angegeben.

Die einzelnen Sehenswürdigkeiten sind jeweils fett gedruckt. Im Anhang befinden sich ein Register der Fachausdrücke, ein Künstlerregister und ein Register aller behandelten Orte.

< Salzburger Museum Carolino Augusteum, Konrad Laib: Hl. Hermes (Tempera auf Holz)

EISENHANDLUNG

Salzburg

Einwohner: 144 000 · Höhe: 425 m · Seite 255 □ D 2

Salzburg, Hauptstadt des gleichnamigen Bundeslandes, ist mit 144000 Einwohnern die viertgrößte Stadt Österreichs, Sitz der Landesregierung, eines Erzbischofs, hat Universität und Hochschule für Musik und darstellende Kunst (»Mozarteum«). Als »Mozartstadt« ist sie weltberühmt durch ihre Festspiele (Ostern und Sommer). Dem Humanisten und Weltreisenden Alexander von Humboldt (1769–1859) galt Salzburg mit Konstantinopel und Neapel als eine der drei schönsten Städte der Welt.

GESCHICHTE

Salzburg – Iuvavum der Römer: Vorgeschichtliche Siedlungsspuren auf allen Inselbergen des Salzburger Beckens, bes. aber die überwiegend bei Steinbrucharbeiten gefundenen prähistor. Zeugnisse des Rainbergs (→Prähistorische Sammlung SMCA = Salzburger Museum Carolino Augusteum) weisen die kontinuierliche Besiedlung des späteren Stadtgebietes von der Jungsteinzeit an (5000–2000 v. Chr.) bis zum Beginn der röm. Herrschaft aus. Die Gründung einer röm. Siedlung ist mit der Errichtung der Provinz Noricum (15 v. Chr.) in Verbindung zu sehen. Unter Kaiser Claudius (41–54 n. Chr.) erhält die als Straßenknoten der Reichsstraßen Salzburg – Augsburg, Salzburg – Wels und Salzburg – Aquileia und als Flußübergang an einer Engstelle der Salzach (keltisch [lat.]?: Juvavus) gegründete Siedlung mit dem vollen Namen *Municipium Claudium Iuvavum* das Recht einer autonomen Stadt. Zahlreiche archäologische Grabungen geben Anhaltspunkte über Ausdehnung und Gliederung des röm. Salzburg. In unmittelbarer Nachbarschaft der heutigen Haupt-(»Staats-«)brücke befand sich schon in röm. Zeit der Übergang über die Salzach. Bis weit in die Neuzeit hinein bildeten die an die röm. Reichsstraßen anbindenden Straßenzüge Iuvavums (heute Getreidegasse, Steingasse und Linzergasse) die Hauptstraßenzüge. Die Ausdehnung, die die Römerstadt erreichte, hielt sich bis weit über das Mittelalter hinaus. Das von den Stadtbergen eingeengte, besiedelbare Areal verhinderte das für röm. Stadtanlagen charakteristische System von einander im rechten Winkel schneidenden Hauptstraßenzügen innerhalb eines regelmäßigen Stadtgevierts (hippodamisches System). Die Lage des Zentrums mit Forum und öffentlichen Gebäuden konnte bisher nicht mit Sicherheit nachgewiesen wer-

< Blick vom Kapuzinerberg

den. Der einzige ergrabene, mehreren Gottheiten (darunter Asklepios) geweihte Tempel fand sich in der Kaigasse, inmitten eines Bereiches, in dem vornehm ausgestattete Wohnhäuser nachgewiesen werden konnten (etwa zwischen Sigmund-Haffner-Gasse und Kajetanerplatz). Die durch die Markomanneneinfälle (zwischen 170 und 180 n. Chr.) verursachten Zerstörungen führten zur Stadterneuerung am Anfang des 3. Jh. n. Chr. Aus dieser und der folgenden Zeit, bis ins späte 4. Jh. n. Chr., fanden sich Teile von Mosaikfußböden (heute im SMCA; die eines vornehmen Peristylhauses in situ im →Domgrabungsmuseum des SMCA). Römische Gräberfelder, außerhalb der Stadt gelegen, wurden am Ende der Linzergasse und am Bürglstein gefunden (die vielfältigen, meist importierten keramischen Grabbeigaben überwiegend im SMCA). Funde des späteren 5. und des 6. Jh. fehlen ebenso wie Zeugnisse des spätantiken frühen Christentums. Ein frühbairisches Gräberfeld im Herzen der Römerstadt läßt Rückschlüsse auf die Verödung des Gemeinwesens ziehen. Über Tag haben sich keine Denkmäler erhalten, so daß die Geschichte des röm. Salzburgs, einer typischen zivilen Siedlung nordalpinen Charakters, mit zahlreichen Villen im Umfeld, lediglich auf dem Umweg über die archäologische Forschung zu erschließen ist.

Stadtgeschichte: Dem Niedergang Iuvavums in den Wirren der Völkerwanderungszeit folgt nach der bairischen Landnahme die Schenkung des »oppidum« Salzburg und eines »castrum superius« auf der Nonnbergterrasse (gegen 700) an den rheinfränkischen Bischof Hruodbert (Rupert), der als politischer Flüchtling am Hof des Baiernherzogs Theodor Zuflucht gefunden hatte. Im Bereich von St. Peter oder des heutigen Doms errichtet der hl. Rupert eine Kirche und gründet am Fuß des Mönchsberg-Steilabfalls ein Kloster oder erneuert eine bereits bestehende Mönchsgemeinschaft. 712/13 errichtet er das Frauenkloster Nonnberg für seine Verwandte Erentrudis. Seit 739 residiert in Salzburg ein Diözesanbischof. Mit der Erhebung zum Erzbistum 798 wird Salzburg Sitz eines Metropoliten über die altbairischen Bistümer, nach dem Sieg über die Awaren Zentrum der Missionierung des Alpen- und Donauraumes bis hinein nach Westungarn. Der unter Bischof Virgil 767–774 errichtete Dom ist sichtbares Zeichen wachsender Machtfülle und zugleich zukünftiger Mittelpunkt der Stadt. In seiner unmittelbaren Nähe – zwischen ihm und der flußaufwärts gegen den heutigen Waagplatz verlegten Brücke – entsteht über eine bairische »curtis publica« (Pfalz? urkundlich 788) mit der Michaelskapelle der Kern der späteren Bürgerstadt. Die Niederlassung von Fernkaufleuten an der 930 genannten »porta« der Pfalz führt zur Entstehung der späteren Judengasse. Otto III. verleiht der Stadt 996 Münzregal und Stadtrecht; der heutige Waagplatz ist frühester Marktplatz und bleibt es bis zur Verlegung auf den im Verlaufe des 13. Jh. angelegten heutigen Alten Markt; das Rathaus erhält 1399 seinen heutigen Standort. Im Verlaufe des 12. Jh. entwickelt sich die Bürgerstadt flußabwärts in dem zwischen Mönchsberg und der Salzach gelegenen Dreieck. Schwerlinie ist die bis hin zum 1327 gegründeten Bürgerspital reichende Getreidegasse. Pfarrkirchen-Funktion erhält 1139 die im frühen 9. Jh. errichtete Marienkirche (seit 1592 →Franziskanerkirche). Beginnend mit dem 10. Jh. entwickelt sich am rechten Ufer brückenkopfartig eine Siedlung mit eigener Kirche.

Die Nutzwasserversorgung der Stadt leistete der in einem verzweigten Stollensystem unter der Altstadt durchgeführte Almkanal (mit Ausnahme weniger stillgelegter Nebenarme heute noch in Betrieb). Bereits zwischen 1137 und 1143 wurde mit einem unter dem Übergang zwischen Mönchsberg und Festungsberg durch den Felsen geschlagenen Stollen die Wasserzufuhr entscheidend verbessert. Seit 1286 besteht ein Almkanal-Zubringer, der Wasser aus der Königssee-Ache über 12 km heranführt.

1077 begann Erzbischof Gebhard den Bau der (→Hohensalz-)Burg. Die erste erhaltene Stadtansicht, ein Holzschnitt

Blick vom Mönchsberg auf den Dom >

der Schedelschen Weltchronik, der auf eine *Wohlgemut*-Zeichnung von 1469 zurückgeht, zeigt sie noch vor den massiven spätmittelalterlichen Um- und Ausbauten – besonders unter Leonhard von Keutschach –, durch die sie im wesentlichen ihre heutige Gestalt erhielt und als dominierender Akzent im Stadtbild zum Wahrzeichen Salzburgs wurde.
1280 wird auch die Bürgerstadt durch Stadtmauern gesichert, die 1465–1480 verstärkt und im 30jährigen Krieg durch Erzbischof Paris Lodron unter Einbeziehung der Stadtberge erweitert werden. Mehrere Tore und Teile der Stadtmauern haben sich trotz rigoroser Eingriffe des späten 19. Jh. bis heute erhalten.
Der entscheidendste Einriff in das Gefüge der mittelalterlichen Stadt geht auf Erzbischof Wolf Dietrich von Raitenau zurück, dessen moderne städteplanerische Vorstellungen durch seinen ital. Studienaufenthalt geprägt worden waren. Nach dem Abbruch zahlreicher (55) Häuser im Umfeld des Domfriedhofes begann er mit dem Bau einer zeitgemäßen Residenz (der sog. →Neubau mit dem unter Ernst Graf Thun eingefügten Glockenspielturm), die allerdings nie in der vorgesehenen Funktion verwendet wurde (Gästehaus und Ämter der Erzbischöfe, Amtsgebäude der Landesregierung; neuerdings ist eine Übersiedlung des Salzburger Stadt- und Landesmuseums Carolino Augusteum vorgesehen).
Der Brand des Domes von 1598 und der durch die schweren Brandschäden in seiner Folge notwendige Abbruch gab Wolf Dietrich die erwünschte Gelegenheit zu einer radikalen und großzügigen Erneuerung des engen mittelalterlichen Dom- und Residenzbezirks. Die Auflassung des Domfriedhofes (der durch einen neu angelegten bei →St. Sebastian ersetzt wurde) und der Abbruch des Domklosters ermöglichte, zugleich mit der Planung des neuen →Domes durch Vincenzo Scamozzi*, die Schaffung großzügig angelegter Plätze. Als Verbindung zu dem von ihm im ehem. Frauengarten errichteten Hofstallgebäude (→Festspielhaus) entstand eine repräsentative neue Straßenachse, die am Bürgerspitalplatz endete; vor der Stadtmauer, entlang der Salzach (am Gries), ein weiterer Straßenzug. Mit der Errichtung des Schlosses Altenau (→Schloß Mirabell) für seine Lebensgefährtin Salome von Alt schuf er am rechten Salzachufer einen außerhalb der Stadtbefestigung gelegenen Landsitz.
Der bestehende Dom wurde freilich erst unter Wolf Dietrichs Nachfolger, dem Erzbischof Markus Sittikus von Hohenems, erbaut. Mit dem →»Schloß Hellbrunn« errichtete ihm sein Dombaumeister Santino Solari* eine vom Lebensgefühl des ital. Manierismus geprägte »Villa suburbana«. Die Fertigstellung des Doms fällt in die Zeit Erzbischof Paris Lodrons, dessen diplomatisches Geschick Salzburg vor den Wirren des 30jährigen Krieges bewahrte und der auch die Universität begründete. Wolf Dietrich schuf mit seiner rastlosen Planungs- und Bautätigkeit jedenfalls die Voraussetzungen für jenes barocke Salzburg, das mit Recht den Beinamen »Rom des Nordens« trägt. Die Tätigkeit G. G. Zucallis* (→St. Erhard und →Kajetanerkirche) in Salzburg, bes. aber die zahlreichen Stiftungen und Bauten Erzbischof Johann Ernst Graf Thuns, die er mit Hilfe des am römischen Barock geschulten Architekten Johann Bernhard Fischer von Erlach* verwirklichte, haben entscheidenden Anteil daran. Thuns Nachfolger, Erzbischof Anton Fürst Harrach, ließ durch Lukas von Hildebrandt* das in Mirabell umbenannte und bereits durch die Lodronschen Befestigungen in die Stadt einbezogene Wolf Dietrichsche Schloß Altenau großzügig erneuern. Der rigorose Protestantenvertreiber Erzbischof Leopold Anton Graf Firmian errichtete sich mit Schloß Kleßheim und seinem Neffen Laktanz Firmian mit Schloß Leopoldskron repräsentative Landsitze außerhalb der Stadt.
Der letzte in der Reihe der großen Barockfürsten Salzburgs war Sigismund Graf Schrattenbach. Ihm verdankt die Stadt mit dem Mönchsbergdurchbruch des →Neutores ihre Öffnung nach Westen. Mit Erzbischof Hieronymus Graf Colloredo, dem letzten der regierenden Fürsterzbischöfe, hielt die Aufklärung auch in Salzburg Einzug. Die Stadt wurde damals zu einem Zentrum katholischer Aufklärung in Oberdeutschland.

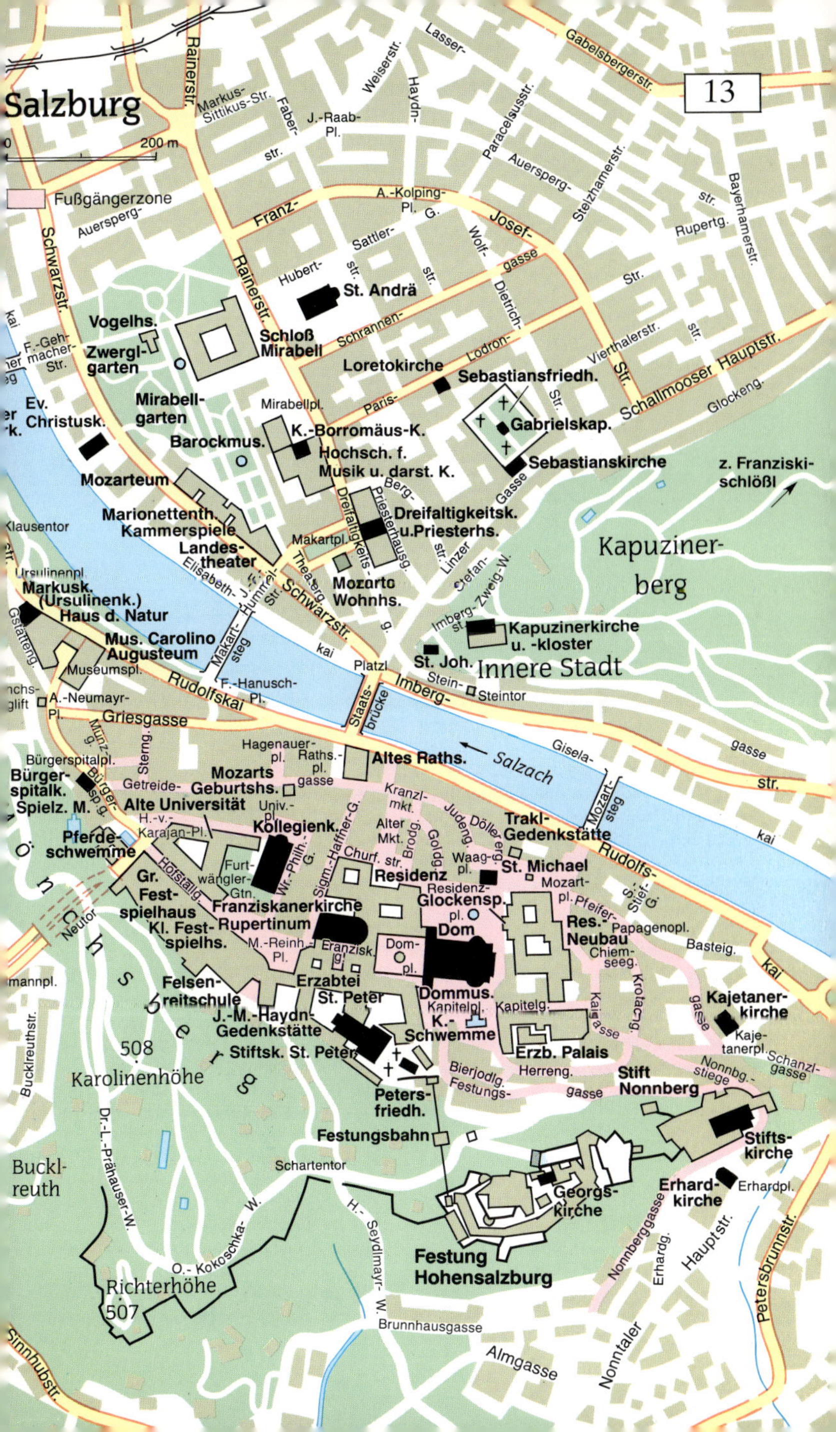

Salzburg
13
0
200 m
Fußgängerzone
Rainerstr.
Markus-Sittikus-Str.
Faber-str.
J.-Raab-Pl.
Weiserstr.
Lasser-
Haydn-
Gabelsbergerstr.
Paracelsusstr.
Auersperg-
Stelzhamerstr.
Bayerhamerstr.
str.
Rupertg.
A.-Kolping-Pl.
G.
Franz-
Josef-
gasse
Auersperg-
Schwarzstr.
Sattler-
str.
Hubert-
str.
Wolf-
Dietrich-
St. Andrä
Rainerstr.
Schrannen-
Str.
str.
Vierthalerstr.
Vogelhs.
Schloß Mirabell
Loretokirche
Lodron-
Sebastiansfriedh.
Str.
Schallmooser Hauptstr.
Glockeng.
kai
F.-Gehmacher-Str.
Zwerglgarten
Ev. Christusk.
Mirabellgarten
Mirabellpl.
Paris-
Gabrielskap.
Barockmus.
K.-Borromäus-K.
Hochsch. f. Musik u. darst. K.
Sebastianskirche
z. Franziskischlößl
Mozarteum
Berg-
Gasse
Marionettenth.
Kammerspiele
Dreifaltigkeitsk. u.Priesterhs.
Klausentor
Landestheater
Makartpl.
Dreifaltigkeits-g.
Priesterhausg.
Linzer
Kapuzinerberg
Ursulinenpl.
Markusk. (Ursulinenk.)
Elisabeth-
J.-F.-Hummel-Str.
Theaterg.
Schwarzstr.
Mozarts Wohnhs.
str.
Stefan-Zweig-W.
Haus d. Natur
Gstätteng.
Imberg-st.
Kapuzinerkirche u. -kloster
Mus. Carolino Augusteum
Makartsteg
kai
g.
St. Joh.
Innere Stadt
Museumspl.
Platzl
Stein-
Steintor
Rudolfskai
F.-Hanusch-Pl.
Imberg-
A.-Neumayr-Pl.
Staatsbrücke
Griesgasse
Hagenauer-pl.
Raths.-pl.
Altes Raths.
Salzach
Gisela-
gasse
Münzg.
Bürgerspitalpl.
Sterng.
str.
Bürgerspitalk.
Bürgersp.g.
Getreide-
Mozarts Geburtshs.
gasse
Kranzlmkt.
Spielz. M.
Alte Universität
Univ.-pl.
Judeng.
Döllerg.
Trakl-Gedenkstätte
Mozartsteg
kai
H.-v.-Karajan-Pl.
Kollegienk.
Sigm.-Haffner-G.
Alter Mkt.
Brodg.
Goldg.
Waag-pl.
Pferdeschwemme
Furtwängler-Gtn.
Wr.-Philh.-G.
Churf. str.
Residenz
St. Michael
Rudolfs-
Gr. Festspielhaus
Hofstallg.
Residenz-
Glockensp.
pl.
Mozart-pl.
Pfeifer-
St.-Stief-G.
Franziskanerkirche
Neutor
Kl. Festspielhs.
Rupertinum
Dom
Res.-Neubau
Papagenopl.
Basteig.
M.-Reinh.-Pl.
Franzisk.g.
Dom-pl.
Chiemseeg.
Kai
Felsenreitschule
Erzabtei St. Peter
Dommus.
Krotachg.
Kaigasse
gasse
Kajetanerkirche
Kapitelpl.
Kapitelg.
J.-M.-Haydn-Gedenkstätte
K.-Schwemme
Kajetanerpl.
508
Stiftsk. St. Peter
Erzb. Palais
Schanzlgasse
Karolinenhöhe
Mönchsberg
Bierjodlg.
Herreng.
Nonnbg.-stiege
Festungs-
gasse
Stift Nonnberg
Petersfriedh.
Festungsbahn
Stiftskirche
Bucklreuth
Schartentor
Erhardkirche
Erhardpl.
Georgskirche
Nonnberggasse
Hauptstr.
Petersbrunnstr.
Festung Hohensalzburg
Erhardg.
Dr.-L.-Prähauser-W.
O.-Kokoschka-W.
H.-Seydlmayr-W.
Richterhöhe
507
Brunnhausgasse
Almgasse
Nonntaler
Bucklreuthstr.
Sinnhubstr.

Franz Xaver Mandl, Blick auf Salzburg, 1835

Mit Colloredos sparmeisterlichem Regiment (ihm erschienen selbst die anfallenden Erhaltungsmaßnahmen an dem dann 1818 durch den Stadtbrand zerstörten barocken Fassadenturm von Schloß Mirabell als unnötige Verschwendung) beendeten die Ereignisse im Gefolge der Napoleonischen Kriege zugleich auch die Selbständigkeit des geistlichen Fürstentums. Colloredo floh 1800 mit der Staatskasse nach Wien und dankte 1803 als Landesfürst ab. Salzburg wurde vorübergehend zum Spielball fremder Mächte.

Das Gebiet von Salzburg fiel daraufhin im Tausch gegen die Toskana an dessen Großherzog Ferdinand von Habsburg-Lothringen, 1805 an Österreich. 1809 kam es unter franz. Verwaltung, 1810 an Bayern und schließlich 1816 endgültig an Österreich. Erst 1850 wurde das bis dahin an das Herzogtum ob der Enns (Oberösterreich) als Landkreis angegliederte Salzburg selbständiges Kronland, die Kreisstadt Salzburg erst 1861 Sitz einer eigenen Landesregierung. Ein von der Stadt patronisiertes und dadurch eigenständiges, 1834 gegründetes »vaterländisches« Museum der Salzburger (das heute von Stadt und Land geführte →Salzburger Museum Carolino Augusteum = SMCA), vertrat in der Zwischenphase politischer Demütigung und wirtschaftlichen Niedergangs beharrlich die Zielvorstellung, das Bewußtsein an die durch 1000 Jahre hindurch selbständige Entwicklung Salzburgs wachzuhalten.

Auf den Verlust der Eigenständigkeit folgte eine Phase der Stagnation. Die öffentliche Bautätigkeit (mit Ausnahme des Wiederaufbaues des 1818 abgebrannten Schlosses Mirabell) kam ein halbes Jahrhundert völlig, die private fast völlig zum Erliegen. Absichtslos trug dieser Zustand zur Erhaltung des gewachsenen Bestandes bei. Viele der oft noch in ihrem Kern auf mittelalterliche Bauten zurückreichenden Bürgerhäuser der Altstadt waren bereits im Verlaufe des 16. Jh. um- bzw. ausgebaut worden.

Blick vom Mönchsberg

Die meisten erhielten vom Barock an bis in den Klassizismus hinein ihre in den meisten Fällen bis heute erhaltene Gestalt. Charakteristisch für die Dachlandschaft der Altstadt sind die Grabendächer, deren Giebelseiten hinter weit vorkragenden Hohlkehlgesimsen verschwinden. Sie geben den Bürgerhäusern der Altstadt den an italienische Palazzi erinnernden Charakter.

Der politischen Bedeutungslosigkeit, in die das einstige Erzbistum durch seine Angliederung an das österr. Herzogtum Ob-der-Enns (heute Oberösterreich) verfallen war, stellten die Maler mit ihrem Loblied auf die Schönheit ihrer ehem. Haupt- und Residenzstadt ein rühmliches Salzburgbild entgegen. Nacheinander sind hier bedeutende Maler zwischen Romantik und den realistischen Strömungen des späteren 19. Jh. zu Gast.

Mit der Schaffung des Kronlandes und dem Status einer Landeshauptstadt des Kronlandes Salzburg mit Sitz der Landesregierung nimmt auch die Entwicklung und Ausdehnung der Stadt einen neuen Aufschwung.

Die Regulierung des Salzachbettes ab 1852 durch den Baron Carl Schwarz läßt Uferstreifen entstehen, die sowohl für die Modernisierung des Verkehrsnetzes als auch als neu gewonnenes Bauland für zahlreiche historisierende und gründerzeitliche Villen herangezogen werden. Die Auflassung der Stadt als Festung und die damit verbundene Schenkung des Areals zwischen Mirabell und Kapuzinerberg an die Stadtgemeinde schaffen weiteres Bauland, auf dem neben privaten Villen auch öffentliche Bauten entstehen. Bahnhofsgelände usw.

Abgesehen von unvermeidbaren Bauerneuerungen im Gefolge zweier Bombardements im Kriegsjahr 1944, mit denen versucht wurde, den alten Zustand nachzuempfinden, konnten gröbere Bausünden neueren Datums durch ein strenges Altstadterhaltungsgesetz meist hintangehalten werden.

ALTSTADT LINKS DER SALZACH

Der zwischen Salzach und dem bogenförmig zurücktretenden Hügelzug von Mönchsberg und Burgberg gelegene, sichelförmige Landstreifen erschien durch seine von Natur aus geschützte Lage bereits den Römern als idealer Platz zur Gründung einer Stadt, die als Brückenkopf am Iuvavus verkehrstechnische Bedeutung erlangte. Der schmale Siedlungsstreifen ist Kerngebiet jeder nachfolgenden Stadtentwicklung. Dom- und Residenzbezirk, die die breiteste Stelle der buchtartigen Formation einnehmen, sind mit großer Wahrscheinlichkeit über dem Areal des röm. Verwaltungszentrums entstanden und setzen so die ursprünglichen städteplanerischen Intentionen der röm. Vorläuferin Iuvavum fort. Bindeglied zwischen einem in den Wirren der Völkerwanderung untergehenden Iuvavum der christlichen Spätantike und dem frühmittelalterlichen Salzburg ist die Anlage des Benediktiner-Klosters von St. Peter am Fuße des Steilabfalls des Mönchsberges. Innerhalb der im Mittelalter zwischen Nonntal und dem ehem. Bürgerspital ummauerten Stadtanlage hebt sich die Bürgerstadt durch ihre dichte Verbauung deutlich vom Dom- und Residenzbezirk mit seinen großzügigen nachmittelalterlichen Platzanlagen und dem daran anschließenden Klosterbezirk von St. Peter ab. Besonderen Charakter erhält die Stadt durch die machtvolle Anlage der aus dem Mittelalter stammenden, weithin sichtbaren Burg, dem baulichen Wahrzeichen Salzburgs.

ALTSTADT RECHTS DER SALZACH

Im 10. Jh. war gegenüber dem ehem. Juvavum, das inzwischen Salzpurch hieß, auf der Gegenseite der Salzach, dort, wo der Kapuzinerberg zum Fluß hin abfällt, eine Brückenkopfsiedlung mit eigener Kirche entstanden. Schon während der Römerzeit hatten sich hier die Straße von Aquileia her und andererseits die vom Donau-Limes kommende vereinigt. Denselben Weg benutzten die Handelsleute mit ihrer Salzfracht im MA. Diesmal waren es die Straßen zwischen Venedig und Regensburg. An den Straßenzügen entstanden mittelalterliche Häuserzeilen, die z. T. noch heute bestehen. Im 13. und 15. Jh. wurde die Brükkenkopfsiedlung in die Ummauerung der Stadt Salzburg mit einbezogen. Unter Wolf Dietrich von Raitenau entstanden Sebastianskirche (s. d.) und Sebastiansfriedhof sowie die großartige Anlage von Schloß Mirabell, und unter Erzbischof Paris Lodron im 17. Jh. gab es eine Neubefestigung der Stadt gegen N und zugleich eine Erweiterung, die so hervorragende Bauten wie Priesterhaus und Dreifaltigkeitskirche (s. d.) mit sich brachten. Im 19. Jh. – nach Schleifung der Mauern (ab 1866) – entstanden die heute so typischen Viertel aus der Gründerzeit (Giselakai und Imbergstr.) am Ufer der Salzach. Das Platzl war Mittelpunkt der Altstadt rechts der Salzach.

SAKRALBAUTEN

Dom Hl. Rupert und Hl. Virgil (Domplatz): *Baugeschichte:* Zwei Grabungskampagnen (1956/58 und 1966/67) haben umfassende Erkenntnisse über die ma Vorläuferbauten geliefert. 1. Dombau mit urkundlich gesicherter Weihe 774 unter Bischof Virgil (767–774). Unter Erzbischof Arno (785–812) Ausbau und Umbauten. Unter Erzbischof Hartwig um den Beginn des 11. Jh. erfolgen Bauerweiterungen nach O (langgestreckter Chor mit Krypta) und W (Westwerk?). Konrad I. (1106–1147) läßt zwei Westtürme anfügen. Nach dem Brand von 1167 beginnt Konrad III. 1181 mit der Errichtung des neuen spätroman. Domes, dessen Weihe wahrscheinlich um 1200 vorgenommen wurde, die der Krypta 1219. Der Dombrand des Jahres 1598 führt zu schweren Schäden. Der Einsturz des Mittelschiffgewölbes als Folgeschaden macht die mit Hilfe welscher Maurer begonnenen Sanierungsmaßnahmen zu-

Salzburg an einem Tag

Wer nur 1 oder 2 Tage Zeit für Salzburg hat: Salzburg ist wie ein kostbares Schmuckkästchen mit sehenswerten Kleinoden reich bestückt. Wer nur kurz Zeit hat, sollte, falls er mit dem Auto kommt, sein Fahrzeug in einer Parkgarage unter dem Mönchsbergfelsen stehenlassen (Einfahrt am Hildmannplatz – Ausgang am Herbert-von-Karajan-Platz [Sigmundsplatz]). Er sollte einen Blick auf die Pferdeschwemme und das Festspielhaus werfen, dann aber unbedingt in die Getreidegasse einbiegen und hier das geschäftige Treiben auf engstem Raum innerhalb reizvoller alter Häuser genießen. Hier findet er auch Mozarts Geburtshaus, und wer – gleich danach – durch eines der für Salzburg so typischen Durchhäuser mit ihren reizvollen Innenhöfen, die mit Cafés und Geschäften ausgestattet sind, nach r weiterspaziert, landet auf dem Universitätsplatz und vor Fischer von Erlachs Kollegienkirche. Über die Sigmund-Haffner-Gasse erreicht er die gotische Franziskanerkirche und über die Franziskanergasse das uralte Kloster St. Peter mit Stiftskirche und dem Peterskeller, wo sich Hunger und Durst stillen lassen. Hier steht auch die sehenswerte Peterskirche, und gleich daneben ist der Eingang für den romantischen und vielbesuchten Petersfriedhof. Von hier aus gelangt man auf den Kapitel- und Domplatz und steht gleich darauf vor dem Dom, vor dessen prachtvoller Barockfassade während der Festspielzeit H. v. Hofmannsthals »Jedermann« aufgeführt wird. Wer will, kann in einem der bekannten traditionellen Salzburger Cafés einkehren, die ihren ganz besonderen Reiz haben, im Café Glockenspiel z.B. (Mozartplatz 2), das man vom Dom aus über den Residenzplatz erreicht und wobei man gleich das bezaubernde barocke Glockenspiel (Mozartplatz 1) über dem Heimatwerk im Residenz-Neugebäude (s.d.) bewundern kann, oder im weltberühmten Tomaselli, das mit Holzintarsien im Inneren ausstaffiert ist (Alter Markt 9), im NW des Doms. Wer noch Zeit hat, kann nun noch mit der elektrischen Bahn von der Festungsgasse aus die 119 m über der Stadt gelegene Festung besuchen, von wo aus sich auch ein prächtiger Blick über Salzburg bietet.
Wer einen Tag mehr Zeit hat, sollte es nicht versäumen, sich auch die Stadt rechts der Salzach mit Dreifaltigkeitskirche, Mozarteum und Mirabell anzusehen oder einen Ausflug nach Hellbrunn zu machen.

nichte. So beschließt Erzbischof Wolf Dietrich den Abbruch des traditionsreichen, doch längst nicht mehr zeitgemäßen Baus und nützt die dadurch entstehende Möglichkeit zur Modernisierung des noch gänzlich ma Stadtkerns. Auf ein erstes Projekt 1601 folgt 1606/1607 eine Neuplanung des Doms von nahezu gigantischen Ausmaßen durch den Palladio-Schüler Vincenzo Scamozzi* – der Neubau sollte nicht nur den roman. Dom, sondern sogar St. Peter in Rom übertreffen. Der Grundsteinlegung 1611 für einen wohl aus städteplanerischen Gründen in der Achse um 90 Grad gedrehten Dombau lag ein verkleinertes Projekt zugrunde, dessen Ausführung jedoch bereits 1612 mit dem Sturz des Erzbischofs eingestellt wurde. Der Nachfolger Erzbischof Markus Sittikus berief den Oberitaliener Santino Solari* (1576 Varna bei Lugano – 1646 in Salzburg, eine Büste von seinem Grab im →Petersfriedhof) als Hof- und Dombaumeister, den er mit einem neuerlichen Projekt und dessen Ausführung betraute. Auf den Baubeginn 1614 erfolgte bereits 1628 unter Erzbischof Paris Lodron die Domweihe. Die Fassade mit den Türmen wurde 1652/1653 vollendet. Renovierungen 1859/1860 und 1875–1880. Nach dem Einsturz der Kuppel durch einen Bombentreffer (1944) in den Jahren 1947–1949 erfolgte 1959 der mit einer gleichzeitigen Innenrestaurierung verbundene Neubau der Kuppelschale.

Außenbau: Mit Ausnahme der als barocke Schaufront konzipierten, reichgegliederten und mit hellem Untersberger Marmor verkleideten Doppelturmfassade und der aus der Baumasse aufsteigenden, reicher ausgestatteten Vierungskuppel ist der *Baukörper* auffallend schlicht. Die bis auf die einfachen Marmorumrahmungen der Fenster völlig schmucklose und dadurch streng kubische Baumasse aus Nagelfluhquadern läßt die Hauptzüge der Innenraumkonzeption bereits am Außenbau erkennen: Die Verquickung von Langhausbau mit dem kleeblattförmigen, vom Kuppeloktogon beherrschten Zentralbau im O ist ebenso deutlich ablesbar wie die Zweigeschossigkeit der Seitenschiffe; ebenso zu sehen ist die Dominanz des über die Pultdächer der Seitenschiffe hochgezogenen Mittelschiffs, während die außen sichtbaren Scheinlichtgadenöffnungen (aus einer Reihe querliegender Okulifenster) eine basilikale Raumsituation bloß simuliert. Als wichtigstes *Gliederungsmotiv* der kubischen Baumasse dienen Sockelzone und ein Hauptgesims, das sowohl die Seitenschiff-Langseiten als auch die Konchen der zentralisierten Ostpartie und die zwischen Chorpartie und Querhausarmen eingestellten Sakristeien zusammenschließt. Das aufsteigende Gepräge der achteckigen *Tambourkuppel* wird durch die Gliederung mit Ecklisenen betont. Ihre Fenster sind mit gesprengten Giebeln reicher geschmückt, bekrönt wird sie von einer Laterne, die von Strebewerkbogen gehalten ist, welche mit den Kuppelrippen korrespondieren. Mit den beiden wie Kuppelverkleinerungen wirkenden Turmabschlüssen (endgültige Fertigstellung erst 1909) bildet die Kuppel einen den Bau beherrschenden Dreiklang und das vertikale Gegengewicht zu dem breit hingelagerten Baukörper der Kirche.

Mit Ausnahme der Anbindung der Domfassade an die den Domplatz rahmenden Bauten durch die klammerartigen, aber bewußt zurückhaltend dimensionierten *Dombögen* steht der Dom, flankiert von zwei weiteren großflächigen Plätzen (→Kapitelschwemme und Kapitelplatz, →Residenz und Residenzplatz) völlig frei.

Domplatz und Domfassade: Uneingeschränkt beherrscht die reich gestaltete, breit hingelagerte Fassade mit dem steil aufragenden Doppelturmpaar die sonst schmucklose architektonische Nachbarschaft: Die Südfront der →Residenz und ein die Franziskanergasse (→Franziskanerkirche) schließender Flügel bilden die n und w, der nach der Errichtung der Domtürme an die Residenzseite angeglichene Konventstrakt der →Benediktinerabtei St. Peter die s *Begrenzung* des Platzes. Einen Akzent erhält dieser in seiner vornehmen Schlichtheit monumentale Platz mit der 1776–1771 von den Brüdern Wolfgang und Johann Baptist Hagenauer* eingefügten *Mariensäule,* die angeblich vom Modell Lukas Hildebrandts* für eine unausgeführte Mariensäule am →Universitätsplatz inspiriert sein soll. Bleifiguren auf Postamenten an den Ecken des hohen Sockels reagieren thematisch auf die auf einer Kugel über einem Wolkenberg dargestellte Immaculata: ein frohlockender Engel, ein vor Zorn rasender Teufel und die Allegorien der Wahrheit und der triumphierenden Kirche. Mit Bleireliefs sind die Sockelseiten geschmückt (Wappen des Stifters Erzbischof Sigmund Graf Schrattenbach; Inschrift mit Erklärung der Figuren auf der Domseite; Seitenreliefs mit allegorischer Verherrlichung des Erzstiftes). Betritt man den Domplatz aus der axial zulaufenden Franziskanergasse durch den mittleren der drei Eingangsbögen, so ergibt sich eine bemerkenswerte, durch die beiden Hagenauer in der Dimensionierung des Marienmonuments sichtlich eingeplante optische Kommunikation zwischen Domfassade und Marienstatue; das innerhalb der Ikonographie der Domfassade unverständliche Relief zweier eine Krone haltender Engel erscheint schwebend über dem Haupt der Immaculata, die sich somit dem in den Platz Eintretenden im Sinne eines Ereignisbildes zu erkennen gibt. Die von einem reich verflochtenen Marmorgeländer umgebene Mariensäule zählt zu den frühesten Zeugnissen klassizist. Monumentalplastik.

Die dem schlichten Baukörper vorge-

blendete *Domfassade* aus rosagetöntem, weißem Untersberger Marmor ist bereits ganz Schaufront im Sinne des ital. Barock. Das risalitartig vorgezogene *Turmpaar* verleiht der Fassade gesteigerte Plastizität und läßt sie so fortschrittlicher, barocker erscheinen als das davor entstandene Dominnere. Da der Fassadenmittelteil um je ein halbes Achsenmaß über die Mittelschiffbreite ausspringt (entsprechend in der Vorhalle die beidseitigen Treppenaufgänge in die Türme), schieben sich auch die Türme über die Flucht des Baukörpers hinaus, was die Prospektartigkeit der vorgeblendeten Fassade steigert. Die durchgehende Instrumentierung der Fassade mit – an den Turmkanten geschichteten – Pilastern, mehr noch die mit ihrem kräftigen Profil die Turmgeschosse anbindenden Gesimse, lassen eine wuchtige Front entstehen, deren palastartige Wirkung in der ambivalenten Funktion der Risalite als Turmgeschosse in eine kräftige Vertikalisierung umschlägt. In der kanonischen Abfolge (von unten nach oben) der in ihrer Grundform dorischen, dann ionischen und schließlich korinthischen Pilasterordnungen bezieht sich das dritte Turmgeschoß auf das mit korinthischen Pilastern gerahmte Giebelfeld. Erst in den auf ein schlankes Oktogon zurückgenommenen, kuppelartigen Aufsätzen erreichen die Türme eine völlige Ablösung von jeglichem Bezug zur Mittelfront. Dort herrschen kapitellose Bänderungen, Lisenen, als Gliederungsmotiv, von denen auch die liegenden Okulifenster (Motiv der Hochschiffseiten) gerahmt werden. Die auf den Mittelteil der Fassade konzentrierte *figurale Ausstattung* erfolgte zeitlich in drei Phasen: Die vier schreibenden Evangelisten mit ihren Attributen, die Statuen Moses' und Elias' und die alle überragende Salvatorstatue stammen aus der Bauzeit der Fassade (vor 1654 aufgestellt, Tommaso di Garona* zugeschrieben), die vier Kolossalstatuen zu ebener Erde aber aus der zweiten Hälfte des 17. Jh. Die stilistisch deutlich von dem mittleren Figurenpaar der Apostelfürsten *Petrus* und *Paulus* zu unterscheidenden Lokalheiligen *Rupert* (Attribut Salzkufe) und *Virgil* (Attribut Dommodell für den Erbauer des ersten Salzburger Domes) schuf Bartmä van Opstal* um 1660. Mit ihrer verhältnismäßig geschlossenen Form, deren Strenge durch das Plisseegefältel ihrer Gewänder betont wird, zeigen sie sich als Werke eines in den Anfängen des Barock geschulten Meisters, dessen Stil zur Zeit der Entstehung der Figuren schon ein wenig altertümlich wirkt. Der Stil der beiden von Bernhard Michael Mandl* urkundlich um 1697 geschaffenen Apostelfürsten zeigt dagegen eine in Salzburg zum ersten Mal auftretende Reaktion auf den ital. Hochbarock. Dem barocken Pathos entsprechen gesteigerte Bewegung und Ausdrucksgebärde, die in den reichbewegten Brüchen der Draperie ein willkommenes Ausdrucksmedium finden. Im Wechselspiel zwischen Fassadenarchitektur und den mit ihr sinngemäß verbundenen Skulpturen entsteht eine programmatische Schaufront, die das Wesen des DOMUS DEI im Sinne der katholischen Kirche der Gegenreformation mit ihrer Verehrung der Heiligen und dem Primat des Papstes (vertreten durch Petrus) manifestiert. Die Apostelfürsten Petrus und Paulus als Vertreter der Weltkirche, Rupert und Virgil als Vertreter der lokalen Kirche flankieren die Zugangsarkaden und stellen so die Verbindung zur Gemeinschaft der Gläubigen her, bilden im wörtlichen Sinne also die Basis des religiösen Lebens. Mittler – auch im architektonischen Sinne – zwischen Basis und Spitze ist die Zone des »Wortes«, sind die *Evangelisten* auf den Balustraden des 2. Geschosses. Sie führen hinauf zu *Christus*, der alles überragenden Mitte, auf dem tempiettoartigen Giebelfeld, das sich – wiederum wortwörtlich – über den Alten Bund, vertreten durch *Moses* und *Elias*, hinaus aufschwingt. Mit den beiden Wappen der Aufsatzfront gliedern sich die Erbauer dieses monumentalen »Domus Dei«, Markus Sittikus (Wappentier Steinbock) und Paris Lodron (Wappentier Löwe mit »Bretzelschwanz«), in hervorragender Position in das Programm ein. Die Köpfe ihrer Wappentiere erscheinen auch an den Fensterumrahmungen der Fassade. Die formale Korrespondenz zwischen den die Fassade flankierenden Türmen und der Kuppel läßt eine Art architekto-

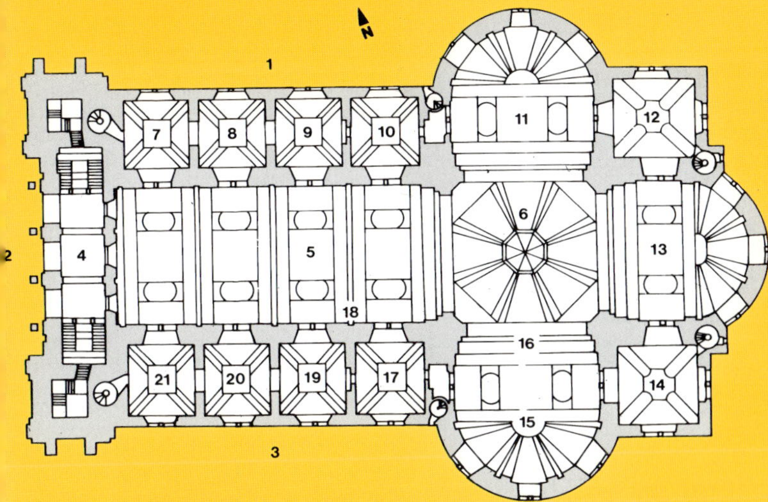

Dom Hl. Rupert und Hl. Virgil 1 Residenzplatz mit Residenzbrunnen, an den n Dombögen Eingang in die Chorkrypta mit dem Domgrabungsmuseum **2** Domplatz mit Mariensäule, Domfassade mit Turmpaar **3** Kapitelplatz **4** Vorhalle, Eingangsportale, in den Türmen Treppen zu den Oratorien und zum Dommuseum **5** Langhaus **6** Vierung, Tambourkuppel **7** 1. Kapelle, Taufbecken, Altarblatt »Taufe Christi« **8** 2. Kapelle, Altarblatt »Anna Selbdritt« **9** 3. Kapelle, Altarblatt »Verklärung Christi« **10** 4. Kapelle, Altarblatt »Christus am Kreuz« **11** n Querschiff, Seitenaltar mit »Vision des hl. Franziskus«, Epitaphien der Erzbischöfe Leopold Ernst Firmian, Jakob Ernst Lichtenstein, Guidobald Thun und Max Gandolf Kuenburg **12** Domsakristei **13** Chorraum, Hochaltar mit »Christi Auferstehung«, Wandbilder »Grablegung Christi« (l) und »Christus in der Vorhölle« (r), Epitaphien der Erzbischöfe Markus Sittikus und Paris Lodron, Chorgestühl, Bronzeambo **14** Domherrensakristei **15** s Querschiff, Seitenaltar mit »Maria-Schnee-Wunder«, Epitaphien der Erzbischöfe Jakob Dietrichstein, Johann Ernst Thun, Franz Anton Harrach und Sigismund Schrattenbach **16** Treppe in die Erzbischofsgruft mit Mauergrab des hl. Virgil **17** 5. Kapelle, Altarblatt »Pfingstfest« **18** Kanzel **19** 6. Kapelle, Altarblatt »Heilige« **20** 7. Kapelle, Altarblatt »Hl. Karl Borromäus« **21** 8. Kapelle, Altarblatt »Hl. Rochus und Hl. Sebastian«

nische »Trinität« entstehen, der sich der Gesamtbau unterordnet.

Wie an der Peterskirche in Rom führen drei Eingangsbogen in eine querliegende *Vorhalle,* die mit gekuppelten toskanischen Pilastern gegliedert ist. Von ihr aus führen zweiarmige Treppenanlagen als Zugänge zu den Oratorien. *Turmportale* aus Marmor, in gesprengten Giebeln Wappen des Erzbischofs Johann E. Graf Thun (Inschrift mit Datum 1644). Die ins Mittelschiff führenden drei *Eingangsportale* (Hauptportal mit Flachgiebel über Pilastern und dem Wappen Paris Lodrons) mit mächtigen *Bronzetoren* von 1957/1958. Thema der Reliefs sind die Kardinaltugenden.

Dom, Nordportal, Detail

Nördlich (l) *Tor des Glaubens* von Toni Schneider-Manzell*. Rechter Flügel mit hl. Paulus, von Christus zum Glauben bekehrt; hl. Augustus mit dem Knaben, der das Meer auszulöffeln sucht, Sinnbild der Dreifaltigkeit als Beispiel für die Notwendigkeit des Glaubens. Linker Flügel mit sieben Beispielen für die Kraft des Glaubens (von oben): drei Jünglinge im Feuerofen; Abraham und Isaak; Petrus geht auf dem Wasser; ungläubiger Thomas; Maria und Elisabeth; Flamme und Taube als Symbole des hl. Geistes; Verklärung auf dem Berg Tabor; Türgriff Kreuz, Attribut des Glaubens.

Südlich (r) *Tor der Hoffnung* von Ewald Mataré*. Türgriff mit Vertreibung aus dem Paradies als Urgrund für die Hoffnung auf die Erlösung. Im Relief (r unten) Maria, als »zweite Eva«, Ziel der Hoffnung und Mittlerin der Erlösung, die sich durch die Gnade Gottes (l oben Hand Gottes umgeben von Engelschören) erfüllt. Hirtenverkündigung (r unten), in Emaileinlagen stilisiertes Knospenfeld als Natursymbol der Hoffnung.

Hauptportal mit *Tor der Liebe* von Giacomo Manzù*: Türgriff mit Rebstock und Kornähren, Symbole der Eucharistie und damit für die göttliche Liebe. Reliefs mit der Darstellung der Nächstenliebe: Hl. Martin (l oben), hl. Severin (r oben); Martyrium des seligen Engelbert Kolland und selige Notburga (l unten). Unterer Rand mit symbolischen Vogeldarstellungen (Pelikan, Taube, Rabe und Bruthenne).

Dominneres: Das (ohne Emporenjoch) vierjochige, tonnengewölbte *Langhaus* erhält durch eindrucksvolle Weite und Höhe den Charakter eines saalartigen Raumes und kommt so gegenreformatorischen Bestrebungen nach einer Stärkung der Gläubigengemeinde architektonisch entgegen. Einfache, überschaubare Raumverhältnisse drücken in der Sprache der Architektur den starken Willen zur Neuordnung der kirchlichen Gemeinschaft aus. Unübersehbar ist die durch die Lichtführung bewirkte ö Ausrichtung des Langhauses. Aus dem nur spärlich belichteten Langhaus wird der Blick unweigerlich in die lichthafte Zone von Vierung und Chorpartie gezogen und gibt dabei eine erste Ahnung von der Klarheit des architektonischen Konzeptes, das von einem Standort unter der mächtigen Kuppel der Vierung klar zu überblicken ist. An das Langhaus mit zweigeschossiger Wandgliederung schließt sich eine kleeblattförmige *Ostpartie* (Triconchos) an, die um die in der Breite des Langhauses errichtete Vierung angeordnet ist. Die harmonische Verbindung von (praktikablem) Langhaus mit (idealem) Zentralbau, ein vielfältig variiertes Thema der barocken Kirchenarchitektur, ist auf wirkungsvolle Weise realisiert. Das Jochmaß des Langhauses liefert das Maß für die zwischen Vierung und den Rundungen der Konchen jeweils eingeschobenen *Tonnenstücke.* Das vor der Vierung liegende Jochstück der Langhaustonne ist deshalb sowohl Teil des Zentralbaus als auch des Langhauses. Die Wandgliederung des Langhauses mit kompositer Riesenordnung der Doppelpilaster setzt sich in den

Dom, Kuppel

jochbildenden Doppelgurten im Tonnengewölbe fort. Die Verkröpfungen an der Schnittstelle mit dem Gebälk bestimmen den plastischen Charakter der Raumschale entscheidend mit. Rundbogenarkaden als Zugänge zu den seitenschiffartig angeordneten Kapellen und die Doppeltüren der darüberliegenden *Oratorien* mit ihren von Volutenkonsolen getragenen, plastisch in den Raum vorspringenden Balkonen teilen sich in der Zweigeschossigkeit der pilastergerahmten Wandfelder. Der sich aufdrängende Vergleich zwischen den als kurze Tonnen gewölbten Kapelleneingängen mit den Abschnitten des tonnengewölbten Langhauses steigert das Empfinden maßloser Mächtigkeit des Gesamtraumes, der, durch mehrfache Pilasterschichtung am Übergang zur *Vierung* eingeschnürt, triumphbogenartig abgeschlossen wird. Die einschiffigen *Querhausarme des Chors* nehmen zwar die Gliederung des Langhauses auf, variieren sie jedoch in den halbkreisförmigen Konchen, wo eine zweigeschossige Fensteranordnung, vermehrt um eine Lichtgadenzone über dem Gebälk, gemeinsam mit der Fensterzone der Kuppel für die festliche Durchleuchtung der Ostpartie sorgt. Da auch die den Raum einschnürende Pilasterschichtung an allen vier Raumeinmündungen in die Vierung konsequent beibehalten ist, bilden sich aus dem Zusammenwachsen dieser Mauerverstärkungen wie von selbst Vierungspfeiler aus, deren Stöße abgeschrägt bereits die Oktogonalform der *Kuppel* vorbereiten. Zu ihr leiten die nur durch zarte Stuckgesimse abgesetzten Zwickel über. Der mit Eckpilastern gegliederte achtseitige *Tambour* erhält durch die unter den Fenstern angebrachte Bildzone optisch Zweigeschossigkeit. Kuppel und Laterne wurden nach ihrer Zerbombung 1947–1949 wiederhergestellt. Vier an den Vierungspfeilern angebrachte Orgeln stellen den im 19. Jh. beseitigten Zustand wieder her. Das Langhaus wird beiderseits von einer Folge von vier *Kapellen* beglei-

Dom, Hochaltar

tet. Die durch quadratischen Grundriß und Kreuzgratwölbung selbständig wirkenden Raumeinheiten sind untereinander und mit dem Querhaus durch kurze (durch die kräftigen Quermauern führende) tonnengewölbte Passagen so verbunden, daß funktionell eine seitenschiffartige Situation entsteht. Diese Zwitterstellung von selbständiger Kapelle, die zugleich Teil einer seitenschiffähnlichen Raumverknüpfung ist, geht ebenso auf die Jesuitenkirche Il Gesu in Rom zurück wie die Zweigeschossigkeit (Kapellen und Emporen) eines Baukörpers, der am Außenbau als geschlossener Seitenschiffblock erscheinen mußte; ebenso das durch die Geschoßteilung bedingte, drastisch unterschiedliche Größenverhältnis zwischen Kapellen und übermächtigem Langhaus. Die Lösung, einen von der Kuppel dominierten Zentralbau mit einem Langhaus zu verbinden, steht dagegen in der Nachfolge von St. Peter. Der Dom zu Salzburg ist mit diesen Eigenschaften erstes Beispiel eines von gegenreformatorischer Baugesinnung geprägten monumentalen Kirchenbaus n der Alpen.

Innenausstattung: Reiche Ausstattung mit weißem, in den Tiefen schwarz unterlegtem *Stuck*. Das Langhaus von einer Gruppe oberital. Stukkatoren (vielleicht um Giuseppe Bassarino) wahrscheinlich schon vor 1628 weitgehend ausgestattet. Die Kapellenstuckierung mit Putten und Rollwerkmotiven ist nach 1652 anzusetzen. Sowohl im Langhaus als auch in den Kapellen schafft die Stuckierung das Rahmenwerk für die Ausstattung der Gewölbezonen mit einem umfangreichen *Wandmalereiprogramm* (im Kuppelbereich und den angrenzenden Jochen 1944 zerstört, nach Fotos 1954–1959 rekonstruiert), das mit Ausnahme der Kapellenausstattung etwa zwischen 1622 und 1630 durch Donato (Arsenio) Mascagni* und Ignazio Solari* mit Gehilfen ausgeführt wurde und in das auch die originalen Wand- und Altarbilder thematisch integriert sind. Die *Wandmalereien* in *Langhaus* und *Chor* sind dem Leben Christi gewidmet (dazugehörige *Wandbilder im Chor:* l Grablegung Christi von Ignazio Solari*, r Christus in der Vorhölle und Hochaltarblatt mit der Auferstehung Christi, beide von Donato Mascagni*). *Kuppelzwickel* mit den vier Evangelisten, in der *Kuppel* selbst 16 alttestamentarische Szenen mit typologischem Bezug zur Passion Christi. *Südliches (r) Querhaus:* (Monochrome) Szenen aus dem Marienleben und weitere Darstellungen (Tod, Begräbnis und Aufnahme Mariens in den Himmel). *Nördliches (l) Querhaus:* (Monochrome) Szenen aus dem Leben des hl. Franziskus und weitere Darstellungen (Stigmatisation, Maria reicht dem hl. Franz das Jesuskind, Aufnahme des hl. Franz in den Himmel). Die Ausstattung der *Kapellen* mit auf die jeweiligen Altarpatrozinien bezogenen Gewölbebildern (Darstellungen des Alten Testaments, aus der Apostelgeschichte und aus der Apokalypse) sowie die Supraporten mit den Kreuzwegstationen schuf Ludwig Glötzle* von 1881 bis 1895.

Einrichtung: (Rundgang beginnend im l Kapellenschiff): *1. Kapelle:* Von der reichen Ausstattung des spätroman. Vor-

Dom, Deckenstuck

läuferbaus, die Erzbischof Wolf Dietrich offenbar großzügig verteilen ließ (→Kapuzinerkirche), hat sich im Dom lediglich das auf vier Bronzelöwen (um 1200) ruhende *Taufbecken* erhalten. In Bronze 1321 von Meister Heinrich* gegossenes Rundbecken. Das Inschriftenband des Beckenrandes und dasjenige, das als Bodenstreifen für 16 in Rundbogenarkaden eingestellte hll. Bischöfe und Äbte dient (Namen auf zugehörigen Arkadenbögen, u. a. Salzburger Hll. wie Rupert, Virgil, Eberhard, Hartwig, Ditmar, Amandus), enthalten lateinische, auf die Taufe bezogene Texte. Der Bronzedeckel von Toni Schneider-Manzell* (1959) mit 12 alt- und neutestamentarischen, auf Taufakt und Taufwasser bezogenen Darstellungen in Niellotechnik. *Altar* mit Frans de Neves* »Taufe Christi« (1674). Die Schulung des Malers in dem von Rubens bestimmten Antwerpen läßt sich v. a. an der gekonnten Wiedergabe materialer Effekte ablesen. Neve hat sich zweimal in Salzburg aufgehalten, um hier Aufträge für den Hof auszuführen. Der urkundlich auf Entwürfe des Giovanni Antonio Dario* zurückzubeziehende *Altaraufbau* (um 1670) entspricht dem der übrigen Kapellen: geschweifte Mensa mit seitlichen Postamenten, die (mit Ausnahme der beiden w mit dem Erzbischof-Guidobald-Thun-Wappen) das Wappen des Erzbischofs Max Gandolf von Kuenburg tragen; in den Mensen Reliquienschreine; schlichter Ädikulaaufbau mit Kompositkapitellen aus verschiedenen Marmorsorten; gesprengte Flachgiebel, hinter denen Lünettenfenster für schwachen Lichteinfall sorgen.

2. Kapelle: Altarblatt »Anna Selbdritt« von Joachim Sandrart* (um 1670), das von seiner Hell-Dunkel-Stimmung die Auseinandersetzung des auch als Kunstschriftsteller bedeutenden Verfassers der »Teutschen Akademie …« mit der Malerei des Caravaggio-Kreises erkennen läßt. Mehrere von Sandrarts Bildern befanden sich in der verschwundenen Galerie der Salzburger Erzbischöfe.

Die Bischofstadt Salzburg

Seinen kulturellen Reichtum schon seit dem MA bis ins 19. Jh. verdankt Salzburg in erster Linie seinen Bischöfen, Erzbischöfen und Fürstbischöfen. Schon Rupert, der um 700 als Abt und Bischof in Salzburg waltete, ließ in den Ruinen der alten Römerstadt Juvavum die Klöster St. Peter und Nonnberg und ihre Kirchen bauen. Seither war Salzburg Bischofssitz. 739 erhielt es durch Bonifatius eine eigene Diözese. Unter Virgil entstand der dreischiffige Dom. Unter Arno, der zugleich ein Gelehrter war, fand die Kultur vom Hof Karls des Großen Zugang in Salzburg. Er, der der erste Erzbischof Salzburgs war, 798 war es zum Erzbistum ernannt worden, begründete auch die Bibliothek von St. Peter. Unter Hartwik wurde der bischöfliche klösterliche Bereich ummauert. Salzburg wurde Umschlagplatz der Waren zwischen Venedig und Regensburg und kam vor allem durch seinen Handel mit Salz zu Reichtum. Das kam auch den Bischöfen und ihrer Bautätigkeit zugute. Unter Gebhart entstand u. a. die Festung Hohensalzburg. Unter Konrad konnten Architektur und Buchmalerei wie dann auch wieder unter Eberhard I. zu besonderer Blüte kommen. Während der Regierungszeit Konrads II. brannten die Anhänger Friedrich Barbarossas 1167 die Stadt und alle Kirchen nieder. Nach dem Frieden von Venedig 1177 konnte unter Konrad III. wiederaufgebaut werden. Unter Eberhard II. und Pilgrim II. blühte die spätromanische Kunst. Im 14. Jh. erst setzte sich die Gotik mit der Marienkapelle in St. Peter, der Bürgerspitalskirche und der Franziskanerkirche durch. Salzburg wurde zu einem Zentrum der sog. »Schönen Madonnen«. Besonders im 15. Jh. begannen die Bürger Salzburgs nach mehr Macht und Selbständigkeit zu streben. Sie bildeten in freier Magistratswahl einen Rat der Bürger. 1511 schließlich lud Leonhard v. Keutschach den Bürgermeister und die Stadträte zu einem Essen auf die Festung ein. Statt des Festmahls aber hielt er den Männern eine Standpauke, ließ sie gefangennehmen, in eisiger Nacht auf Schlitten fortkutschieren, bedrohte sie mit dem Tode und zwang sie zum Verzicht auf sämtliche Rechte. Mit Leonhard von Keutschach, der sich andererseits für eine reiche Bautätigkeit und prunkvolle Ausstattung der Festung Hohensalzburg z. B. einsetzte, nahm die uneingeschränkte Macht der jeweiligen Person des Erzbischofs, die sich zu einem regelrechten Absolutismus bis zum Beginn des 19. Jh. auswachsen sollte, ihren Anfang. Salzburg war ein eigenes Fürsterzbistum, der Erzbischof von Salzburg waltete gleichzeitig als Landesfürst. Die Salzburger Erzbischöfe waren die einzigen ihres Standes, die den Kardinalspurpur tragen durften. Sie galten als »Primas Germaniae«. Unter Fürstbischof Matthäus Lang zwar schlossen sich die unterdrückten Salzburger Bürger den Revolutionären des »Großen Bauernkrieges« an und belagerten ihren Erzbischof, der sich in der Festung verschanzt hatte, nahezu 3 Monate lang. Aber er trug doch den Sieg davon. Inzwischen hatte sich die Renaissance durchgesetzt. Mit Wolf Dietrich von Raitenau aber wurde Salzburg zu einer der schönsten barocken Residenzstädte überhaupt. Er ließ den neuen Dom nach dem Brand von 1598 aufbauen und schuf Raum für die 3 prachtvollen Plätze um den Dom herum. Für seine Mätresse Salome v. Alt ließ er das heutige Mirabell errichten. Der Streit um das Salz, der 1611 zwischen Wolf Dietrich und dem Bayernherzog Maximilian ausbrach und der den sog. Salzkrieg nach sich zog, bedeutete für den Erzbischof den Untergang. Er wurde abgesetzt.Sein Nachfolger Markus Sittikus, der sogar noch sein Neffe war, ließ seinen Onkel wegen seines prunkliebenden und ausschweifenden Lebenswandels gefangennehmen und bis zu dessen Tod 1617 auf Hohensalzburg einkerkern. Unter ihm wie unter Markus Sittikus, der Hellbrunn erbauen ließ, hatten aus Italien gewonnene Architekten gebaut; auch noch unter Paris Lodron, der die Universität errichtete und sie den Benediktinern übergab. Bei Hof wurden häufiger und prachtvoller als sonstwo große italienische Opern aufgeführt. Guidobald von Thun und Max Gandolf führten die Bautätigkeit ihrer Vorgänger weiter. Aber Johann Ernst Graf Thun brachte den Baumeister Johann Bernhard Fischer von Erlach nach Salzburg. Hiermit erreichte das Barock seinen Höhepunkt mit den klassisch-barocken Bauten dieses grandiosen Architekten, der unter anderem auch die Kollegienkirche und die Dreifaltigkeitskirche schuf. Unter Franz Anton von Harrach kam Lukas von Hildebrandt nach Salzburg, der Mirabell ausbaute und die Residenz neu gestaltete. Der Bildhauer Georg Raphael Donner schuf das berühmte Treppenhaus für Mirabell. Die Selbstherrlichkeit der so kunstsinnigen Erzbischöfe Salzburgs aber kulminierte unter Leopold Anton Eleutherius von Firmian, der Leopoldskron errichten und Kleßheim umgestalten ließ, aber 20000 Gebirgsbauern – nur weil es Protestanten waren – zur Emigration zwang. Unter Erzbischof von Schrattenbach, der für die Auftritte und Konzertreisen des Salzburger Wunderkindes Wolfgang Amadeus Mozart viel Verständnis aufbrachte, arbeiteten die Brüder Wolfgang und Johann Baptist Hagenauer an der Untertunnelung des Mönchsbergs. Salzburgs letzter Erzbischof Hieronymus Graf Colloredo, der durch sein überhebliches Verhalten Mozart aus seiner Geburtsstadt vertrieben hatte, mußte nach dem Reichsdeputationshauptschluß 1803 sein Amt niederlegen. Die Französische Revolution und die Kriege Napoleons hatten das Ende des geistlichen Fürstentums bedeutet. Im 19. Jh., in dem Salzburg immer wieder anderen Herren dienen mußte – einmal fiel es an Österreich, einmal an Frankreich, ein andermal an Bayern –, ging viel altes Kulturgut verloren. Die ehemals blühende Stadt verlor an Bedeutung, obwohl die Maler und Dichter der Romantik sie mit ihren zauberhaften Plätzen, Gärten und Friedhöfen für sich entdeckt hatten, bis man durch die Mittlerrolle der Musik Mozarts eine Festspielstadt aus ihr machte, die ihr bis heute – aber auch gerade aufgrund ihrer alten Kulturgüter und Kunstdenkmäler – zu Weltrang verhalf.

Bischöfe, Erzbischöfe und Fürstbischöfe in Salzburg

ca. 696–718	Hl. Rupertus Abt und Bischof von Salzburg	1200–1246	Eberhard II. Graf von Regensburg, »Vater des Landes Salzburg«
745–784	Hl. Virgil Abt und Administrator, von 767 an Bischof	1270–1284	Friedrich von Walchen
785–821	Hl. Arno Abt und Bischof, von 798 an 1. Erzbischof	1365–1396	Pilgrim II. von Puchheim
958–991	Friedrich I.	1461–1466	Burkart II von Weißpriach, 2. Kardinal, Domprobst
991–1023	Hl. Hartwik	1466–1482	Bernhard von Rohr († 1487)
1060–1088	Hl. Gebhard	1482–1489	Johann III. vn Gran
1090–1101	Hl. Thiemo	1495–1519	Leonhard von Keutschach
1106–1147	Konrad I. Graf von Abensberg	1519–1540	Matthäus Lang von Wellenburg, 3. Kardinal, Fürstbischof von Gurk, seit 1529 Primas Germaniae
1147–1164	Hl. Eberhard I. Graf von Hippoltstein		
1177–1183	Konrad III. Graf von Wittelsbach, 1. Kardinal, »legatus natus«		

1540–1554	Ernst Herzog von Bayern, Administrator	1687–1709	Johann Ernst Graf von Thun, »der Stifter«
1554–1560	Michael von Kuenburg	1709–1727	Franz Anton Fürst von Harrach
1560–1586	Johann Jakob von Kuen-Belasy	1727–1744	Leopold Anton Eleutherius Freiherr von Firmian
1586–1587	Georg von Kuenburg	1745–1747	Jakob Ernst Graf Liechtenstein
1587–1612	Wolf Dietrich von Raitenau († 1617)	1747–1753	Andreas Jakob Graf Dietrichstein
1612–1619	Markus Sittikus Graf von Hohenems	1753–1771	Sigmund III. Graf von Schrattenbach
1619–1653	Paris Graf von Lodron	1772–1803	Hieronymus Graf von Colloredo († 1812)
1654–1668	Guidobald Graf von Thun, 4. Kardinal		
1668–1687	Max Gandolf Graf von Kuenburg, 5. Kardinal		

3. Kapelle: Altarblatt mit der von Johann Fackler* 1745 gemalten Kopie nach Francesco Vannis* »Verklärung Christi« (um 1600) in der ehem. Stiftskirche Höglwörth.
4. Kapelle: Altarblatt »Christus am Kreuz mit Johannes, Maria und Maria Magdalena« von Karel Skreta* (vor 1674, signiert).
Nördliches, l Querschiff: Von Erzbischof Paris Lodron (Wappen, vor 1628) zugleich mit dem Tabernakel gestifteter, vermutlich vom Dombaumeister Santino Solari* als schlichtere Variante zum Hochaltar entworfener *Seitenaltar.* Dreiachsiger, frei stehender Marmoraufbau. Die Mittelpartie mit dem *Altarblatt* »Vision des hl. Franziskus von Assisi in der Kirche Portiuncula« von Donato Mascagni* ist von Säulen flankiert. Beidseitig Nischen mit zwei Figuren männlicher Ordensheiliger, die der hhl. Klara und Elisabeth von Thüringen auf den Giebelschenkeln. Auf beiden Seiten des Altares *Epitaphien* der Erzbischöfe. Den jüngeren und moderneren von den zwei im Dom vorkommenden Typen vertritt das *Marmorepitaph des Erzbischofs Leopold Ernst Graf Firmian* (gest. 1744), mit dem der Bildhauer Franz Anton Pfaffinger* Neuerungen am Herkömmlichen einführte, die dann bis 1772 (mit dem Epitaph des letzten in Salzburg verstorbenen »Fürst«-Erzbischofs Sigismund Graf Schrattenbach, siehe südliches Querhaus) beibehalten wurde. An die Stelle des vom Altarbau suggerierten Typus mit flügelartig an die Seiten gefügten, von Putti besetzten Nischen, die ein gemaltes Porträt flankieren, verfolgt der von Pfaffinger kreierte Typus ein strafferes Konzept. Die Putti rücken enger zusammen, und an die Stelle der Nischen tritt Draperie, so daß die Epitaphe grabmalartigen Charakter erreichen. Diesen Typus vertritt auch das *Epitaph des Erzbischofs Jakob Ernst Graf Lichtenstein,* während die beiden unmittelbar neben dem Altar angebrachten *Epitaphe der Erzbischöfe Guidobald Thun* und *Max Gandolf Kuenburg* (Porträt von Frans de Neve*) *dem Älteren* angehören.
Chorraum: Hochaltar noch vor 1628 vermutlich – wie der Seitenaltar im l Querschiff – von Santino Solari* entworfen als frei stehender Marmoraufbau mit Ädikula (gesprengter Giebel, dreiteilige Säulenstellung) und Aufsatz (trigonaler gesprengter Giebel, Karyatiden und Volutenrahmung). *Altarblatt* »Christi Auferstehung« von Donato Mascagni*, *Skulpturen* hl. Rupert und hl. Virgil sowie – auf den Marmorgiebeln – *allegorische Darstellungen* der Religion und der Caritas von Hans Pernegger* d. J. und vielleicht Hans Waldburger*. Der *Reliquienschrein* der Hll. Rupert und Virgil in der Mensa stammt aus der Mitte des 17. Jh. Zu beiden Seiten des Hochaltars die zweigeschossigen *Epitaphien für die Erzbischöfe Markus Sittikus* (gest. 1619), um 1620 wahrscheinlich von Konrad

Asper*, und *Paris Lodron* (gest. 1653) mit Wappen, Putti und Todesemblemen im Giebel. Die Medaillons im Mittelteil zeigen auf Kupfer die beiden betenden Erzbischöfe. Aus dem Jahr 1958 das *Chorgestühl* von Jakob Adlhart* mit geschnitzten Reliefdarstellungen der »Jünglinge im Feuerofen«. *Bronzeambo* mit Reliefs Johannes' d.T. und Johannes' Ev.

Domsakristei (n des Chorraums): Über quadratischem Grundriß errichteter Raum mit Muldengewölbe, darüberliegend die ehem. Wachskammer. Aus der Mitte des 18.Jh. ein *Lavabo* mit dem Wappen des Erzbischofs Andreas Dietrichstein. In *Paramentschränke* eingefügte Leinwandbilder.

Die *Domherrensakristei* (s des Chorraums; darüberliegend die Paramentenkammer) besitzt wie die gegenüberliegende Domsakristei ein Muldengewölbe mit Stuckfeldern und Stichkappen. *Schränke* und *Türenvertäfelung* 1733–1736 von Simon Thaddäus Baldauf mit Wappen des Erzbischofs Leopold Anton Firmian, eingesetzten *Leinwandbildern* (u. a. »Kreuzigung« von F.A.Ebner* 1736) und eingelassener Uhr. *Lavabo* ebenfalls mit dem Wappen Leopold Anton Firmians.

Südliches, r Querschiff: Der noch vor 1628 geschaffene *Seitenaltar* ist in seinem Aufbau das Gegenstück zum Altar im gegenüberliegenden l Querschiff. Im Mittelteil *Tafelbild* des »Maria-Schnee-Wunders« von Ignazio Solari*, dem Sohn Santino Solaris. Tabernakel mit einer Kopie des Altöttinger Gnadenbilds. Zwei weibliche Heiligenskulpturen auf den Giebeln, zwei männliche in den Nischen. Den Epitaphien im n Querschiff in Typus entsprechend und ebenso wie diese (nach Alter) zu beiden Seiten des Altares geordnet die *Epitaphien für die Erzbischöfe Andreas Jakob Dietrichstein* (gest. 1753) von Johann Georg Hitzl*, *Johann Ernst Thun* (gest. 1709) von Andreas Götzinger*, *Franz Anton Harrach* (gest. 1727) von Mathias Wilhelm Weißenkirchner* (das Porträt vielleicht von Jacob Zanusi*) sowie *Sigismund Graf Schrattenbach* (gest. 1772) von Franz Anton Pfaffinger*.

Die *Skulpturen* auf den *Marmorschranken* vor den drei Hauptaltären in Chor

Dom, Seitenaltar (l)

und Querschiffen schufen Hans Konrad Asper* und Hans Pernegger* d.J.

Im südlichen, r Querschiffarm führt eine Treppe in die 1957–1959 als neue Grablege für die Salzburger Erzbischöfe erbaute, in Teilen Mauer- und Säulenreste der Vorgängerbauten mit einbeziehende, mehrräumige *Erzbischofsgruft.* Im ersten, kreisrunden (Vor-)Raum zeigt ein in den Fußboden eingelassenes *Mosaik* die Grundrisse der alten Dombauten, die aufgrund der mit den Bauarbeiten zur neuen Gruft einhergehenden archäologischen Funde und Untersuchungen rekonstruiert werden konnten. So handelt es sich bei dem anschließenden Raum mit dem *Mauergrab des hl. Virgil* um eine an den vorroman. Virgildom angebaute Kapelle (die sog. Liupramkapelle) und entspricht die nun anschließende Gruftkapelle mit einem monumentalen roman. *Altarkruzifix* (frühes 13.Jh.) aus Seekirchen am Wallersee der Ostpartie des s Seitenschiffs des Virgildomes. Der letzte, in dieser eingeschlagenen Rich-

Domgrabungsmuseum, Marientympanon um 1200

tung folgende Raum nimmt etwa $^{1}/_{3}$ der Fläche der spätroman. Domkrypta ein (siehe unten Chorkrypta), von der hier zwei Vierungspfeiler, mehrere Halbsäulen und zwei Säulenbasen erhalten sind; in den größeren ö Teil der spätroman. Chorkrypta gelangt man vom Residenzplatz aus. In dem vom Vorraum zum *Zehneckraum* (mit Grabnischen für Salzburger Erzbischöfe des 17. und 18. Jh.) führenden Gang erkennt man die gewaltigen *Grundmauern* der s Querschiffapsis des spätroman. Domes.

Zurück im südlichen (r) Querschiff setzen wir die Besichtigung mit den Kapellen im südlichen Seitenschiff fort. Unmittelbar an dieses angrenzend die *5. Kapelle* mit einem *Altarbild* »Pfingstfest« (wohl vor 1675) von Karel Skreta*. Weiter in Richtung Eingang befindet sich am Pfeiler zwischen 5. und 6. Kapelle die 1958/59 von Toni Schneider-Manzell* geschaffene *Kanzel* mit Marmorfuß (Reliefs der Evangelistensymbole) und Bronzebrüstung (Reliefdarstellungen, u. a. Christus als Sämann und Aussendung der Apostel).

In der *6. Kapelle* Altar mit *Tafelbild* der Hll. Augustinus, Hieronymus, Martin, Nikolaus und einiger Bischöfe von Johann Heinrich Schönfeld*.

7. Kapelle mit *Altarbild* »Hl. Karl Borromäus« von Johann Heinrich Schönfeld* (1655).

8. Kapelle Altarbild »Hl. Rochus und Hl. Sebastian« von Johann Heinrich Schönfeld* (um 1655); Wappen des Erzbischofs Guidobald Thun an den Postamenten.

Die im *Hauptschiff* aufgestellten *Bänke* mit Akanthusschnitzereien, Reliefdarstellungen von Einhorn und Adler sowie dem Wappen von Erzbischof Johann Ernst Thun stammen ebenso wie die *Beichtstühle* aus dem späten 17. Jh., das *Weihwasserbecken* aus dem 17. Jh. Die große *Orgel* geht in ihrem Kern auf die 1702–1705 vom Salzburger Hoforgelmacher Joseph Christoph Egedacher* und seinem Sohn Johann Christoph Egedacher* gebaute zurück, wurde aber mehrmals vergrößert (z.B. 1880–1883 in ihrem Mittelteil durch H. Mauracher) und zuletzt 1959 sorgfältig restauriert. Seit man hinter dem Hochaltar eine Chororgel installiert hat, ist die Orgel mit ihren 120 Registern und etwa 10000 Pfeifen (nach der im Wiener Stephansdom) heute die zweitgrößte in Österreich.

Analog den Seitenkapellen wurden über diesen *Oratorien* eingerichtet, auf jeder Seite (n und s) jeweils vier Räume mit Muldengewölbe, wobei die jeweils ö Oratorien (zum Eingang hin) wiederum als Kapellen dienten. Die n (vom Eingang gesehen linke) *Rupertuskapelle* (vor 1628) mit von Stuck gerahmten Bildern wohl von Ignazio Solari*, *Gewölbemalereien* »Szenen aus dem Leben des hl. Rupert« und »Glorie des hl. Rupert« sowie *Altarblatt* von Donato Mascagni*. *Stiege* und *Geländer* im Nordturm 1694–1697 von Johann Bernhard Fischer von Erlach* entworfen. In den s (vom Eingang gesehen r) Oratorien sind heute Bestände des Dommuseums (siehe unten) untergebracht. In der *Virgilkapelle* mehrere stuckumrahmte Gemälde. *Gewölbemalereien* »Szenen aus dem Leben des hl. Virgil« und »Glorie des hl. Virgil«. Das *Altarbild* »Bischofsweihe des hl. Virgil« malte 1672 Frans de Neve*.

Das 1974 eröffnete *Dommuseum* (s Domoratorien und Dombögen; Eingang von der Domvorhalle) bewahrt den eigentlichen *Domschatz* mit – trotz umfangreicher Verluste nach der Säkularisation 1803 – zahlreichen bedeutenden Werken des kirchlichen Kunstgewerbes, der Malerei und Skulptur vom 8.–19. Jh. (z.T. auch aus Kirchen der Salzburger Erzdiözese) sowie die – im wesentlichen nach dem 1662 durch Erzbischof Guidobald Graf Thun begründeten, 1805 aufgelösten Original – in geglückter Weise rekonstruierte *Kunst- und Wunderkammer,* zur damaligen Zeit ein sehr außergewöhnlicher Vorläufer unserer heutigen Museen. Unter den durchweg sehenswerten Exponanten finden sich Stücke wie die *Reiseflasche* und der *Hirtenstab des hl. Rupertus,* das goldschmiedene *Rupertuskreuz* aus dem 8. Jh., der got. *Rupertikelch,* eine *Hostientaube* des 12. oder 13. Jh. aus Limoges, ein doppel-

Bürgerspitalkirche

armiges, wohl byzantinisches *Reliquienkreuz* des 12. Jh. (sog. »Staurothek«; Gemme aus dem 11. Jh.), das *Schwurkreuz* der ungarischen Kroninsignien, eine *»schöne Madonna«* (frühes 15. Jh.), das *Legatenkreuz* von Erzbischof Leonhard von Keutschach (1499), die *Kußtafel* Papst Gregors XIII., die *Monstranz* (1596) und der 1539 vom Hofgoldschmied Hans Karl* gefertigte *Einband des Meßbuchs* von Erzbischof Wolf Dietrich von Raitenau, der *Prunkkelch* (1679) von Erzbischof Max Gandolf Graf von Kuenburg oder eine *Pretiosenmonstranz* (1697) mit unzähligen wertvollen Edelsteinen. Ein unbedingt empfohlener Besuch ist leider nur von Mai bis Oktober möglich.

Auch die *Chorkrypta mit dem Domgrabungsmuseum* (Eingang am Residenzplatz an den n Dombögen) kann nur von Mai bis Oktober besichtigt werden. Die 1219 geweihte, erst zur Zeit der Ausgrabungen 1956–1958 freigelegte Krypta des spätroman. Domes war eine von Säulen

Ehem. Bürgerspital

unterteilte dreischiffige und dreijochige Halle (mit halbkreisförmig eingezogener Apsis), die heute nur noch zu zwei Dritteln erhalten ist – das letzte, s Drittel fiel dem Fundament der n Domsakristei zum Opfer. Zu sehen sind u.a. ein wahrscheinlich von einem röm. Ehrenbogen (um 200 v. Chr.) stammender *antiker Fundamentblock,* Reste von *Freskenmalereien,* ein besonders prächtiges *Akanthuskapitell* (wohl um 1200), freigelegte *Mauerteile* der Vorläuferbauten des Domes, *Reste röm. Bauten* (seit dem 1.Jh. n. Chr.), *Mosaikböden, Kleinfunde* von der Römerzeit bis ins Mittelalter sowie *Grund*risse zu den verschiedenen Dombauten.

Aigner Pfarrkirche: In dem eingemeindeten Vorort Aigen (vgl. auch Aigner Schloß), wo z.B. auch das moderne Kloster, das Kolleg St.Josef, 1961–1964 v. Wilh. Holzbauer* errichtet, steht, findet sich am Ende der Graf-Revertera-Allee neben dem Schloß die 1689 erbaute Pfarrkirche hl.Johannes d.T., die noch von der ehem. Friedhofsmauer umgeben ist und die bereits 1411 urkundlich ist. Sehenswert sind u.a. die z.T. noch got. Wappengrabsteine an der Langhaus-Ostwand. Seit 1910 wird die ursprüngliche Kirche quer in Kreuzform durch einen gleich hohen Erweiterungsbau durchschnitten.

Andräkirche (Mirabellplatz): Den historisierenden Bau in norddt. Backsteingotik, der so gar nicht zu Schloß Mirabell paßt, errichtete 1892–1898 Josef Wissiken. Nach Zerstörungen des 2.Weltkriegs wurde die Kirche in vereinfachter Form wiedererrichtet. 1969/70 ließ man die Türme wegen des allgemeinen Stadtbildes verkürzen.

Blasiuskirche → Bürgerspitalkirche.

Ehem. Bürgerspitalkirche St.Blasius (Bürgerspitalplatz): Die unmittelbar vor die steile Wand des Mönchbergs gesetzte älteste Hallenkirche im westösterr. und süddt. Raum ist Nachfolgerin einer 1185 urkundlich erwähnten Blasiuskapelle des Admonter Hofes. 1327 v. Erzbischof Friedrich III. erworben und mit dem gesamten Grund dem damals neugegr. Bürgerspital zur Nutzung überlassen, konnte die Kirche bereits 1350 eingeweiht werden. Entstanden war ein nach dem Vorbild der Bettelorden im *Äußeren* sehr schlichter, nahezu ungegliederter Bau aus Nagelfluhquadern mit steilem Satteldach und Dachreiter. Das 1614–1620 v. Konrad Asper* geschaffene *Sebastiansrelief* an der n Außenwand wurde vom 1894 abgerissenen Linzer Tor übernommen, die zwischen 2 Maßwerkfenster gesetzte Kreuzigungsgruppe an der Ostfassade stammt v. 1866. – Der dreischiffige *Innenraum* ist unterteilt in den dreijochigen, gerade schließenden quadratischen *Chor* mit Kreuzrippengewölbe auf Achteckpfeilern und das vierjochige, der Bürgerschaft als Kirchenraum dienende *Langhaus* mit Kreuzgratgewölbe. Die inzwischen verkürzte *Westempore* wurde im frühen 15.Jh. für die Armen des Bürgerspitals eingebaut. 1785 ließ der reformfreudige Erzbischof Colloredo den größten Teil

Ehem. Bürgerspital, Arkadentrakt

der urspr. Ausstattung entfernen. Heute sind v. den im 18. Jh. genannten 9 *Altären* lediglich noch 5 erhalten, der 1785 v. Louis Grenier* entworfene klassizist. *Hochaltar* mit Marmoraufbau und einer Kreuzigungsgruppe v. Franz d. P. Hitzl*, der *Vorhallenaltar* (um 1680), *zwei Seitenaltäre* v. 1785 an der N-Wand mit Tafelbildern aus der 2. Hälfte des 19. Jh. sowie der v. Bürgermeister Kaspar Wilhelmseder gestiftete spätbarocke *Dreikönigsaltar* v. 1746 an der S-Wand mit einer Anbetung der Hl. Drei Könige v. Paul Troger* (1746) und Statuen Johannes' d. T. und Johannes' Ev. v. Josef Anton Pfaffinger* (1785). Von besonderem Wert ist das wohl um 1480 geschnitzte *Heilige Grab* (n, also l des Hochaltars), ein *got. Sakramentsschrein* mit 4 dem Meister v. Mauterndorf zugeschriebenen halbfigürlichen Reliefdarstellungen der Frauen am Grabe; Gitter v. 1950, farbige Glasfenster v. 1948. Sehenswert sind weiterhin das 1749 v. Kaspar Wilhelmseder* gestiftete *Vorhallengitter, Grabmäler* und *-steine* des 16.–18. Jh., *Gewölbe- und Wandmalereien* des 16. Jh. und die Sakristei mit Kreuzgratgewölbe.

Rechts der Bürgerspitalkirche in Richtung N führt die *Gstättengasse,* vorbei am 1618 erbauten *Gstättentor* und den direkt an den Mönchsberg gebauten Häusern, hin zur →Markuskirche. Links an die Bürgerspitalkirche anschließend, beim Ausgang der →Getreidegasse, dann das 1327 unter Erzbischof Friedrich III. errichtete, bis zu seiner Auflösung 1898 als Unterkunft für Kranke, Arme und Pfründner genutzte *Ehem. Bürgerspital.* Die vier zwischen 1556 und 1570 im Stil der Renaissance um einen Hof gruppierten Trakte fielen z. T. den Bomben des Jahres 1944 zum Opfer. Bis 1955 baute man v. a. die urspr. zwischen 1556 und 1562 entstandenen 3 Laubengänge des an den Mönchsberg gelehnten *Arkadentrakts* originalgetreu wieder auf und übergab die Schauräume dem →Museum Carolino Augusteum. Heute beherbergt das ehem. Bürgerspital das

Dreifaltigkeitskirche

Erhardkirche >

Spielzeugmuseum. Unter den aus der Privatsammlung Hugo und Gabriele Folk stammenden Ausstellungsstücken verdienen neben Puppen, Zinnfiguren oder Eisenbahnen v.a. die sehr reizvollen *Papiertheater* bes. Beachtung.

Christuskirche (Elisabethkai): Die Christuskirche wurde 1863–1867 als erster ev. Kirchenbau nach Vertreibung der Protestanten aus Salzburg im neoromanisch-got. Stil errichtet. Die im 2. Weltkrieg zerstörten Chorfenster wurden durch Glasbilder von Albert Birkle* ersetzt.

Dreifaltigkeitskirche und Priesterhaus (Makartplatz): Nachdem das alte Priesterhaus in der Gstättengasse bei einem Felssturz zerstört worden war, stiftete Erzbischof Johann Ernst von Thun in der durch Paris Lodron entstandenen Neustadt ein Priesterhaus und Knabenkolleg (Virgilianum) mit dazugehöriger Dreifaltigkeitskirche, die Johann Bernhard Fischer von Erlach* 1694–1702 im Auftrag des Erzbischofs erbaute. Angeregt durch Borrominis Sant' Agnese in Rom schuf Fischer von Erlach* hier mit seinem ersten Kirchenbau bereits ein Meisterwerk des Barock. Schon die vollkommen symmetrische zweigeschossige Fassade, die zwischen beiden Türmen über dem im Oval angelegten Treppenaufgang konkav eingezogen ist und die über Doppelsäulen beidseitig des Mittelrisalits auf der Attika das Wappen des Erzbischofs und allegorische Figuren zeigt, die Michael Bernhard Mandl* 1699 schuf, stimmt den Besucher auf Harmonie und zugleich Bewegung ein, die der gesamte Bau ausstrahlt. Alles Gerade, alles Ernste, Strenge ist überhöht von dem Schwingenden, Theatralischen, Majestätischen des Barock. Die Türme waren dabei urspr. niedriger geplant und wurden erst 1757 in ihrer heutigen Gestalt angelegt. Die Außenfassaden des angrenzenden Priesterhauses und Virgilianums setzen die Wandgliederung der Kirche systematisch fort. Den Eindruck

Erhardkirche, Hochaltar

des Schwingenden vermittelt auch das Innere der Kirche durch die Architektur mit einem längsovalen Zentralraum, der innerhalb eines langgestreckten Rechtecks, das beidseitig der Kirche das Priesterhaus einschließt, von einer Tambourkuppel überwölbt wird, umgeben von 4 tonnengewölbten Kreuzarmen. Dabei stammen die *Stukkaturen* von Andrea Sallari* und Joh. Baptist Redi* und das *Kuppelfresko* mit der figurenreichen Marienkrönung von Michael Rottmayr* um 1700. Der *Hochaltar* – urspr. nach einem Entwurf Fischer von Erlachs* entstanden – wurde 1841 verändert und 1955 rekonstruiert. In der *Gruft* unter dem Hochaltar findet sich der Sarkophag Joh. E. v. Thuns. Die *Engelfiguren* an den rotmarmornen Seitenaltären (ebenfalls nach Entwurf Fischers) stammen von Michael Bernhard Mandl* (1700 u. 1702). Auch *Altarschranken, Kanzel* und *Bänke* entstanden um die Erbauungszeit und ergänzen den Eindruck einer vollkommenen Einheit. Die Gebäudeblocks des Priesterhauses und Virgilianums, die gleichzeitig mit der Kirche unter der Leitung Fischer von Erlachs* erbaut wurden, umschließen – von zwei großen Innenhöfen mit Pfeilerarkaden unterbrochen – beidseitig in einem langgestreckten Rechteck die Dreifaltigkeitskirche. (Im nördlichen Priesterseminarhof: Brunnen mit Statuen des hl. Petrus v. Jos. Anton Pfaffinger* von 1741, in der Priesterhauskapelle: Madonna aus dem 15. Jh.).

Erhardkirche (Nonntaler Hauptstr. 12): Die got. Vorläuferkirche der Erhardkirche am Fuße des Nonnbergs war urspr. mit dem Spital der Nonntaler Klosteranlage verbunden. 1603 ging das Spital in den Besitz des Domkapitels über. 1685 erhielt Giovanni Gaspare Zuccalli* durch den Erzbischof Max Gandolf Graf Kuenburg aus München den Auftrag, die inzwischen baufällig gewordene urspr. kl. Kirche durch eine neue zu ersetzen. Zuccalli (der u. a. auch die Münchner Theatinerkirche errichtet hatte), schuf einen Zentralbau mit hoher Tambourkuppel, Doppelturmfassade und einem vorgesetzten Portikus. Zu dem wegen ständig drohender Überschwemmungen hochgesetzten Portal führt eine doppelläufige Treppe. 1689 konnte die Kirche – ein wesentlicher Bau des Barock – geweiht werden. Im Inneren wird die harmonische Konstruktion des Zentralbaus mit 3 Halbkreisapsiden sichtbar. Den reichen Stuck schuf Francesco Brenno*. Die Rundmedaillons in der Tambourkuppel schildern das Leben des hl. Erhard, der als Wanderbischof Ende des 7. Jh. in Regensburg tätig war. Der Hochaltar stammt von Andreas Götzinger* von 1692 (vom selben Jahr: Altarblatt von Michael Rottmayr*: Hl. Erhard tauft die blind geborene Ottilie, die dabei sehend wird). Beidseitig der Kirche finden sich noch die ehem. *Spitalsgebäude,* der Frauentrakt mit spätgot. Portal und der 1686 errichtete Männertrakt.

Franziskanerkirche zu Unserer Lieben Frau (Franziskanergasse/Sigmund-Haffner-Gasse): Die in ihrer Verknüpfung verschiedener Baustile hervorragendste Kirche Salzburgs bildet mit Dom und St. Peter, beide in unmittelbarer Nähe

Franziskanerkirche zu Unserer Lieben Frau

gelegen, den geistlichen Mittelpunkt der Stadt. Bereits in der 1. Hälfte des 8. Jh. bestand an diesem Platz eine Tauf- und Synodalkirche. Seit jeher der Muttergottes geweiht, wurde die Kirche um 1130 an St. Peter übergeben und gelangte, mit Pfarrechten ausgestattet (die bis 1635 erhalten bleiben sollten), 1139 an die Domherren und 1592 (endgültig 1643) an die Franziskaner; während des Domneubaus 1600–1628 provisorisch Kathedrale. Nachdem die Vorläuferin 1167 in einem von Kaiser Friedrich I. Barbarossa befohlenen Stadtbrand zerstört worden war, begann man wohl um 1208 mit dem Neubau, der 1223 geweiht werden konnte und von dem noch heute das roman. Langhaus erhalten ist. Ein 1408 gefaßter Stiftungsplan sah einen Chor vor, den Hans v. Burghausen* 1422 begann und der nach dessen Tod im Jahre 1432 von seinem Schüler Stephan Krumenauer* bis 1460 zu Ende geführt wurde. Der mit dem hohen Hallenchor das äußere Erscheinungsbild prägende got. Turm konnte in seinen Obergeschossen erst gegen Ende des 15. Jh. abgeschlossen werden und wurde, um in seiner Höhe die Domtürme nicht zu überragen, 1670 verkürzt. Der heutige Turmhelm stammt von einer Regotisierung der Jahre 1866/1877. Den *Innenraum* betritt man entweder durch die s sternrippengewölbte *Turmvorhalle* mit einem außen got. spitzbogigen, innen roman. *Portal* (Tympanonrelief mit Christus zwischen Petrus und dem Lokalheiligen Rupertus; auf dem Türsturz Rankenwerk zwischen Kriegern) oder aber über das roman., um 1700 gleichzeitig mit der Fassade barockisierte *w Hauptportal* (aus weißem und rotem Marmor; im Giebel barocke Wandmalerei; r am Gewände zum Boden hin eine Schwurhand; Bronzerelieftür v. 1961) – was dem Besucher unbedingt empfohlen sei. Dem, der über das Hauptportal in das *Kicheninnere* gelangt, erschließt sich ein in seiner Lichtwirkung unvergleichlicher, nahezu mystischer Raumeindruck, wenn der Blick durch

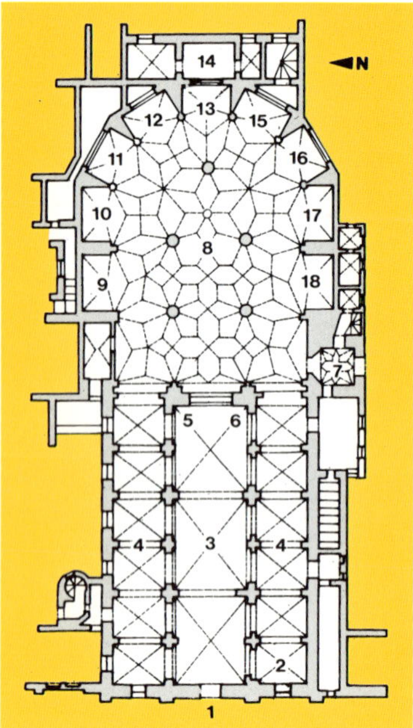

Franziskanerkirche zu Unserer Lieben Frau 1 Hauptportal **2** Grabplatte des hl. Virgil **3** Mittelschiff **4** Seitenschiffe mit Orgelemporen **5** n Chorbogen, spätgot. Fresken über der Sakramentsnische **6** s Chorbogen, spätgot. Fresken, Kanzel **7** Turmvorhalle mit außen got. und innen roman. Portal **8** Chorraum, Rundbogenpfeiler und Hochaltar **9** Karl-Borromäus-Kapelle **10** Geburt-Christi-Kapelle **11** Rochuskapelle **12** Heilig-Kreuz-Kapelle **13** Dreifaltigkeitskapelle **14** Residenzoratorium, darunterliegend Fatimakapelle **15** Josephskapelle **16** Sebastianskapelle **17** Annakapelle **18** Franziskuskapelle

das Halbdunkel des niedrigen und schmalen Mittelschiffs hin zum lichtgetränkten hochragenden Hallenchor schweift. Der gesamte Innenraum lebt von seiner durch das bewußte, konzipierte Gegenüberstellen zweier Stile erzielten Spannung: Hier das nach dem gebundenen System gestaltete *Langhaus* mit dreijochigem, durch wuchtige Säulen (beachtliche Kapitelle) und Wandpfeiler gegliedertem, kreuzrippengewölbtem, schluchtartigem Mittelschiff und zwei sechsjochigen kreuzgratgewölbten Seitenschiffen mit darüberliegenden Orgelemporen des 15. bis frühen 17. Jh. – dort der hinter einem schmalen Triumphbogen sich öffnende sehr helle spätgot. *Chor* mit seinen 5 schlanken, hochragenden Rundpfeilern, die das feinmaschige Netzgewölbe tragen und gleichsam den barocken, auf wunderbare Weise mit dem got. Raum harmonierenden Hochaltar schützend in ihre Mitte nehmen. Um 1600 begann man damit, in die freien Nischen zwischen den nach innen eingezogenen Chor-Wandpfeilern einen Kranz von 9 jeweils in Rundbögen auf toskanischen Säulen geöffneten *Kapellen* einzubauen, an deren reicher Stuckierung sich fast wie in einem Musterbuch die Entwicklung der Dekorationsformen über das gesamte 17. Jh. hinweg verfolgen läßt. Im Uhrzeigersinn, von NO nach SO zeigen sich: (1) *Karl-Borromäus-Kapelle,* 1614 von Erzbischof Karl Sittikus gestiftet, mit Altarblatt »Hl. Borromäus«; (2) *Geburt-Christi-Kapelle,* 1610 von Erzbischof Wolf Dietrich gestiftet, mit Altarblatt der »Geburt Christi« von Francesco Vanni*; (3) *Rochuskapelle,* 1625 von der Stadt zum Schutz vor der Pest gestiftet, mit Altarblatt »Hl. Rochus«; (4) *Heilig-Kreuz-Kapelle,* um 1670 gestiftet; (5) *Dreifaltigkeitskapelle,* mit dem Hans Aßlinger zugeschriebenen Marmoraltar (1561) aus dem alten Dom, Gemälden von Wilhelm Faistenberger* (um 1670) und Stukkaturen um 1700; (6) *Josephskapelle,* 1704 von der Stadt gestiftet, Gemälde wahrscheinlich von Johann Friedrich Pereth* d. J.; (7) *Sebastianskapelle,* von der Stadt gestiftet, mit Francesco da Siena* zugeschriebenen Gemälden; (8) *Annakapelle,* gestiftet von Erzbischof Max Gandolf Kuenburg, 1680 von Paolo Brenno* stuckiert, Gemälde (um 1680) von Christoph Lederwasch*, Grabsteine der Kuenburg; (9) *Franziskuskapelle,* um 1690 von Erzbischof Johann Ernst Graf Thun gestiftet, Altarblatt und Fresken Szenen aus dem Leben des Hl. Franziskus von Johann Michael Rottmayr* (1693), Grabsteine der Familie Thun. 1606 ließ Erzbischof Wolf Dietrich in den Chorraum

Kajetanerkirche

das dreigeschossige *Residenzoratorium* mit seiner palastartigen Fassade (und der Fatimakapelle im Erdgeschoß) einbauen. Bedeutendstes Werk der *Ausstattung* und eine der Glanzleistungen des Spätbarock in Österreich ist der aufs harmonischste in den got. Raumzusammenhang komponierte goldfarbene, von Doppelsäulen gerahmte, 1709 von Johann Bernhard Fischer v. Erlach* entworfene *Hochaltar*. Vom ersten spätgot. Altar, an dem der Südtiroler Michael Pacher* fast 5 Jahre bis zu seinem Tod 1498 gearbeitet hatte, ist bis auf die in einer Gloriole thronende, meisterhaft in den neuen Altar integrierte *Madonna* nichts mehr erhalten – selbst das Jesukind auf ihrem Schoß ist eine Zutat des späten 19. Jh. Die zu beiden Seiten wie Schreinwächter aufgestellten Figuren Hl. Georg und Hl. Florian sowie die Dreifaltigkeit im Aufsatz schuf Simeon Fries*, das kunstreiche Rokokogitter (1780) Thomas Reckeisen*. Reste spätgot. *Wandmalereien* aus dem Umfeld Konrad Laibs* wurden über der Sakramentsnische am n Chorbogen (Schmerzensmann, 1446), am sö Chorpfeiler (1456) und am s Chorbogen (Maria mit zwei Heiligen, Christus am Ölberg, 1447) freigelegt. Am s Chorbogen befindet sich auch die *Kanzel* (spätgot., roter Marmor) mit einem roman. Löwen (wohl um 1200), den ein unter ihm liegender Krieger mit seinem Schwert zu töten versucht. Unter den zahlreichen *Grabsteinen* in den Chorkapellen und im Langhaus ist eine marmorne Grabplatte des hl. Virgil aus dem Jahr 1315 (in der W-Wand des s Seitenschiffs) der in geschichtlicher Hinsicht wohl interessanteste. Die *Altäre* in den Seitenschiffen und die neoroman. Teile der *Orgelempore* stammen aus der 2. Hälfte des 19. Jh. Das an die Kirche s anschließende und mit dieser um 1610 durch einen Schwibbogen verbundene **Franziskanerkloster** (Franziskanergasse) stammt in seiner heute bestehenden Form (4 schlichte viergeschossige Gebäudetrakte um einen

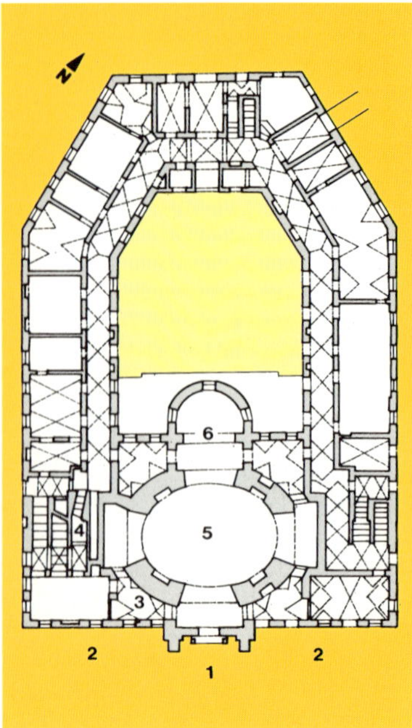

Ehem. Kajetanerkirche und Kloster
1 Kirchenfront **2** Kloster-Seitenflügel **3** Vorhallenkapellen **4** Heilige Stiege **5** Kuppel **6** Chorraum mit Hochaltar

quadratischen Hof) aus dem 17. Jh. Das Relief mit dem hl. Franziskus von 1605 über dem einstigen *Hauptportal* (gegenüber der Turm der Kirche) schuf wahrscheinlich Michael Pernegger. Das Kloster bewahrt u. a. eine *Steingußmadonna* (um 1410), mehrere *Gemälde* (um 1690) von Johann Michael Rottmayr*, ein *Astkreuz* aus dem 14. Jh. und den originalen Entwurf Johann Bernhard Fischers v. Erlach* für den Hochaltar der Franziskanerkirche. Sehenswert sind außerdem das *Refektorium* mit Stukkaturen des 17. Jh., der in den Umgängen tonnengewölbte *Kreuzgang* und das im N-Trakt untergebrachte *Pater-Peter-Singer-Museum* mit Exponaten zur Erinnerung an den Komponisten und Erfinder des Pansymphonikons.

Gabrielskapelle → Sebastianskirche.

Georgskirche → Festung.

Gnigler Pfarrkirche z. Hl. Michael (Eichstraße in Obergnigl): Die Kirche ist von einem Friedhof umgeben. Der nach NW ausgerichtete barocke Saalbau mit vorgestelltem, teilweise eingebautem Fassadenturm im Westen wurde 1732–1738 nach dem Entwurf und unter der Leitung von Tobias Kendler* errichtet. Beachtlich ist die einheitliche spätbarocke Ausstattung. Die Stukkaturen im Inneren schuf Johann Kleber*, die Altarbilder Jakob Zanusi* und die Statuen der 3 Altäre Josef Anton Pfaffinger*. Die Kanzel stammt von 1733, die Konsolenstatuen und das Chorgestühl von 1735.

Johannes-Spital-Kirche (Müllner Hauptstraße): Kirche und Spital sind eine Stiftung (für Handwerksgesellen, Studenten und Priester) des Erzbischofs Johann Ernst Graf Thun, die er an der Stelle des 1688 von ihm erworbenen Schlosses Mülleck hatte erbauen lassen. Bereits 1695 war der l Flügel (für Männer) der an die (zentrale) Kirche angesetzten Spitalgebäude fertiggestellt, 1703 nach etwa vierjähriger Bauzeit der r Flügel (für Frauen) vollendet. Den Mittelteil der gesamten Anlage bildet die 1699–1704 von Johann Bernhard Fischer v. Erlach* erbaute Kirche. Als Vorbild für die *Fassade* mit ihrer ionischen Pilasterordnung und dem hinter einer Balustrade (mit einer an den Stifter erinnernden Johannesstatue) zurückgesetzten Obergeschoß mit Dreiecksgiebel und 2 Dachreitern darf ohne weiteres San Giovanni in Laterano (in Rom) vermutet werden. Das sehr eigenwillige, Längsausrichtung und Zentrum gekonnt verbindende *Innere* zeigt im Grundriß ein Rechteck mit konvex in den Raum tretenden Ecken. Die von Pilastern eingerahmten tonnengewölbten *Kapellen* deuten gleichsam ein schmales Querschiff an. Rundbogige Nischen, Pilaster und Gurtbogen, selbst die Stukkaturen betonen auf sehr zurückhaltende Weise die Raumarchitektur. Die sehr einheitliche *Ausstattung* ist auf Johann Bernhard Fischer v. Erlach* zurückzuführen. Zwei seitliche Treppenaufgänge führen zu dem auf einem Podest plazierten *Hochaltar* (darunter

Kapuzinerkirche, Blick zum Chor

eine kleine, als Grablege vorgesehene Unterkirche) mit einem Tabernakel in Tempietto-Form; an der rückwärtigen Kirchenwand ein Stuckrelief mit Gottvater-Darstellung. Die *Ölgemälde* »Enthauptung der hl. Barbara« und »Predigt des hl. Johannes d. T.« auf den beiden Seitenaltären schuf 1709 Johann Michael Rottmayr*.

Kajetanerkirche (Kajetanerplatz): Anstelle der in ihrer breiten Schauseite zum Platz hin orientierten barocken Klosteranlage befand sich urspr. ein Spital mit einer 1150 urkundlich genannten Kirche des Stiftes →St. Peter, das Erzbischof Wolf Dietrich erworben hatte, um hier ein Priesterseminar einzurichten. Nachdem Erzbischof Max Gandolf mit Hilfe einer privaten Stiftung 1684 die Theatiner nach Salzburg berufen und sie mit der Leitung des Seminars betraut hatte, begann Giovanni Gaspare Zuccalli* (Johann Caspar Zugalli) 1685 mit dem Neubau der heutigen Kirche. Nur zwei Jahre darauf verstarb Max Gandolf, die Bauarbeiten ruhten und wurden schließlich auf das Drängen der Benediktiner, die in den Theatinern harte Konkurrenten sahen, unter Erzbischof Johann Ernst Graf Thun völlig eingestellt. Erst 1696, nach einer päpstlichen Intervention, war es Zuccalli möglich, die Arbeiten weiterzuführen. Im Oktober des Jahres 1700 konnte die Kirche dem Hl. Kajetan, Ordensbegründer der Theatiner (oder Kajetaner), geweiht werden. 1712 Anbau der *Heiligen Stiege,* 1730 Vollendung der *Ausstattung.* Nach der Aufhebung des Klosters (1809) als Militärspital genutzt, gelangte die gesamte Anlage 1923 in den Besitz der Barmherzigen Brüder, die seitdem ein Krankenhaus führen. Die elfachsige, dreigeschossige *Barock-Fassade* schließt die durch Säulen und Segmentgiebel gegliederte Kirchenfront und die risalitartigen Seitenflügel des Klosters (mit toskanischen Pilastern und Volutengiebeln) ein. Nur die mächtige Tambourkuppel deutet an, daß es sich

Kollegienkirche

Kollegienkirche, Seitenaltar (l)

bei diesem Gebäude um eine Kirche und nicht um einen Palast handelt. Auch der *Kircheninnenraum,* im Grundriß ein Queroval mit 4 recht schmalen Kreuzarmen und halbrund geschlossenem Chorraum, erhält seine Prägung durch die den Blick des Besuchers geradezu anziehende *Kuppel.* Der größte Teil der Malereien stammt von dem Südtiroler Paul Troger*, so das *Kuppelfresko* von 1728 mit der »Glorie des Hl. Kajetan und seine Aufnahme in den Himmel«, die »Marter des Hl. Maximilian« von 1727 auf dem Hochaltar, »der Hl. Kajetan tröstet Pestkranke« von 1735 auf dem r Seitenaltar sowie vier »Büßerheilige« von 1735 über den Beichtstühlen. Lediglich die »Heilige Sippe« auf dem l Seitenaltar malte 1708 Johann Michael Rottmayr*. Aus weißem Marmor schuf Matthias Wilhelm Weißenkirchner* zwischen 1725 und 1730 die betenden Engel am *Hochaltar* und eine Immaculata. Die vorzüglichen, zurückhaltenden *Stukkaturen* stammen von den Brüdern Francesco und Carlo Antonio Brenno* sowie ihrem Gehilfen Antonio Carabelli*, die Barockorgel (1696) von Joseph Christoph Egedacher*. In den beiden Kapellen l der Vorhalle Tafelbilder von Jacob Zanusi* aus der 1. Hälfte des 18. Jh., in der 1712 als Nachbildung der Santa Scala in Rom erbauten *Heiligen Stiege* Stukkaturen, Deckengemälde, Altäre, Tafelbilder und Figuren überwiegend aus der 1. Hälfte des 18. Jh.

Kapuzinerkirche (Kapuzinerberg): Zu diesem malerisch am gleichnamigen Berg gelegenen Kloster gelangt man entweder, ein wenig mühevoll, über den von der Linzergasse (Haus Nr. 14, Portal von 1617 mit einem Relief des Hl. Franziskus), entlang an Kreuzwegkapellen (1736–1744), bis zu einer Kreuzigungsgruppe (1780) von Franz Hitzl* führenden sog. Prügelweg oder aber, vorbei am 1681 erbauten Barockkirchlein *Johann am Imberg* (Ausstattung 1772–1774) über die von der Steingasse aufsteigende

Imbergstiege. Kloster und Kirche wurden unter Verwendung von Teilen des sog. *Trompetenschlößchens* 1599–1602 durch Erzbischof Wolf Dietrich für die 1594 nach Salzburg berufenen Kapuziner errichtet. Gemäß der Ordensregeln entstand ein sehr schlichter Bau mit hohem Langhaus und Walmdach, niedrigem Chor, Dachreiter und einem n an das Langhaus gefügten eingeschossigen Gang mit Pultdach. Aus dem alten roman. Dom übernommen wurde die geschnitzte got. *Kirchentüre* (um 1450) mit 12 Reliefdarstellungen von Maria, Johannes d. T. und Aposteln oder Heiligen. Der überwiegende Teil der Ausstattung stammt aus dem 17.–19. Jh. Das s der Kirche um einen Innenhof plazierte *Klostergebäude* mit eingeschossigem Umgang (zum Hof hin) wurde zuletzt 1981 durchgreifend renoviert.

Prächtige Ausblicke auf die Stadt und ihre Umgebung bieten sich von der unterhalb des Klosters gelegenen *Hettwer-Bastei,* von der *Bayerischen Aussicht* (570 m), der *Stadtaussicht* (610 m) und auch vom sog. *Franziskischlößl,* einem ehem. Teil der Befestigung von 1629.

Karl-Borromäus-Kirche (Mirabellplatz): Vom ersten Denkmalpfleger Salzburgs, von dem Maler und Architekten Georg Petzolt*, wurde die Kirche von 1846–1848 erbaut. Beachtlich ist die schöne Fassadengliederung der nicht zugänglichen Kirche, die sich an der NW-Ecke des Alten Borromäums (s. Lodronscher Primogeniturpalast) findet.

Kollegienkirche (Universitätsplatz): Dieser der »Unbefleckten Empfängnis Mariä« geweihte als Universitätskirche konzipierte Sakralbau, den Johann Bernhard Fischer v. Erlach* schuf, gehört mit zu den bahnbrechenden Kirchen Europas, die »weder aus dem überlieferten Wandpfeilerbau Süddeutschlands zu erklären noch als Umbildung ital. oder franz. Vorbilder zu verstehen sind, sondern nur aus einer hochgespannten und universalen Idee, die als Inhalt eine Synthese der bisherigen großen Architektursysteme hat« (Hans Sedlmayer).

Fürstbischof Johann Ernst Graf von

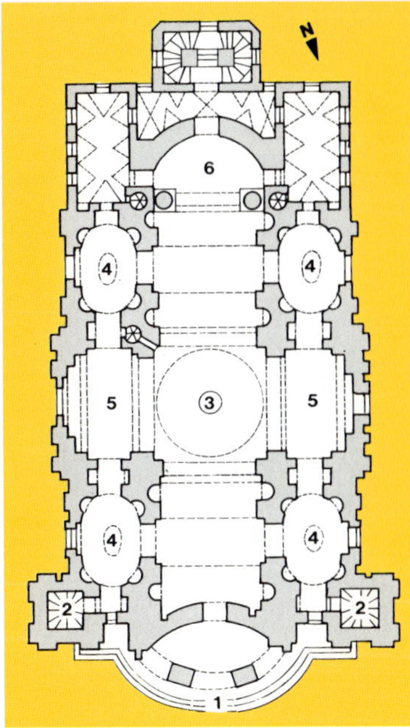

Kollegienkirche 1 Fassade **2** Fassadentürme **3** Langhaus mit Kuppel **4** Kapellen mit Nischenfiguren **5** Querhausarme mit Tafelbildern **6** Altarraum mit Hochaltar

Thun beauftragte im Jahr 1694 den Baumeister Fischer von Erlach* mit dem Bau eines Gotteshauses, das auf einem Platz (Salzburger Grünmarkt), eingeschlossen von zahlreichen Häusern, errichtet werden sollte. Es entstand das reifste Werk Fischer von Erlachs, das stilbildend für die barocke Kirchenarchitektur in Süddeutschland werden sollte. Schon die nach N gerichtete Fassade beeindruckt mit einem gewaltig konvex gewölbten Mittelteil zwischen den Türmen, die nach oben zu immer schwingender, leichter und luftiger konzipiert sind (auf den Balustradensockeln die Skulpturen der Evangelisten und Kirchenväter von Michael Bernhard Mandl*) und die zus. mit der Fassadengliederung einen fast schwebend, fröhlich wirkenden Akzent gegen die schwere Riesenkuppel mit Laterne im Hintergrund, die das Langhaus

Loretokirche

überkrönt, setzen. Um den beherrschend in den Mittelpunkt des Baus gestellten Kuppelraum ordnen sich die steil proportionierten Raumzüge des Lang- und Querhauses. In die mächtigen Eckpfeilermaße eingelassen sind zweigeschossige zylindrische Kapellenräume. Zwei Kolossalsäulen setzen eine anschauliche Zäsur zum Altarraum, dessen Stuckgloriole um die Immaculata gegen das Licht des Apsisfensters eine Welt zwischen Schein und Wirklichkeit entstehen läßt. Neben der großartigen Altarwandstukkierung von Diego Francesco Carlone* und Paolo d'Allio* und dem von Josef Anton Pfaffinger 1740 geschaffenen Altar sind bes. die beiden *Altarblätter* in den zum Langhaus verhältnismäßig kurzen Querarmen zu erwähnen, die J.M. Rottmayr* 1721/22 für die beiden Patrone der Universität, den Hl. Karl Varvomäus und den Hl. Benedikt geschaffen hat. In den Seitenkapellen Nischenfiguren, die zweifelsohne Meinrad Guggenbichler* und Josef Anton Pfaffinger* unmittelbar nahestehen. Sie sind den Fakultätsheiligen Thomas von Aquin (Theologie), Ivo (Jurisprudenz), Lukas (Medizin) und Katharina (Philosophie) geweiht.
In der Kollegienkirche wurde das Salzburger große Welttheater von Hugo von Hofmannsthal (nach Calderon de la Barca) 1922 uraufgeführt.

Kreuzwegkapellen → Stefan-Zweig-Weg.

Leprosenkirche Hll. Hieronymus und Antonius (Müllner Hauptstr.): 1714 wurde die einschiffige Barockkirche an die SO-Ecke des Leprosenspitals angebaut. Auf dem Hochaltar eine Kopie des Gnadenbildes von Maria Dorfen in Obb.

Lieferinger Pfarrkirche Hll. Petrus und Paulus: An der Lieferinger Hauptstraße, dort wo es früher bereits eine Römersiedlung gab, liegt die ehem. Dorfkirche, die im Kern noch roman. (8. Jh.) ist und got. Netzrippengewölbe aufweist, inmitten eines Friedhofs. Der W-Turm wurde 1691 umgebaut und erhöht, im N Anbau von 1980/81, im S Portal-Vorhalle von 1691 (r: got. Weihwasserbecken). In der N-Wand im 1. und 2. Joch roman. Fenster mit freigelegten Gewändefresken aus dem 13. Jh. Acht um 1465 entstandene Tafelbilder stammen noch vom spätgot. Hochaltar. Sehenswert ist in Liefering auch das *Schloßbauerngut* von 1463, das im 16. und 18. Jh. umgebaut wurde und an das 1606 die *Kapelle Hl. Anna* angefügt wurde, die heute Fresken aus dem 17. Jh. und Reliefs, Stuck und eine hübsche Einrichtung aus dem 18. Jh. aufweist.

Loretokirche (Paris-Lodron-Str.): Die Kirche, die Fürstbischof Paris Lodron für die Klarissinnen, die im 30jährigen Krieg auf der Flucht vor den Schweden waren, erbauen ließ, wurde zusammen mit dem anschließenden Kloster 1633–1648 errichtet. Nach einem Brand von 1818 und Kriegseinwirkungen von 1944 wurde sie 1947–1949 restauriert. Ein Wappen von Paris Lodron findet sich über dem Marmorportal. Die rechteckige Saalkirche, die eine Holzkassettendecke trägt, ist von 3 Kapellen umgeben. An das Langhaus schließt sich ein achteckiger Chor an. Der *Hauptaltar* ist mit Reminiszenzen des 17. Jh. (Wurzel Jesse, Dreifaltigkeitsgruppe) wiederhergestellt. Das schmiedeeiserne *Gitter* stammt von 1735, das Holzrelief mit der Beweinung Christi vom Beginn des 17. Jh. von Hans Waldburger* findet sich im Kloster ebenso wie die viel verehrte prachtvoll gekleidete Elfenbeinfigur, »Gnadenreiches Loretokindl« oder »Salzburger Kindl« genannt, die zu jeder Hl. Messe in die Kirche getragen wird.

Markuskirche (ehem. Ursulinenkirche) (Gstättengasse/Ursulinenplatz): Wer Salzburg durch das Klausentor betritt, der entdeckt mit der ehem. Ursulinenkirche, deren harmonisch gegliederte, schmale, hohe Barockfassade mit Riesenpilastern und den beiden an die Längsseite versetzten Türmen, die J. B. Fischer von Erlach* entwarf, einen ersten Eindruck von der eigenwilligen, immer wieder überraschenden, doch nie enttäuschenden Ba-

Michaelskirche, Hochaltar

rockstadt Salzburg. An dieser Stelle stand seit 1616/17 Spital und Kirche der Barmherzigen Brüder, die durch den Bergsturz von 1669 weitgehend zerstört wurden. 1695 kamen Ursulinen nach Salzburg. Ab 1699 wurde mit dem Neubau der heutigen Kirche nach Plänen Fischer von Erlachs begonnen. Es galt, die Schmalstelle zwischen Berg und Fluß zu nutzen. Dabei kam man zu der Lösung, ein keilförmiges, in 2 Armen angelegtes Kloster nach vorne zu mit dem Sakralbau zur stumpfen Spitze eines Dreiecks (Kirchenfront) zu vereinen. Der Giebel der dreiachsigen Fassade ist mit den Heiligen Markus, Ursula und Augustinus geschmückt.
Durch einen Vorhallenbau (vier Heiligen-Schnitzfiguren von 1700) betritt man das mit Stuckdekor und Deckenfresken von Chr. A. Mayr 1756 reichgeschmückte helle Kircheninnere mit ausgemalter Vierungskuppel (Christus und Maria empfangen die Hl. Ursula) und schöner Inneneinrichtung nach Entwurf Fischer

Müllner Pfarrkirche

Müllner Pfarrkirche, Gnadenbild >

von Erlachs (Altarblätter von Johann Martin Schaumberger*). 1957 wurde das Ursulinenkloster nach Glasenbach verlegt.
Der Klosterbau dient seit 1959 als »Haus der Natur« (vgl. Museen).

Maxglaner Pfarrkirche Hl. Maximilian (Ecke Siezenheimer Str./Maximiliangasse): Innerhalb eines Friedhofs steht der got. Bau des 14./15. Jh. (W-Turm von uspr. 1690 und Erweiterungsbau von 1952–1956 an der N-Seite). Die Einrichtung stammt aus dem 18. und 20. Jh. Von bes. Interesse sind jedoch Reminiszenzen aus der Römerzeit, die angebracht wurden: Relief mit röm. Wagendarstellung an der Kirche der S-Seite (eingemauert) sowie Grabstein mit Inschrift an der NO-Ecke: Randleiste eines röm. Grabes mit 2 Eroten, ebenso finden sich röm. Steindenkmäler an der Apsis, an der Friedhofsmauer neben dem Eingang und im Pfarrzentrum (Maximiliangasse Nr. 1).

Michaelskirche (Residenzplatz): Die Geschichte dieser ältesten Salzburger Stadtpfarrkirche reicht bis ins 8. Jh. zurück, wo sie urspr. als Pfalzkapelle der bairischen Herzöge fungierte. Abt Beda Seeauer ließ die Kirche 1763–1783 über dem alten Grundriß neu errichten (wobei das roman. Mauerwerk mit röm. Spolien mitverwendet wurde), und da sie von Anfang an zu St. Peter gehörte, ließ der Abt sie von den Künstlern ausstatten, die damals gleichzeitig für die Stiftskirche von St. Peter arbeiteten. So stammen das schöne Abschlußgitter von Philipp Hinterseer* (1770), die beachtlichen *Stukkaturen* von Benedikt Zöpf* (1769), die *Deckenfresken* von Franz Nikolaus Streicher* und die *Seitenaltarbilder* von Franz Xaver König* (1770/71). Das *Hochaltarbild* schuf Tobias Bock* vermutlich bereits 1650.

Morzger Pfarrkirche zum Hl. Veit/St. Vitus (Gneiser Straße): Leicht erhöht inmitten eines Friedhofs liegt die hübsche,

Braugasthof

urspr. got. Kirche mit got. Chor, spätgot. Turm und spätbarocken Turmhelmen. 1683 wurde die ehem. Dorfkirche barokkisiert. Der Hochaltar, ein spätgot. Flügelaltar, stammt noch von 1480. Die Fresken in den Gewölbefeldern des Mittelschiffs und des Chors schuf Anton Faistauer* 1922/23. Die Glasbilder in den Fenstern stammen aus dem 19. Jh.

Müllner Pfarrkirche zu Unserer Lieben Frau Mariä Himmelfahrt (Augustinergasse): 1450 wurde die erhöht auf einer Terrasse innerhalb eines Friedhofs gelegene Kirche – nach einem Vorgängerbau von 1184, einer Marienkapelle – erbaut. Aus dieser Zeit stammen noch der wuchtige Turm im S und die Teile des Außenbaus mit Strebepfeilern. 1605 übergab Erzbischof Wolf Dietrich die inzwischen zur Pfarrkirche ernannte Müllner Kirche den aus München berufenen Augustiner-Eremiten, 1835 erhielten Benediktiner aus Michaelbeuern das Gotteshaus. Unter Wolf Dietrich entstand der große Schwibbogen, der Kirche und Kloster miteinander verbindet, und der majestätische Treppenaufgang, der zum Portal führt. Die beiden Brüder Wolf Dietrichs stifteten 2 Kapellen, die noch heute mit Stuck und Gitter ihrer Zeit erhalten sind, und Johann Michael Rottmayr* malte für alle 3 frühbarocken *Seitenkapellen* in der Kirche Altarbilder dazu. Die vierte Seitenkapelle ist die *Turmkapelle.* Auch die *Eingangskapelle* wurde damals der W-Fassade vorgebaut. Hier stammen die Altarbilder von Johann Martin Schmidt*, dem sog. »Kremser Schmidt«. Neben dem Eingang ein Pieta-Bild von Paul Troger*. In dem vorwiegend im 18. Jh. hervorragend ausgestatteten Kircheninneren dominiert der *Hochaltar,* der nach Entwürfen Vinzenz Fischers* aus Wien 1758–1760 aus Adneter und Untersberger Marmor aufgebaut und mit Figuren bestückt wurde. In der Altarnische findet sich ein barock gefaßtes got. *Gnadenbild* der Madonna mit Kind von ca. 1440. Der ganze Innenraum ist mit

Gitter- und Bandelwerk von Christoph Fenninger* (1738) stuckiert. Die doppelgeschossige *Empore* entstand 1673. Die *Kanzel* schuf Georg Hitzl* 1738, die *Orgel* stammt von 1679. Die vier *Leinwandbilder* an den Langhauswänden über den Eingängen zu den Seitenkapellen malte Vinzenz Fischer* 1759. Auch die *Kreuzwegstationsbilder* entstanden im 18. Jh. Die *Sakristei,* die von Diego Francesco Carlone* stuckiert ist, wurde 1709 angebaut. Die *Friedhofskapelle* im N stammt ebenfalls von 1709, das ehem. Klostergebäude (heute Pfarrhof und seit 1890 Braugasthof) entstand im frühen 17. Jh.

Nonntaler Pfarrkirche → Erhardkirche.

Peterskirche, St. Peter, Klosterbezirk St. Peter: Umschlossen vom kleinen Festspielhaus, Franziskanergasse, Domplatz, Kapitelplatz und im SW abgegrenzt vom jäh aufsteigenden Mönchsbergfelsen, findet sich der Klosterbezirk St. Peter, der als die Ursiedlung Salzburgs gilt. Bei Grabungen im Bereich der Stiftskirche kamen die Reste eines röm. Hauses zum Vorschein und ein Mosaikfußboden. Beide Felsenkatakomben sollen bereits im 3. und 4. Jh. Christen Unterschlupf gewährt haben. Überliefert ist, daß der Hl. Rupert zu Ende des 7. Jh. hier ein Benediktinerkloster zu Ehren des Hl. Petrus errichtet hat. Das urspr. Kloster lag zwischen Kirche und Mönchsbergwand und wurde erst im Lauf von über 1200 Jahren immer weiter ausgebaut. Das Kloster, das im 8. Jh. unter dem Abtbischof Virgil aus Irland eine erste Blüte erlebte, leitete nicht nur die Entwicklung der Stadt Salzburg ein, von hier aus wurden Österreich und W-Ungarn missioniert.
Durch die Aufhebung der Personalunion von Abt und Bischof 987 und die Gründung eines eigenen Bischofhofs (Residenz) unter Erzbischof Konrad (um 1100) wurde das Kloster eigenständiger. Man baute es aus und vergrößerte es und konnte vor allem einen eigenen Aufgabenbereich, Kunst und Wissenschaft, forcieren, wovon noch heute die Werke der Mal- und Schreibschule aus dem 12. Jh. berichten. Das Interesse und die Förderung von Kunst und Wissenschaft blieb

Peterskirche

diesem Kloster neben seinen religiösen Hauptaufgaben bis heute erhalten. Der Humanist und Freund Martin Luthers, Johann von Staupitz, wirkte hier als Abt. Die Gründung der Salzburger Universität wurde entscheidend von St. Peter aus mitbeeinflußt. 1753–1783 wurden Kirche, Kloster und Stiftshof unter Abt Beda Seeauer großzügig ausgebaut. Die *Bibliothek* der Abtei besitzt 1300 Handschriften, 923 Inkunabeln und 120000 gebundene Bücher und weist bis ins frühe MA zurück (die älteste Handschrift aus dem 8. Jh.). Bedeutend ist auch die Sammlung mit Kunstgewerbe, die Werke aus dem 11.–16. Jh. enthält, die Sammlung mit Tafelmalerei und Schnitzfiguren ab 15. Jh. und eine Gemäldesammlung. Das reichhaltige *Musikarchiv* bewahrt unter anderem auch Handschriften W. A. Mozarts. 1783 wurde Mozarts c-Moll-Messe (KV 427) hier in der Stiftskirche zum erstenmal aufgeführt. 1925 wurde unter Abt Petrus Klotz das Collegium Benedictum mit dem Bau eines

St. Peter, Friedhof, Margarethen-Kapelle

Zentralstudienhauses für Benediktiner dt. Sprache gegründet. 1927 wurde das Kloster zur Erzabtei erhoben, die man 1942–1945 vorübergehend aufheben ließ. Abgesehen von dieser Zeit aber ist St. Peter das einzige Männerkloster des dt. Sprachraums, das eine kontinuierliche Tradition von 1300 Jahren aufzuweisen hat.

Stiftskirche St. Peter: Von einem urspr. Kirchenbau aus der Mitte des 9. Jh. hat sich nur mehr das Untergeschoß des W-Turmes erhalten. Nach einem Brand von 1127 wurde die Kirche zw. 1130 und 1143 zu der im wesentlichen noch heute erhaltenen hochroman. Basilika ausgebaut. 1215 wurde an den r Querarm die Katharinenkapelle angebaut, 1244/45 kam die Vorhalle mit dem monumentalen spätrom. Stufenportal hinzu. 1605–25 erfolgte eine erste Barockisierung. Unter anderem wurden die Schiffe erhöht und gewölbt, und die Vierungskuppel wurde errichtet. Presbyterium und Querhaus wurden mit drei Altären von Hans Waldburger* (1625) ausstaffiert. Unter Abt Beda Seeauer (1753–83) erhielt die Kirche ihre heutige großzügige Spätbarock- und Rokoko-Ausstattung. Die gesamte Kirche wurde stuckiert und freskiert, sie erhielt neue Kirchenstühle, das reizvolle Abschlußgitter und geschnitzte Portaltüren. Die Hauptschiffe und die Vierungskuppel wurden von neuem erhöht, und der Turm wurde z. T. abgebrochen und erhielt den heutigen schönen Helm. Diese einheitliche und insgesamt sehr har-

St. Peter (Bezirk) 1 Haupteingang von der Franziskanergasse **2** Äußerer Stiftshof **3** Petrusbrunnen von 1673 **4** Stiftskeller **5** Johann-Michael-Haydn-Gedenkstätte **5a** Westhof **5b** Benediktinum **6** Abteitrakt **7** Stiftskirche St. Peter **8** Katharinenkapelle **9** Marienkapelle **10** Kreuzgang **11** Konventhof **12** Konventtrakt **13** Noviziat **14** Brunnenhaus **15** Petersfriedhof **16** Margarethenkapelle **17** Kommunigruft mit Aufgang zu den Katakomben **18** Katakomben **19** Arkaden **20** Mühlenhof

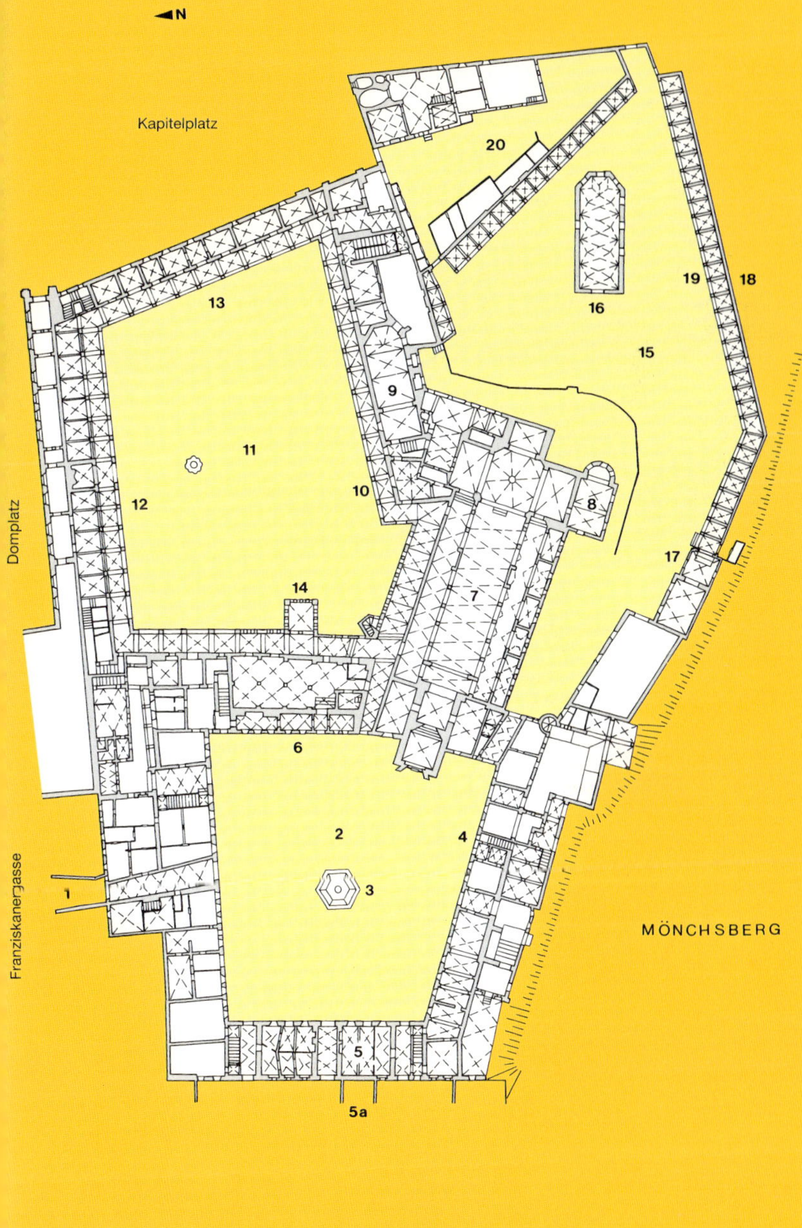
N
Kapitelplatz
Domplatz
Franziskanergasse
MÖNCHSBERG
1
2
3
4
5
5a
6
7
8
9
10
11
12
13
14
15
16
17
18
19
20

Stiftskirche St. Peter, Hochaltarbild

monische Barockisierung der Peterskirche ist bis heute erhalten geblieben. Restauriert wurde die Stiftskirche 1823 und 1898, ohne Ursprüngliches zu verletzen. 1957 wurden Teile der hochroman. Wandmalerei freigelegt, 1965/66 folgte die Außenrenovierung. Beim Betreten der Stiftskirche vom Äußeren Stiftshof aus durchschreitet man den spätroman. Vorhallenbau durch das 1757 geschaffene W-Portal. Die mit einem schweren Kreuzgurtengewölbe ausgestattete Vorhalle der 1. Hälfte des 13. Jh. hatte urspr. Arkadenöffnungen, die sich als Blendnischen erhalten haben. Die röm. Grabsteine sind nicht salzburgischer Herkunft und erst 1957 angebracht worden. Gegen den Kirchenraum hin das monumentale spätroman. Stufenportal von 1230/40 aus abwechselnd rotem und weißem Marmor mit figuralem Tympanon. Seitlich Symbole des Paradieses (schirmartige Bäumchen und Vögel). Geschnitzte Rokokotüre von Lorenz Härmbler*. Nach der Turmhalle Rokokogitter des Hofschlossermeisters Philipp Hinterseer* von 1768. Das Mittelschiff, dessen urspr. Flachdecke 1620 zunächst nur angehoben, 1756 aber durch Einwölbung ersetzt wurde, öffnet sich gegen das Seitenschiff mit Arkaden. Die Kapitelle der Säulen sind trotz des Rokokostucks deutlich als die urspr. roman. zu erkennen. Reste der ehem. sicher reichen Ausstattung mit roman. Fresken finden sich z. B. an einem Säulenschaft in der 1. Arkadenreihe über dem Sakramentsaltar. Die Rokoko-Auskleidung der Kirche erfolgte im Rahmen der 2. Barockisierung der Kirche. Den zarten, rokokohaften Stuck schuf Benedikt Zöpf*, die Freskierung und die oberste Bildreihe der beiden Langhaushochwände stammen von F. X. König* (1757). Die großformatige Kreuztragung Christi an der r (südlichen) Hochschiffwand stammt von Kaspar Memberger* 1591, gegenüber die Kreuzaufrichtung von Ignazio Solari*, einem Sohn des Dombaumeisters (1632). Die anschließenden quadratischen Bilder schuf Thiemo Sing* (um 1660). Im n Querhausarm findet sich eine sehr reizvolle Skulptur, das *Gnadenbild Maria Säul,* ein spätes und reich differenziertes Werk der Gruppe der sog. »Schönen Madonnen« von um 1425. – Gegenüber im s Querhaus ist die Wandgrabplatte des Hl. Vitalis angebracht, ein Hauptwerk der Salzburger Rotmarmorplastik aus der Zeit um 1450. Vom Kremser Schmidt*, der mit 2 Ausnahmen alle Altarblätter der Kirche und für das Stift insgesamt rund 30 Bilder gemalt hatte, stammt auch das *Hochaltarbild* mit der »Fürbitte der Hll. Petrus und Benedikt vor der Jungfrau Maria«. Im r Seitenschiff angebl. »Felsengrab des Hl. Rupertus« mit schwach reliefierter Platte von 1444. In der 5. der an das r Seitenschiff anschließenden Reihe von spätgot. Kapellen das Hochgrab des Vaters von Erzbischof Wolf Dietrich, des kaiserlichen Feldobristen Hans Werner von Raitenau (gest. 1593). In diesen Kapellen gegenüber dem Felsengrab des Hl. Rupertus findet sich auch ein Biedermeierepitaph für den Komponisten Michael Haydn (gest. 1806, Bruder des Joseph) von 1823 und von Mozarts Schwester »Nannerl« (Maria Anna von Berthold zu Sonnenberg).

Stiftskirche St. Peter, Deckengemälde

Benediktiner-Erzabtei St. Peter, Statue Hl. Rupertus

Benediktiner-Erzabtei St. Peter: Der Hauptzugang zu der über 3 Höfe gruppierten Klosteranlage findet sich in der Franziskanergasse. Von hier aus betritt man zunächst den *Äußeren Stiftshof* mit dem sechseckigen *Petrusbrunnen,* einem urspr. Fischkalter, der 1673 von Bartholomäus van Opstal errichtet wurde. Der Abteitrakt entstammt dem frühen 17. Jh. und erhielt seinen Rokokoschmuck während der 2. Hälfte des 18. Jh. Gegenüber dem Eingang, r neben der Kirche, findet sich die wahrscheinlich älteste Gaststätte Salzburgs, der auch heute noch stark frequentierte *Peterskeller,* wo seit über 1000 Jahren zu Speis und Trank geladen wird. Dabei spielte der Weinkeller der Salzburger Bischöfe seit jeher eine große Rolle, und noch heute wird hier der »Prälatenwein« ausgeschenkt. 1902 wurde der Peterskeller im historisierenden Stil umgebaut. Im kleinen Vorhof über dem Portal finden sich eingemauerte Marmorplatten mit Wappen der Äbte von 1517 und 1529. 1926 unter Abt Petrus Klotz wurde an den Äußeren Stiftshof nach W hin ein weiterer Hof mit dem Kolleg St. Benedikt nach einem Entwurf Peter Behrens'* angebaut. Im Durchgang zu diesem: Zugang zu einer Michael-Haydn-Gedächtnisstätte. Die Außenfresken, die den Gnadenstuhl und das Gnadenbild von Maria Plain darstellen (seit 1810 steht die Wallfahrtskirche unter der Obhut von St. Peter), schuf A. Faistauer*. In der Eingangshalle des Kollegs hängt ein ausdrucksstarkes expressionistisches Kruzifix von J. Adlhart* (1925). Inmitten des Hofes steht der *Rupertusbrunnen,* urspr. ein alter Schöpfbrunnen, der 1927 aus alten und neuen Teilen errichtet wurde (Sockel von 1926, Becken von 1694). Die Statue von 1627, die urspr. den Hl. Virgil darstellt, wurde zum Hl. Rupertus umfunktioniert, indem man die Attribute der Heiligen austauschte, das Salzfaß des Hl. Rupertus gegen den Dom des

Petersfriedhof, Grabplatte

Hl. Virgil. Östlich des Äußeren Stiftshofs und im N der Stiftskirche liegt der nicht öffentlich zugängliche *Konventhof,* ein Gartenhof mit viel Grün. Vom n Querarm der Kirche aus kann man jedoch den *Kreuzgang,* dessen W-Teil aus dem späten 12. Jh. stammt, bewundern. Der weitere Teil des Kreuzgangs stammt aus dem 17. Jh. Beachtlich ist auch das Brunnenhaus im W, das mit seinen achteckigen Stützen zu Ende des 12. Jh. entstand. Der *Kapitelsaal,* der ö an den Kreuzgang anschließt, entstand in der 1. Hälfte des 14. Jh. Der Abteitrakt im W stammt aus dem MA und dem frühen 17. Jh., der n Konventtrakt und das Noviziat im O wurden im 17. Jh. errichtet. In der Mitte des Hofes findet sich ein figurengeschmückter Brunnen von 1660.

Marienkapelle: Hinter dem Kreuzgang – miteinbezogen in den N-Trakt der Stiftskirche und im O des Kapitelsaals – findet sich heute die im 14. Jh. errichtete Marienkapelle, deren Chor bereits 1313 entstand und die im späten 15. Jh. umgebaut wurde. Beachtlich sind die got. Sandsteinfigur auf dem Altar von ca. 1320, die die Muttergottes darstellt, und got. Wandfresken in der Apsis und beidseitig der hohen Spitzbogenfenster. Grabsteine im Boden aus dem 14.–16. Jh. Im 17. Jh. wurde die Marienkapelle von einem dreigeschossigen Bibliothekstrakt überbaut.

Katharinen- oder Mariazeller Kapelle: An das s Querhaus der Stiftskirche ist die Katharinenkirche angebaut, die eine Stiftung des Babenberger Herzogs Leopold VI. von Österreich ist und deren Weihe bereits 1227 erfolgte. Das Innere wurde 1792 von Peter Pflauder* unter Verwendung von Spiegeln stuckiert. Der Altar ist eine Nachbildung von 1733 von Fischer von Erlachs* Hochaltar für Mariazell in der Steiermark.

Petersfriedhof: Durch ein Tor ö neben der Stiftskirche gelangt man auf den Petersfriedhof, der vor allem durch die Zeichnungen, Gemälde und Gedichte der Romantiker als stimmungsvoller, geheimnisumwobener und exzentrischer Friedhof berühmt wurde. Durch seine Lage zwischen uraltem Gemäuer und der jäh aufsteigenden Mönchsbergwand und seine zahlreichen seltsamen und schönen Gräber, Epitaphe, Grabkreuze und sakralen Stätten läßt er auch heutige Besucher kaum unberührt, bes. am »Allerseelentag«, wenn ungezählte Lichter auf den Gräbern flackern. Im N und NO und im S gegen die Mönchsbergwand hin ist der Friedhof durch Gruftarkaden abgeschlossen. Dabei wurde die nordöstliche Arkadenreihe um 1600 errichtet, die südliche gegen Mitte des 17. Jh. fertiggestellt. Die einzelnen Joche sind durch schmiedeeiserne Gitter – hauptsächlich aus dem 17. Jh. (aber auch 18.–20. Jh.) – voneinander getrennt und abgeschlossen. Die Arkaden sind – im N bei der Veitskapelle beginnend – durchgehend numeriert. Hier finden sich die Namen berühmter Verstorbener und beachtliche Denkmäler, die ihnen zu Ehren errichtet wurden. Sehenswert sind auch die vielen anderen, oft stimmungsvollen Grabstätten des ältesten Friedhofs Salzburgs.

Inmitten des Friedhofs steht anstelle der hier 1485 abgebrochenen Amanduskapelle die v. 1485–1491 ganz aus Nagel-

Sebastianskirche, Hochaltar

fluh erbaute **Margarethenkapelle,** deren Wände Grabplatten mit geschichtsträchtigen Namen tragen. Schräg gegenüber der Katharinenkapelle (am s Querschiff der Stiftskirche), deren roman. Äußeres von hier aus gut zu sehen ist, liegt die **Kommunigruft,** in der Michael Haydn, der geniale Komponist und Bruder Joseph Haydns, und auch Mozarts Nannerl ihre letzte Ruhestätte gefunden haben ebenso wie der letzte Salzburger Hofmaler. Andreas Nesselthaler. Neben der Kommunigruft, die gleichzeitig Zugang zu den sog. Katakomben bietet, steht die **Kreuzkapelle,** die 1170 erbaut und unter Dompropst Anton Graf Lodron (gest. 1615) zu einer Gruft umgebaut wurde. Gegenüber der Kommunigruft liegt die sog. **Gebetshöhle des Hl. Rupertus** mit einer vollständig erhaltenen roman. Altarmensa. Über eine schmale Stiege läßt sich von hier aus die roman. **Ägydiuskapelle** erreichen, die 1172 geweiht wurde und die mit Fresken von 1240 ausgestattet ist.

Katakomben: Von der Kommunigruft aus führt ein Aufgang zu den sog. Katakomben (Führung), die der Überlieferung nach frühchristlichen Ursprungs sind. Irreführend ist der Name, denn frühchristliche Kata-(gr. hinab)komben waren urspr. unter der Erde. Bei den Salzburger Katakomben muß man im Mönchsbergfelsen hinaufklettern, um die Höhlen zu erreichen, in denen erste Christen ihre Zuflucht suchten. In 6 Bogennischen flackern im Inneren der Bergwände Kerzen. Eine achteckige Lichtsäule bildet die Mitte der Höhle, die *Gertraudenkapelle* genannt wird und die 1178 dem 8 Jahre zuvor in seiner Kathedrale ermordeten Erzbischof von Canterbury, Thomas Becket, geweiht wurde. Freskenreste schildern sein Martyrium. Noch höher hinauf muß man zur *Maximuskapelle* steigen, in der angeblich der Hl. Maximus 477 ermordet worden sein soll, was sich jedoch später als Irrtum erwies. Daß die Katakomben jedoch wirklich als Zuflucht und Gebetsstätten

Sebastiansfriedhof, Grabmal der Familie Mozart

in frühchristlicher Zeit (angeblich bereits seit dem 3. Jh.) galten, wurde nicht widerlegt.

Der Mühlenhof liegt im NO des Friedhofs beim Übergang zum Kapitelplatz. Hier wurde das Wasser der Alm seit 1137–1140 durch den Mönchsbergfelsen in die Stadt geleitet und trieb an dieser Stelle die Mühle von St. Peter an (eine frühe ma technische Meisterleistung). Seit der Barockzeit spendet die Vorrichtung das Wasser für die Pferdeschwemme.

Pfarrkirche zum kostbaren Blut (Geißmayer-Straße 6): In Salzburg-Parsch findet sich die moderne Kirche, die durch einen Umbau des ehem. Petrischen Bauernhofes 1955/56 für den »Orden zum kostbaren Blut« entstand. Errichtet wurde diese für die moderne Sakralarchitektur Österreichs richtungweisende Kirche durch Wilh. Holzbauer*, Friedrich Kurrent* und Johannes Spalt*, einen Schüler Clemens Holzmeisters. Bei der Innenausstattung entwarf Oskar Kokoschka* die Gravüren der Betontüren, die Rudolf Karl Fischer* ausführte, und Fritz Wotruba* schuf die Betongestalt des Gekreuzigten über dem Hauptportal.

Pfarrkirche St. Elisabeth/Friedenskirche (Elisabethstr.): Die geräumige Wandpfeilerkirche wurde 1953–55 nach Plänen des röm. Architekten Bruno Apolonj-Ghetti* errichtet.

St. Ehrentraud →Stift Nonnberg.

St. Johann am Imberg (Kapuzinerberg): Wenn man von der Steingasse aus über die Imbergstiege zum Kapuzinerkloster hinaufsteigt, kommt man an dem einfachen Barockkirchlein St. Johann vorbei, das im Kern noch romanisch ist (urk. 1319) und das von 1594–99 den Kapuzinern gehörte. 1618 wurde die einschiffige Kirche unter Erzbischof Max Gandolf erweitert und barockisiert. Die Ausstattung stammt aus dem 18. Jh.

Sebastianskirche (Linzergasse): 1505–1512 wurde urspr. die Sebastianskirche im spätgot. Stil neben dem Friedhof, der schon im 15. Jh. für die Armen, die Aussätzigen und die Pesttoten angelegt worden war, erbaut. Nach dem Dombrand und der Auflassung des Domfriedhofs von 1598 ließ Wolf Dietrich von Raitenau die Kirche durch Kassian Singer in der Mitte des 18. Jh. im spätbarocken Stil mit Zwiebelhaube auf dem Turm umbauen und den Friedhof mit einem Mausoleum, der Gabrielskapelle, neu anlegen. Das Hauptportal der Kirche an der Linzergasse wurde nach einem Entwurf Franz Anton Danreiters* 1754 mit der Büste des Hl. Sebastian von Anton Pfaffinger* gestaltet. 1818 wütete ein Brand in der Kirche, der fast die ganze Inneneinrichtung zerstörte, so z. B. das Hochaltarbild Trogers. Übrig blieb das schöne schmiedeeiserne *Gitter* von Philipp Hinterseer* von 1752 und die *Madonnenplastik* von Hans Waldburger* von 1610, die heute auf dem Hochaltar steht.

Sebastiansfriedhof, Philipp-Neri-Kapelle >

1-2
Grabstätte
der
FRANZISKA BECK
Fuchsische
Grabstätte

Stift Nonnberg, Blick zum Chor

Sebastiansfriedhof: In einem Durchgang, der von der Kirche zum Friedhof führt, findet sich das *Grabmal* des berühmten Arztes und Naturforschers *Paracelsus,* eigentlich Theophrastus Bombastus von Hohenheim, der 1541 in Salzburg gestorben ist. Dem Grabmal gegenüber liegt die 1684 erbaute kleine *Philipp-Neri-Kapelle,* die erste Ovalkapelle Salzburgs.
Den Friedhof selbst ließ Erzbischof Wolf Dietrich, der ein Verehrer Italiens war, in der Art eines ital. Campo Santo anlegen. Andrea Bertoleto* aus Como gestaltete ihn als quadratische Anlage mit 84 Arkadenbögen. Seit dieser Zeit wandelte sich der urspr. Armenfriedhof zu einer letzten Ruhestätte für ehrenwerte und namhafte Salzburger Bürger. So findet sich hier z.B. auch das Grabmal der Familie Mozart. Leopold Mozart, der Vater von Wolfgang Amadeus, wurde hier beerdigt und Konstanze, seine Witwe, und deren zweiter Ehemann Nikolaus von Nissen sowie Konstanzes Tante Genoveva von Weber (gest. 1789), die Mutter des Komponisten Carl Maria von Weber.

Gabrielskapelle: Inmitten der Friedhofsanlage hatte sich Erzbischof Wolf Dietrich von Raitenau ein frühbarockes Mausoleum errichten lassen, nicht ahnend, daß er dort mit 58 Jahren erst nach einer 5 Jahre währenden strengen Haft auf der Festung Hohensalzburg, wohin ihn sein erzbischöflicher Nachfolger Markus Sittikus Graf von Hohenems, sein Vetter und Feind, verbannt hatte, beigesetzt werden würde. Über einem kreisförmigen Grundriß erhebt sich der hell und klar wirkende Kuppelrundbau, der nach Entwürfen von Elia Castello* 1597–1603 in der Art eines antiken Mausoleums entstand. Nach einer Idee Wolf Dietrichs hatte der Salzburger Haffner Hans Khop* das Innere ganz mit quadratischen, farbig glasierten Keramikfliesen zu geometrischen Mustern zusammengefügt, ausgeschmückt, vermutlich im Anklang an frühchristliche Mosaiken wie z.B. in Rom oder Ravenna. In den Wandvertiefungen finden sich die Riesenskulpturen der vier Evangelisten. Im kassettengeschmückten Tonnengewölbe wurden die 4 Kirchenlehrer und die 4 Kardinaltugenden in farbigem Stuck gestaltet. Der Altar aus rosa Marmor mit dem Gemälde von Jakob Zanusi* wurde erst 1749 hier errichtet.

Stift Nonnberg/Benediktinerinnenabtei, Stiftskirche zu Unserer Lieben Frau Himmelfahrt und St. Erentraud auf dem Nonnberg: Auf den bereits seit röm. Zeit besiedelten Nonnberg, den terrassenartigen Ostabhang des Festungsberges, führt die Festungsgasse und, von ihr abzweigend, der Hohe Weg. Vorbei am sog. *Nonnberger Hund,* einer auf einer Mauer kauernden, einst Damenstift und Stadtgebiet trennenden, verwitterten roman. Löwenskulptur (Original im →Museum Carolino Augusteum) erreicht man, durch einen Torbogen hindurch, schließlich den eng über den Höhenrücken gruppierten *Klosterkomplex* – da das Gelände den einzelnen Gebäuden nur we-

Stift Nonnberg, >
Stiftsgründer Rupert und Erentrudis

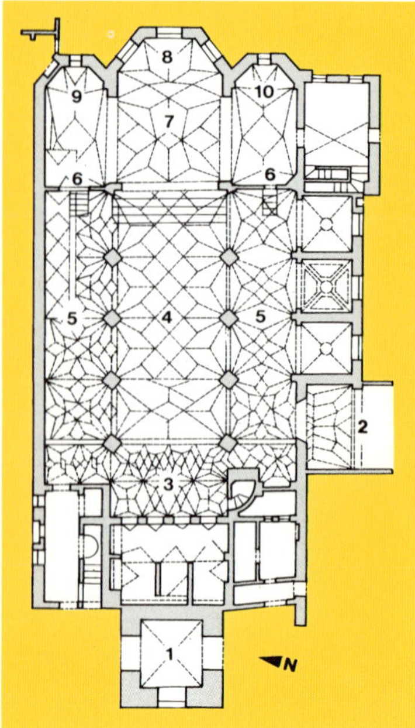

Stift Nonnberg, Stiftskirche zu U. L. Frau Himmelfahrt und St. Erentraud **1** roman. Turm **2** Vorhalle mit Hauptportal **3** Nonnenchor und Paradies **4** Mittelschiff **5** Seitenschiffe **6** Treppen zur Krypta **7** Chor mit Hochaltar **8** Mittelfenster mit Szenen des Marienlebens **9** l Chorapsis mit Pietà **10** r Chorapsis mit Flügelaltar

nig Platz bot, wurde z. B. der Kreuzgang w und nicht wie üblicherweise s der Kirche (am Berghang) angebaut. Gründer dieses ältesten unter den heute noch bestehenden Frauenklöstern im dt. Sprachraum war der Hl. Rupert (um 700), der es seiner aus Franken gekommenen, später gleichfalls heiliggesprochenen Nichte Erentrudis als erster Äbtissin überantwortete. Stiftungen der Agilolfinger ermöglichten die Gründung im Bereich der alten bairischen »Salzpurch«, die Förderung durch Kaiser Heinrich II. und seine Gattin Kunigunde den Neubau der Kirche, die schließlich 1009 geweiht wurde. 1043 erfolgte die Einweihung der Krypta, um 1150 wurden die Fresken im ersten Nonnenchor gemalt, auf etwa 1200 ist das ins got. Portal übernommene Bogenfeld eines älteren Portals zu datieren. Der wohl in der 2. Hälfte des 12. Jh. vollendete Bau brannte 1423 aus und wurde zunächst notdürftig für Gottesdienste wiederhergestellt. Auf dem Grundriß der roman. Vorgängerkirche begann man 1463 mit dem noch heute bestehenden got. Neubau: 1471 Weihe der in ihren erhaltenen Mauern roman., durch ein Netzrippengewölbe gotisierten Krypta, gleichzeitiger Bau des 1470 eingewölbten Chors; Bau des 1499 geweihten Langhauses durch Meister Hans* und Wolf Wiesinger*; 1503 Einwölbung des Mittelschiffs; 1507 Abschluß der Bauarbeiten. 1624 Einbau der 3 Seitenkapellen, bevor der Turm 1711 seine barocke Haube erhielt. Bis 1848 Damenstift, war Nonnberg seit jeher eines der angesehensten Frauenklöster, was das 1242 verliehene, noch heute gültige »Recht der Pontifikalien« belegt: Die Äbtissin darf das Pektorale (ein Brustkreuz), das Pastorale (der Bischofsstab) und eine kleine Krone (statt der Mitra) tragen und sich eines Faldistoriums (ein Faltstuhl) bedienen.

Die Stiftskirche zu U. L. Frau Himmelfahrt und St. Erentraud, eine spätgot. dreischiffige Basilika mit dreischiffigem, jeweils in $^3/_8$ geschlossenem Chor, betritt man durch eine offene, netzrippengewölbte *Vorhalle* mit dem *s Hauptportal* (1497–1499): Während man das Gewände (mit den urspr. farbig gefaßten Figuren Heinrich II., Maria, Rupertus und Erentrudis; Originale im Stiftsmuseum) und die steinerne Türlaibung (mit einer miniaturhaften, qualitätvollen Verkündigung) im got. Stil bemeißelte, wurden der roman. Türsturz mit Rankenornamenten und das roman. *Tympanon* (Inschrift »Abglanz, Ebenbild des Vaters, fruchtbarer Mutterschoß, Pforte, Licht, Ursprung; Glaube an die Geburt des Erlösers« sowie Muttergottes mit Jesuskind, Johannes d. T., Hl. Erentraud, Engel und eine Nonne) vom Vorläufer übernommen. Der *Innenraum* ist, bei Übernahme des roman. Grundrisses, bis auf die barocken Kapellen im Seitenschiff ganz im Stil der Gotik gehalten. Auffallend sind zunächst die in allen

Festung Hohensalzburg

Raumteilen variierenden, unterschiedlich gestalteten *Netzrippengewölbe:* große, weite Maschen im Chor, Rhomben (bis zum 3. Joch) und vier- und achtzakkige Sterne im *Langhaus,* das – im Grunde sechsjochig – durch den Einbau des auf rote Marmorpfeiler gestützten Nonnenchors in die beiden w Joche quadratisch wirkt. Die den *Nonnenchor* zum Mittelschiff hin abtrennende Emporenwand zeigt in ihren Maßwerkbrüstungen, Kielbögen und dem gußsteinernen Gitterwerk vorzüglichste spätgot. Steinmetzarbeit. Als Beträume für die Nonnen wurden die Arkaden der Hochschiffwand mit vergitterten *Galerien* ausgestattet. Im W unter dem Nonnenchor das sog. *Paradies* mit teilweise durch Substruktionsmauern verbauter und in 12 Blendnischen aufgelöster Abschlußwand, die noch dem Vorgängerbau angehört. In diesen Nischen erhalten blieben *roman. Fresken* (Brustbilder von Heiligen, dazwischen Architekturmotive) aus der Zeit um 1145, die auf byzantin. Vorbilder (über Aquileia und Venedig) zurückgreifen und zu den herausragendsten Fresken jener (roman.) Periode in Österreich zu zählen sind. Gegenüber führen, von beiden Seitenschiffen aus, 2 Treppen hinunter in die unter dem Chor liegende, für die damalige (got.) Zeit sehr selten vorzufindende *Krypta* mit ihrem sehr reichen, in Bögen auf 18 frei stehenden Säulen ruhendem Netzrippengewölbe und dem nicht zugänglichen Felsengrab der Hl. Erentrudis. Der wegen der Krypta zum Langhaus deutlich erhöhte *Chor* birgt den 1853 aus Scheffen übernommenen *Hochaltar* von 1515, ein Schreinaltar mit Statuen Marias und (zu ihren Seiten) der Heiligen Rupert und Virgil sowie Reliefdarstellungen, denen z. T. graphische Blätter Albrecht Dürers als Vorlage dienten, auf den Flügeln. Hinter dem Hochaltar das 1480 von Bürgermeister Augustin Clanner gestiftete, einzig original erhaltene *Mittelfenster* (Szenen des Marienlebens), ein Werk des in Straßburg ansässigen führenden deutschen Glasmalers der Spätgotik, Peter Hemmel von Andlau*. Besondere Beachtung verdienen auch der 1522 von Meister Wenzel* geschaffene *Flügelaltar* in der r Chorapsis, eine nach 1415 entstandene *Pieta* auf dem Altar in der l Chorapsis, die *Kanzel* von 1475, einige got. *Grabsteine* des 14. Jh. an der Mauer vor dem Eingang in die Kirche sowie unter den zahlreichen Grabsteinen in der Kirche der für Maria Salome von Altenau (gest. 1605), der Tochter Erzbischofs Wolf Dietrich und Salome Alts (→Schloß Mirabell). Der urspr. roman. *Kreuzgang* wurde um 1570 w, also unterhalb der Kirche, angelegt. Die architektonisch zwar wenig bedeutsamen, dennoch das Stadtbild prägenden *Klostergebäude* (13.–19. Jh.) beherbergen das nur mit besonderer Genehmigung zugängliche **Stiftsmuseum** mit Werken der Kleinkunst und Skulptur. Bedeutendste Stücke sind *Faldistorium* (1242) und *Pastorale* (1242, ein elfenbeinerner Krummstab) der Äbtissin Gertraud II., ein frühgot. *Kruzifix* (um 1300) sowie ein *Klappsessel* aus dem 10. Jh. Bei der Klosterpforte befindet sich der Aufgang zur **Johanneskapelle** mit einem aus dem roman. Dom stammenden *Flügelaltar* von 1498 (mit der Darstellung der Geburt Christi), der den Einfluß von Veit Stoß deutlich erkennen läßt. An der Kapellenrückwand qualitätvoller *Astwerkkruzifixus* vom Anfang des 15. Jh.

Ursulinenkirche →Markuskirche.

PROFANBAUTEN

Aigner Schloß →Schloß Aigen.
Altes Borromäum →Lodronscher Primogeniturpalast.
Bürgerspital →Bürgerspitalkirche.
Chiemseehof →Chiemseegasse.
Edmundsburg →Mönchsberg in »Gassen und Straßen«.
Ehem. Domdekantei →Kaigasse.
Felsenreitschule →Theater.

Festung Hohensalzburg (Standseilbahn): *Geschichte:* Der Parteigänger des Papstes, Erzbischof Gebhard, ließ diese wichtigste landesfürstliche Burg zum Schutz vor der kaiserlichen Macht im Investiturstreit errichten. Das 1077 zunächst wohl als Holzkastell ausgeführte Bauwerk erhält unter Erzbischof Konrad I. einen steinernen Wohnturm. Der äußere Bering, der die gesamte Hochfläche des Burgberges einbezog, entstand im Verlaufe des 12. und 13. Jh. Zwischen 1465 und 1527 erlebte die Burg zahlreiche Aus- und Umbauten. So ließ Kardinal Erzbischof Burkhard von Weißpriach (1461–1466) bereits 1465 die vier großen Rundtürme errichten. Unter Erzbischof Bernhard von Rohr wurden die Ringmauern ausgebaut und die nach ihm benannten Basteiabschnitte errichtet. Sein Rivale und Nachfolger Johann III. Bekkenschlager (1481–1489; 1472–1487 Erzbischof von Gran) ließ den aus roman. Zeit stammenden Wohnturm, den sog. Hohen Stock, erhöhen und erweitern und an ihn Feuertürme anfügen. Schüttkasten und Zeughaus wurden erbaut. Der bedrohliche Machtzuwachs der Bürger veranlaßte Erzbischof Leonhard von Keutschach (1493–1519) zu einem massiven Ausbau der Burg, dem das Bauwerk in wesentlichen Zügen die endgültige Gestalt verdankt. Für den Ernstfall wurde der Hohe Stock zu einer sicheren Residenz mit wohnlichen Räumen von hohem repräsentativem Charakter umgestaltet. Eine Aufstockung schuf Platz für künstlerisch ausgestattete Prunkräume. Im Burghof entstand die Georgskirche mit ihrer reichen reliefplastischen Ausstattung. Der immer noch in Verwendung stehende, einst manuell betriebene »Reißzug« von 1502 erleichterte den Materialtransport für die umfangreichen Bauvorhaben des Keutschachers. Die heraufziehenden Bauernkriege zwangen seinen Nachfolger Kardinal Erzbischof Matthäus Lang von Wellenburg (ab 1519) zur weiteren Verstärkung der Wehreinrichtungen. 1525 wird er in der Burg vergeblich von den Bauern belagert – die einzige Belagerung von Hohensalzburg! Der Dreißigjährige Krieg veranlaßt Erzbischof Paris Lodron (1619–1635) zu einer weiteren Modernisierung: gleichzeitig mit der Befestigung der Stadt läßt er 1630 in Anpassung an aktuelle Waffentechniken die w vorgela-

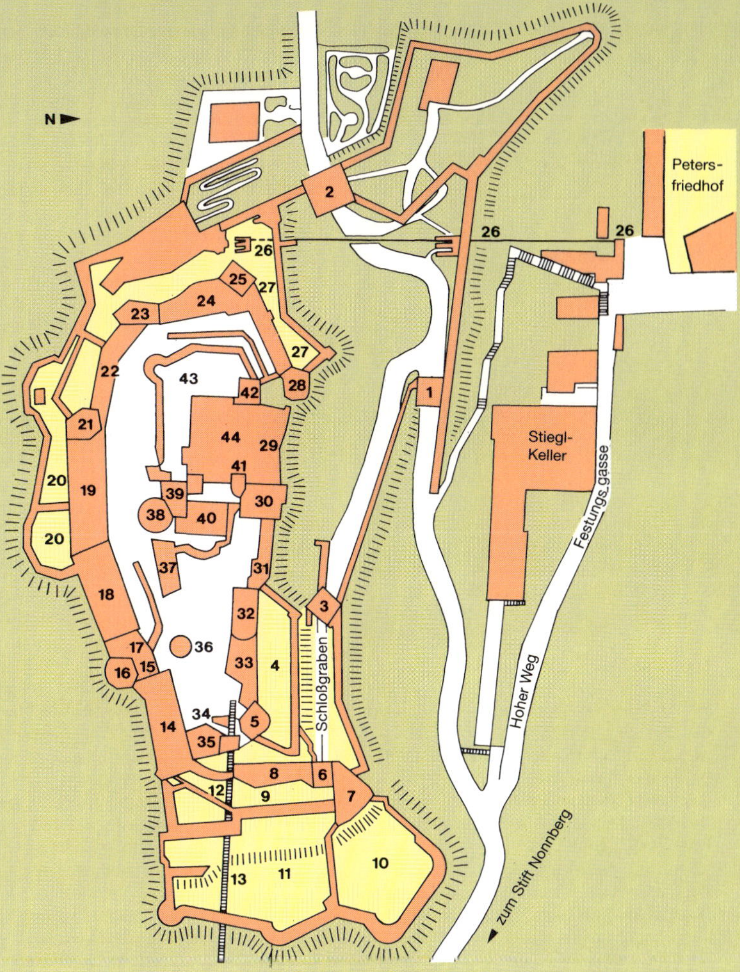

Festung Hohensalzburg **1** Lodron-Bogen **2** Schartentor **3** Keutschacher- oder 2. Sperrbogen **4** Kuenburgbastei **5** Trompeterturm **6** Bürgermeistertor oder 3. Sperrbogen **7** Bürgermeisterturm **8** Mesner- und Schmiedstöckl **9** Schlangengang **10** Untere Nonnbergbastei **11** Obere Nonnbergbastei **12** Roßpforte **13** Reißzug **14** Zeughaus **15** Schleuderpforte **16** Schmiedturm **17** Büchsenmacherstöckl **18** Schüttkasten **19** Arbeitshaus **20** Obere und Untere B.-von-Rohr-Bastei **21** Geyerturm **22** Speisehaus **23** Hasenturm **24** Stallungen **25** Reckturm **26** Standseilbahn mit Berg- und Talstation **27** Obere und Untere Hasenbergbastei **28** Glockenturm **29** Feuergang **30** Stockhaus **31** Beichtvaterstöckl **32** Burgkirche Hl. Georg **33** Reißzuggebäude **34** Höllenpforte **35** Vizekommandanten-Wohnung **36** Zisterne **37** Kaplan-Stöckl **38** Kuchelturm **39** Pfisterei **40** Schulhaus **41** Leonhardskapelle **42** Feuerturm **43** Innere Schloßbastei **44** Hoher Stock (inneres Schloß)

Hohensalzburg, Burgkirche, Hl. Georg

gerten Basteien der Burg ausbauen und die Dächer aller Gebäude abflachen. Zugleich mit den Wehrbauten des Mönchsbergs entstehen die n Sperrbogen mit den entsprechenden Verbindungsmauern. Mit dem Bau der mächtigen Kuenburg-Bastei (1681 vollendet) ist der Ausbau Hohensalzburgs als Festungswerk abgeschlossen. Zahlreiche Wappen der fürsterzbischöflichen Burgherren erinnern an die einzelnen Bauetappen. Mit der Säkularisation geht die Hohensalzburg in ärarischen Besitz über und dient von 1816 bis 1938 hauptsächlich als Kaserne, teils als Gefängnis. Zwischen 1951 und 1981 umfangreiche statische Absicherungsarbeiten.

Überblick und Besichtigung: Drei Sperren sichern den Zugang zur Burg. Der Anstieg aus der Altstadt passiert zunächst die Talstation der Standseilbahn, die an der Stelle des Wohnhauses des Komponisten und Musikers Michael Haydn errichtet worden war. Heute elektrifiziert, war die Bahn urspr. mit Hilfe des Gewichtes von Wasser betrieben worden, das an der Bergstation in die Gondel gepumpt wurde. Von der Festungsgasse zweigt nach l der sog. Hohe Weg (→Stift Nonnberg) ab. Der nach einer scharfen Rechtskurve beginnende steile Anstieg führt talseitig zunächst entlang einer Wehrmauer, die bis hin zu der sog. *»Katze«* (Bastei; Wappen des Erzbischofs Max Gandolf von Kuenburg, 1635) und dem *Schartentor* (Zugang zum befestigten Areal des Mönchsberges der Lodron-Zeit) weitergeführt ist.

1. Sperrbogen von 1642 mit Wappen Wolf Dietrichs über der Durchfahrt. Eine abgetreppte Wehrmauer führt weiter zum *2. Sperr- oder Keutschacherbogen,* einem viergeschossigen Torbau mit Walmdach (Innenseite mit Wappen Leonhards von Keutschach 1513). Unter der mächtigen, etwa 30 m hohen *Kuenburgbastei* von 1681 (Wappen des Bauherrn Erzbischof Max Gandolf Graf Kuenburg, Kasematten, kleine Verteidigungstürme) und dem über ihr aufsteigenden runden *Trompeterturm* von 1645 (nö Abschluß der ma Mauer; Ausguckbalkon mit Eisengeländer) vorbei, gelangt man über die heute gemauerte (vormalige Zug-)Brücke zum *3. Sperrbogen,* dem *Bürgermeistertor.* Beiderseits der Toröffnung des um 1500 errichteten Bauwerks abgetreppte Kettenlöcher der ehem. Zugbrücke. Wappen in der Durchfahrt und im Torinneren weisen auf die Bautätigkeit unter Paris Lodron 1644. An den Torbau schließt gegen N der *Bürgermeisterturm* an. Der 1524 unter Matthäus Lang errichtete, nach 3 Seiten gerundete Geschützturm (Mauerstärke bis zu 4,5 m) weist in 2 Geschossen kreisrunde Schießscharten auf. Das Grabendach über der urspr. freien Plattform stammt von 1715; der auf der Burgseite offene Turm wurde unter Wolf Dietrich (Wappen) 1588 mit einer Mauer verschlossen. Auf Konsolen über dem 3. Sperrbogen wurde 1506 der den Bürgermeisterturm überragende Aufbau des *unteren Trompeterturms* aufgesetzt. Einfache Wohnbauten (*Mesner-* oder *Schmiedstöckl* von 1506) an der Felskante begleiten den weiteren, scharf nach S abbiegenden steilen Weg, der an der *Roßpforte* einmündet. Im Felsen *Mar-*

Festung Hohensalzburg

morrelieftafel mit einer Kreuzigung um 1500. An der Ostseite begleitet der *Schlangengang,* dem die 1524 und 1526 unter Matthäus Lang errichtete *obere und untere Nonnbergbastei* vorgelagert ist, den Weg (Basteien und Schlangengang durch Reißzug durchbrochen). Der unter Bernhard von Rohr 1480 als überdachter Wehrgang an der Mauerkrone errichtete Schlangengang schließt an die Roßpforte (1500) an. Zwischen Roßpforte und *Schleuderpforte* (1507) – beide urspr. frei stehende Tortürme in der ma Ringmauer – entstand durch Überbauung mit dem Zeughaus 1636/1637 unter Paris Lodron (Wappen) ein steil ansteigender *tonnengewölbter Durchgang.* Über dem Tor der Roßpforte 3 Geschützscharten, darüber Wurferker; eingemauert die Kopie eines keltischen (oder roman.) Köpfchens (Original im →Museum Carolino Augusteum). Vom *Zeughaus* (Wappentafel Michaels von Kuenburg 1558, Walmdach, auf Pfeiler gesetztes Gewölbe im Erdgeschoß, ehem. Fechtboden im 1. Stock) aus umschließen gegen W, längs der s Ringmauer, in einem weiten Bogen Schmiedturm, Schüttkasten, Arbeitshaus, Speisehaus mit Geyerturm, Hasenturm, Salzmagazin und Stallungen, Reckturm und Hasengrabenbasteien (dort Restaurant und Standseilbahn) den äußeren Burghof und die eigens von Mauern und Türmen umfaßte innere Burg: Zwischen Zeughaus und dem viergeschossigen *Schüttkasten* mit neugot. Hoffassade, riesigen Gewölbekellern und dem wohl ältesten Steinwappen der Burg (Johann III. von Gran, genannt Beckenschlager, 1484) springt der runde *Schmied- oder Arrestantenturm* von 1465 in s Richtung vor; anschließend das in der Mitte des 15. Jh. errichtete, 1586 und 1666–1669 veränderte *Arbeitshaus* mit Grabendach (nach S zwei kleine Basteien mit einem Pulverturm); der vor 1500 unter Leonhard von Keutschach erbaute *Geyerturm* (im 3. Stockwerk ornamentale Gewölbefresken mit Wappen Wolf Dietrichs, frühes

Festung Hohensalzburg

17. Jh.) war der ma Eingang (Gewände von 1635) in die Burg; das schmale *Speisehaus* mit Wappen Franz Antons von Harrach 1715 zeigt an der Außenwand eine Ringmauer, zu sehen sind die Kragsteine, die einmal den Holzwehrgang trugen; vom sw Eckpunkt, dem noch vor 1500 unter Leonhard von Keutschach z. T. über roman. Grundmauern erbauten *Hasenturm*, verläuft die Ringmauer mit dem *Salzmagazin* und den *Stallungen* (im Hof Wappen Johann Jakobs von Kuen-Belasi 1566, um 1640 bauliche Veränderungen) zum nw, um 1500 auf die Mauern gesetzten und gegen 1640 zum Verlies (Folterkammer im 19. Jh.) umgebauten *Reckturm* (wunderbarer Panoramablick), bevor sie, nunmehr nö weiter, mit dem 1465 erbauten runden *Glockenturm* (Glockenstuhlaufsatz und Zinnenkranz um 1500, Feuerglocke von Hans Reicher*, beginnendes 16. Jh., Haube 18. Jh.; unvergleichlicher Panoramablick über die Stadt zum Dachstein bis zu den Reichenhaller Bergen) auf die von einer Mauer umschlossene innere Burg mit dem Hohen Stock trifft; unterhalb von Hasenturm, Reckturm und Glockenturm die am besten über den Geyerturm zugängliche, 1634 unter Paris Lodron (Wappen) angelegte *obere und untere Hasenbergbastei* mit *Restaurant* (über den w Kasematten) und Bergstation der *Standseilbahn.* Nach N begrenzen der Komplex des Hohen Stocks, das Stockhaus, verbindende Ringmauern, die Festungskirche Hl. Georg und das Reißzuggebäude den äußeren Burghof. Zurück zur Roßpforte, verläßt man den folgenden *Gewölbegang* an der Schleuderpforte. Entlang der Mauer nach l, dann scharf nach r führt unser Weg jetzt vorbei am frei stehenden *Kaplanstöckl* von 1672 (Wappen Max Gandolfs von Kuenburg; heute Burgverwaltung) in den großen *äußeren Burghof* mit einer Linde und der wohl von einem ital. Meister aus Marmor gehauenen achteckigen *Zisterne* (Felder mit Wappen Matthäus Langs, Inschrift 1539); ein enges

Rautengitter mit Bronzelöwen als Wasserspeier verschließt das Brunnenhaus. Rückwärtig die unter Leonhard von Keutschach (Bauinschriften 1501 und 1505) errichtete einschiffige *Burgkirche Hl. Georg* mit steilem Satteldach und Glockentürmchen. An der dem Hof zugewandten s Außenmauer in einer von achteckigen Säulen gerahmten überdachten Nische das dem Bildhauer Hans Valkenauer zugeschriebene *Keutschacher-Denkmal* von 1515; zwei vollplastische lebensgroße Diakone (mit Kreuz, Hut und Missale) flankieren den mit zum Segen erhobener Hand dargestellten Erzbischof; Inschrift »Hie gibt Erzbischove Leonhard zu Salcburg geborn von Keutschach den segen über des stiffts Salcburg landt. 1515«; darüber *Kreuzigungsrelief* (um 1500) aus Adneter Marmor. Ein weiteres Marmorrelief (1502), überlebensgroß den *Hl. Christophorus* zeigend, über dem w, spitzbogig gefaßten Eingang. Im vierjochigen, zu 3/8 geschlossenen *Innenraum* ein reiches Netzgewölbe in Schlingrippen; unter der in ihrer Mittelpartie vorgezogenen Empore ein schmiedeeisernes Spiralgitter des 17. Jh. Marmorner *Hochaltar* von 1776 bis 1779 mit von je 2 Säulen gerahmtem *Altarbild* »Hl. Georg als Drachentöter« (1672) von Frans de Neve* und einem Marienbild im Giebel; seitlich die Opfergangsportale mit Skulpturen der Hll. Rupert und Virgil. Aus der 2. Hälfte des 18. Jh. stammen die – wie der Hochaltar – klassizist. *Seitenaltäre,* der n mit Altarbild »Verkündigung« und Aufsatzbild »Hl. Anna«, der s mit Altarbild »Hll. Sebastian und Florian« sowie Aufsatzbild »Hl. Nepomuk«. Die 13 *Reliefplatten* aus Adneter Marmor an den Wänden zeigen überlebensgroß, frei nach Kupferstichen Martin Schongauers, *Christus und die 12 Apostel;* darunter im Bereich des Sockels kleine Wappenschilde des Erzstifts und Leonhards von Keutschach (beginnendes 16. Jh.). Holzkanzel aus dem letzten Viertel des 18. Jh., geschnitztes Gestühl aus der zweiten Hälfte des 18. Jh., Glocken von Jakob Lidel* (1638), ö Sakristei mit Gratgewölbe.
An die Kirche ö angesetzt das ebenfalls unter Leonhard von Keutschach erbaute

Hohensalzburg, Keutschach-Zisterne

Reißzuggebäude (Wappen Paris Lodrons 1644, auf Umbauten zu beziehen), seit 1504 Endstation des vom Nonnberg hochführenden *Materialaufzugs,* der noch im 19. Jh. von Sträflingen betrieben wurde (heute elektrifiziert). Nach S gegenüber Zeughaus, Schmiedturm und Schüttkasten, nach O Zugang zur Kuenburgbastei, Trompeterturm und der zeitgleich mit dem Aufzug an die Ringmauer gebaute *Reißturm;* von hier weiter nach S die 1749 erbaute *Höllenpforte,* von wo man wieder zur Außenseite der Roßpforte gelangt.
Zurück zur Georgskirche, vorbei am Kaplanstöckl erreicht man die *Innere Burg,* die ihrerseits durch Graben und von Türmen begleiteter Ringmauer vom äußeren großen Burghof begrenzt ist. Verbindungspunkt der inneren mit der äußeren Ringmauer ist der nw Glockenturm (siehe oben) mit ehem. Zugbrücke, Tor und Wappen Paris Lodrons. Im kleinen Vorhof zwischen Tor und Hohem Stock eine laut Wappeninschrift 1502 unter Leon-

hard von Keutschach errichtete *Zisterne.* Dem Glockenturm diagonal (über den Hohen Stock betrachtet) gegenüber der über die *Pfisterei* (unmittelbar angesetzt das *Schulhaus,* 17. Jh.) zugängliche 1501 erbaute runde *Kuchelturm* (Wappentafel Leonhards von Keutschach 1501, Holzwehrgang, Backofen im Obergeschoß) als sw, ein *runder Turm* als sö Eckpfeiler der inneren Burg.

Durch ein schlichtes, von 2 Inschrifttafeln umfaßtes *Rundbogentor* (s davon das um 1800 an die Innenseite der Ringmauer gebaute *Wallmeisterstöckl*) gelangt man in den kleinen inneren Burghof, durch ein weiteres Rundbogentor – mit dem Hans Valkenauer zugeschriebenen überlebensgroßen *Marmorrelief* des Hl. Rupert (Wappen von Salzburg und Keutschach 1498) und, darüberliegend, dem nach außen ragenden *Chor* der Leonhardskapelle – in den *Hohen Stock,* das aus einem roman. Wohnturm von 1077 hervorgegangene, v. a. nach 1480 durchgreifend veränderte viergeschossige Hauptgebäude der Festung mit Grabendach und 3 schmalen, seitlich unmittelbar angesetzten *Feuertürmen.* Eine Wendeltreppe bringt den Besucher in die nur im Rahmen einer offiziellen Führung zu besichtigenden Räume des Hohen Stocks, den Palas der Festung. Die den 3. und 4. Stock einnehmenden (unteren und oberen) *Fürstenzimmer* sind zu den schönsten Profanräumen der eur. Gotik zu zählen.

Im 3. Stock die *erzbischöflichen Wohnräume* (die sog. unteren Fürstenzimmer) mit z. T. auf marmorne Konsolen gestützten Holzdecken und reich profilierten Kielbogenportalen aus Adneter Marmor. Der n an das Vorhaus angesetzte *Saal* mit reichgeschnitzter Balkendecke, Halbfiguren als Wappenhalter und mehreren Wappen. Östlich anschließend die *Leonhardskapelle,* die fünfjochige, sternrippengewölbe Hauskapelle der Erzbischöfe mit erkerartig in den inneren Burghof ragender Chorapsis. Der s folgende *Raum* mit 1979 freigelegten spätroman. Fresken (Herrscher mit Krone inmitten von Vasallen) befindet sich im Bereich des ersten roman. Palas. In einem weiteren Raum ornamentale Gewölbemalereien um 1500.

Burgmuseum

In den meisten Räumen des Hohen Stocks sind die landesgeschichtlichen Bestände des dem →Salzburger Museum Carolino Augusteum angeschlossenen *Burgmuseums* untergebracht (Öffnungszeiten: ganzjährig täglich 9–17 Uhr). Dieses befindet sich in den mit in Rotmarmor ausgeführten Portalen und Wappenhaltern geschmückten ehem. erzbischöflichen Wohnräumen mit der eingerichteten got. Privatkapelle von Fürsterzbischof Leonhard von Keutschach. Romanische Freskenreste sind ein Hinweis auf die ursprüngliche Ausstattung der Burg. Den Nachweis für die Anwesenheit von Menschen in prähistorischer und vor allem in römischer Zeit haben jüngste archäologische Untersuchungen ergeben, bei denen auch die Reste einer frühen Burgkapelle ergraben wurden. Neben der Darstellung der Burggeschichte mit den Erinnerungsstücken an den hier inhaftierten Erzbischof Wolf Dietrich werden bedeutende Zeugnisse des alten Waffenhandwerkes

Burgmuseum, Ritterrüstung

und der Gerichtsbarkeit (Folterinstrumente, Richtschwerter) gezeigt. Im obersten Stock durch eine *Vorhalle* mit Netzrippengewölbe zu den prachtvollen, aufs trefflichste einen Eindruck vom Leben eines ma Fürsten vermittelnden sog. oberen *Fürstenzimmern:* Portale aus Adneter Marmor (über zweien Löwen mit dem Keutschachwappen) führen in den noch urspr. got. *Goldenen Saal* mit blauer und roter Vertäfelung und einer mit zahllosen Goldknöpfen übersäten blauen *Kassettendecke* (Unterzug mit Jahreszahl 1502), die diesem Raum seinen Namen gab. Vor dem n Fenster 4 *Marmorsäulen* mit gedrehten Schäften, eine Säule mit Wappen des Erzstifts Salzburg und der Keutschach (1501). Weiter ö durch Marmorportale in die nur durch eine Holzwand vom *Schlafzimmer* getrennte *Goldene Stube.* Beide Räume mit reichem vergoldeten *Schnitzwerk* an den Kassettendecken, den Wandfeldern und über den Türen (kunstvolle schmiedeeiserne Türbeschläge). In der Goldenen Stube aufgestellt ist der 1501 in einer Salzburger Werkstatt geschaffene, bunt glasierte *Kachelofen,* das wohl herausragendste Werk österr. Hafnerkunst der Spätgotik. Der sich in seinem Aufbau bis zur zehneckigen Bekrönung immer mehr (polygonal) verjüngende Ofen wird in seinem viereckigen Unterbau (Kacheln mit pflanzlichen Motiven) scheinbar von 5 Löwenfiguren getragen, ist tatsächlich jedoch durch ein starkes Eisengestell in der rückwärtigen Wand verankert. An den 3 Ecken vollplastische Skulpturen unter Baldachinen, die nach innen vertieften Kacheln des Aufbaus mit Figuren ausgekleidet und von Rankenwerk und Maßwerk umfaßt: zu sehen sind z. B. Szenen aus der Heilsgeschichte, Heilige, Apostel, Propheten, Erzbischöfe, Wappenträger, obenauf als Abschluß Krabben und Kreuzblumen. Im s anschließenden kleinen *Bibliotheksraum* wertvolle Wandvertäfelungen und Wappen der Keutschach (1504).

Ebenfalls im obersten Stock das *Rainermuseum* mit Exponaten (v. a. aus der Zeit des Ersten Weltkriegs) zur Erinnerung an das ehem. Salzburger Infanterieregiment Nr. 59 »Erzherzog Rainer«. In drei Räumen dieses Museums wurde von 1612 bis zu seinem Tod im Jahre 1617 der vom Volk geliebte Salzburger Erzbischof Wolf Dietrich von Raitenau (→Schloß Mirabell) gefangengehalten.

Nach O an den Hohen Stock angebaut das Stockhaus, weiter ö zur Georgskirche hin der 1465 auf die Mauer aufgesetzte *Krautturm,* in dessen Obergeschoß (mit holzverschaltem Balkon), dem *Beichtvaterstöckl,* seit 1502 der berühmte *Salzburger Stier,* eine riesige Walzenorgel mit 200 Pfeifen, untergebracht ist. 1753 durch Rochus Egedacher* erneuert, erklingen noch heute vom Palmsonntag bis zum 31. Oktober täglich um 7, 11 und 18 Uhr Musikweisen (u. a. auch Mozartmelodien), die der »Stier« jeweils mit Gebrüll ankündigt und beendet.

Auf Hohensalzburg wird jährlich zur Festspielzeit die *Schule des Sehens* der 1953 von Oskar Kokoschka und Friedrich Welz begründeten »Internationalen Sommerakademie« abgehalten.

Kapitelhaus (Kapitelgasse): Unter Erzbischof Wolf Dietrich entstand 1602 das

Mozarts Geburtshaus

Kapitelhaus, in dem ehemals (bis 1803) die Domherren den Erzbischof wählten. An der strengen Barockfassade sind über dem Portal beiderseits eines Doppelfensters die Wappen der damaligen 24 Domherren in Rotmarmor zu sehen. In den weiträumigen Zimmern und Sälen sind noch einige Stuckdecken erhalten.

Kapuzinerkloster →Kapuzinerkirche.

Klosterbezirk St. Peter →Peterskirche.

Lodronscher Primogeniturpalast/Altes Borromäum (Dreifaltigkeitsgasse 15–19): Dieser Barockpalast, in dem heute ein Teil des Mozarteums untergebracht ist, wurde 1631 durch Erzbischof Paris Lodron für seine Verwandten erbaut. Hier war Mozart oft zu Gast und musizierte mit seinen Freunden. Für die Gattin des Erbmarschalls Graf Lodron, Maria Antonia, schrieb er 1776 und 1778 zwei Nachtmusiken. Auch widmete er das Konzert für drei Klaviere KV 242 ihr und ihren beiden Töchtern. Bei dem verheerenden Brand im 18. Jh. wurde der Bau stark beschädigt. 1972 wurde der Palast – bis auf die Fassade – fast ganz abgetragen und erneuert. Durch den modernen Neubau wurde 1979 auch ein Großteil der Karl-Borromäus-Kirche geopfert. Heute ist der ehem. Lodronsche Primogeniturpalast Sitz eines Teils der Musikhochschule, des Mozarteums. Das Lodronsche Wappen ist jedoch noch an zwei Portalen zu erkennen.

Mozarts Geburtshaus (Getreidegasse 9): Das heute sehr reizvoll gelbgestrichene Haus mit Rokokoverzierung über dem Portal, das fest eingeschlossen innerhalb der Häuserreihe in der Getreidegasse steht, gehört zum ältesten Salzburger Stadtkern. 1408 wurde dieses Haus erbaut, das 1585 von einem Hofapotheker und 1713 von der Familie Hagenauer, die später mit der Familie Mozart (wie aus Leopold Mozarts Briefwechsel hervorgeht) befreundet war, erworben wurde. 1747, direkt nach der Hochzeit des Salzburger Kammermusikus Leopold Mozart mit Anna Maria Pertl, zog das junge Paar in den vorderen Teil des dritten Stockwerkes des Hauses. In dieser Wohnung, die aus einer Küche, einem kleinen Kabinett, je einem Wohn-, Schlaf- und Arbeitszimmer bestand, lebte die Familie Mozart 26 Jahre lang. Hier wurden ihre 7 Kinder geboren, von denen 5 im Kindesalter starben; nur 2 überlebten, die 1751 geborene Maria Anna (Nannerl) und der 1756 geborene Wolfgang Amadeus (vgl. Kasten-Text S. 93). Hier erhielt Mozart seinen ersten Klavier- und Geigenunterricht beim Vater, hier entstanden seine ersten Kompositionen. Von hier aus bereiste das Wunderkind Wolfgang Amadeus die Welt. Von hier aus aber hatte er auch seine Probleme mit Erzbischof Coloredo auszufechten, bis er schließlich 1781 die Unterdrückung durch den fürstlichen Hof nicht mehr ertrug und als freischaffender Künstler nach Wien zog. Nach Mozarts frühem Tod wurde man sich erst nach und nach seiner wirkl. Bedeutung bewußt. 1842 wurde das Mozart-Denkmal in Salzburg aufgestellt, und ab 1880 er-

Mozarts Geburtshaus, Hammerklavier

richtete die inzwischen entstandene Internationale Stiftung Mozarteum in Mozarts Wohnung ein Museum, und 1917 endlich erwarb die Stiftung Mozarts Geburtshaus. 1931 wurde im 2. Stock des Hauses eine theatergeschichtliche Abteilung eingerichtet, die man 1956 erweiterte. Seither werden hier im 1. und 2. Stock in über 100 Exponaten (z. B. Szenen- u. Kostümentwürfe) Aufführungen von Mozart-Opern seit dem 18. Jh. bis heute gezeigt. Seit 1981 gibt es im 1. Stock wechselnde Sonderausstellungen zum Thema Mozart. 1985 wurde im 3. Stock in der dem Universitätsplatz zugewandten Rückseite des Hauses eine bürgerliche Wohnung in Salzburg zur Mozartzeit mit originalen Exponaten eingerichtet.

Mozarts Wohnhaus (Makartplatz 8): Ab 1773 wohnte Familie Mozart hier am ehem. Hannibalplatz (heute Makartplatz). Das Haus wurde 1617 erstmals erwähnt und war im 18. Jh. als »Tanzmeisterhaus« bekannt. 1781 verließ W. A. Mozart sein Elternhaus und zog nach Wien. 1784 zog Mozarts Schwester Nannerl mit ihrem Gatten Johann Baptist Berchtold zu Sonnenberg nach St. Gilgen in das Geburtshaus ihrer Mutter. Während seiner zwei letzten Lebensjahre betreute Leopold Mozart hier einen Enkelsohn, einen Sohn Nannerls. 1784 starb Leopold Mozart. 1880 errichtete die Internationale Stiftung Mozarteum an dieser Stelle ein *Museum* mit Instrumenten, Bildern, Autographen, Urkunden usw. 1856 wurde die Aufschrift »Mozarts Wohnhaus« an dem Haus angebracht, 1939 ließ man es unter Denkmalschutz stellen. 1944 wurde der Bau durch Bomben zum Teil zerstört. 1951/52 wurde das Haus stark verändert und als Bürohaus einer Versicherung wieder aufgebaut. 1955 erwirbt die Stiftung Mozarteum den erhalten gebliebenen Teil des Wohnhauses. 1981 wird der zum Museum erweiterte Tanzsaal eröffnet. Heute ist dort eine Mozart-Gedenkstätte in dem erhalten gebliebenen Teil

Mozarts Wohnhaus

mit dem Tanzsaal errichtet worden. Genützt wird er für Exponate von historischen Musikinstrumenten und Dokumenten, die an Mozart erinnern, aber auch für stimmungsvolle Hauskonzerte. Seit 1988 gibt es hier auch eine Audio-Media-Schau mit dem Titel: »Mozart und Salzburg – Salzburg und Mozart«. Jetzt – 1994 – soll das Mozart-Wohnhaus vollkommen renoviert und im urspr. Stil wieder aufgebaut werden.

Ehemalige fürstbischöfliche Residenz (Haupteingang am Residenzplatz, die weitläufige Gesamtanlage trifft außerdem auf den Alten Markt, die Churfürststraße, die Sigmund-Haffner-Gasse, die Franziskanergasse, den Domplatz und den Kapitelplatz): An der Stelle des ma Bischofshofs Erzbischof Konrads I. begann Erzbischof Wolf Dietrich noch vor 1600 im Zuge einer Neugestaltung der Innenstadt mit dem Bau eines neuen Palastes, der den gestiegenen Repräsentationsansprüchen genügen sollte. Bis 1612, dem Ende der Amtszeit Erzbischof Wolf Dietrichs, waren der S-Trakt des Hauptbaus (am Residenzplatz) mit dem Carabinierisaal, der Verbindungsgang zur Franziskanerkirche, 3 Flügel n der Franziskanerkirche (»Dietrichsruh«) und der sog. »Wallis-Trakt« entstanden. Nach Weiterführung der Arbeiten an Hauptbau und n Gebäudeteil (zur Sigmund-Haffner-Gasse) durch Erzbischof Markus Sittikus (1612–1619) konnte die Residenz unter Erzbischof Paris Lodron (1619–1653) nach über einem halben Jahrhundert zunächst zweistöckig vollendet werden. Mitte des 17. Jh., nach Fertigstellung von Dom und Domarkaden, ließ Erzbischof Guidobald Graf Thun (1654–1668) den Hauptbau zur optischen Angleichung (an den Dom) um ein Geschoß und die Attika erhöhen. Erzbischof Franz Anton Harrach (1709–1727) verdankt die Residenz die Erneuerung der Front des Hauptbaus mit dem Hauptportal, ebenso die unter der Leitung von Johann Lukas von Hilde-

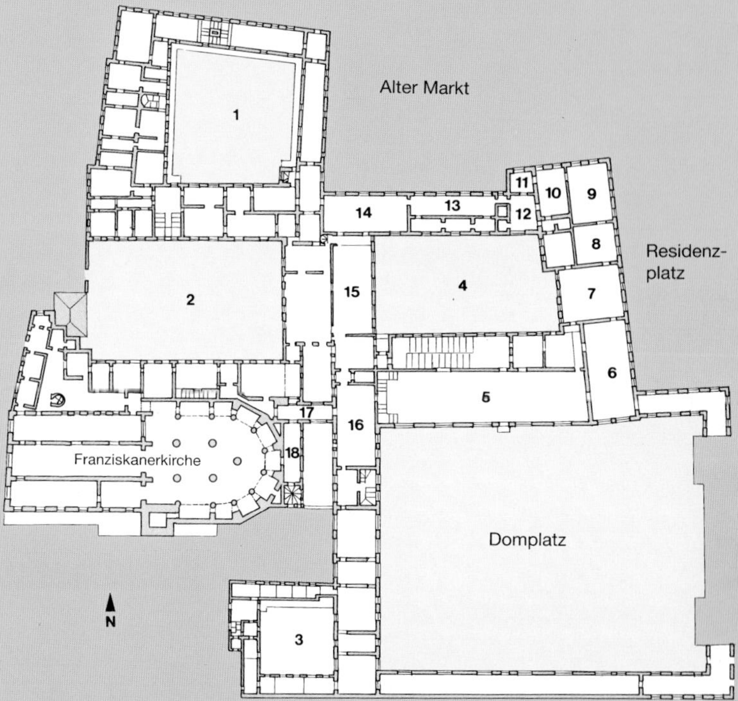

Residenz **1** Toskana-Trakt mit Toskana-Appartement **2** »Dietrichsruh« **3** Wallis-Trakt **4** Hauptbau (im 3. Obergeschoß Bischofssaal und Residenzgalerie) **5** Carabinierisaal **6** Rittersaal **7** Konferenzzimmer **8** Antecamera **9** Audienzsaal **10** Arbeitszimmer **11** Schatullenkabinett **12** Schlafzimmer **13** Kapelle **14** Schöne Galerie **15** Gesellschaftszimmer (Thronsaal) **16** Weißer Saal oder Markus-Sittikus-Saal **17** Kaisersaal **18** Franziskanergang, Residenzoratorium

Residenz, Audienzsaal

Residenz, Antecamera

Residenz, Audienzsaal, Wandteppich

Residenz, Carabinierisaal, Deckenfresko

Residenz, Carabinierisaal

brandt* durchgeführte Neugestaltung und Ausstattung der Räume des 2. und 3. Geschosses, die bereits zur Amtszeit von Erzbischof Johann Ernst Graf Thun (1687–1709) mit dem Carabinierisaal begonnen hatte. Unter dem letzten Salzburger Erzbischof Hieronymus Colloredo (1772–1803), der die w Gebäudeteile mitsamt dem Langhaus der Franziskanerkirche abreißen und neue frühklassizist. Bauten errichten lassen wollte, aber – gottlob – durch seine ihm eigene Sparsamkeit gebremst wurde, entstand schließlich am Platz des alten Markus-Sittikus-Baus im NW der Toskana-Trakt. Im Gefolge der Säkularisierung des Erzstifts wurde die Residenz ihrer urspr. Ausstattung weitgehend beraubt, nur wenige Teile fanden, z.B. durch Rückkäufe, den Weg zurück. Bis 1918 kaiserlicher Wohnsitz, beherbergt die Residenz heute verschiedene Einrichtungen **der** →Universität (im Wallis-Trakt) und, im dritten Stock, die Residenzgalerie (siehe unten).

Der weitläufige, um den Haupthof, den Hof des Toskana-Trakts und den Hof des einstigen Lustgartens »Dietrichsruh« angeordnete, aus monumentalen Kuben zusammengefügte *Gebäudekomplex* harmoniert vortrefflich mit der umgebenden Architektur. Bis auf den zum Dom- und Residenzplatz hin orientierten *Hauptbau* mit hohem Sockel, Attika, Stuckumrahmungen an N- und O-Fassade sowie den Prunkräumen im Innern sind alle anderen Gebäudeteile dreigeschossig erbaut und in ihren lediglich durch die Portale belebten Außenwänden sehr nüchtern gestaltet. Durch das verhältnismäßig schmale, von toskanischen Doppelsäulen flankierte *Marmorportal* des Hauptbaus mit dem von einem Löwen getragenen Wappen des Erzbischofs Franz Anton Harrach und zwei seitlich sitzenden Frauenfiguren mit den Wappen der Erzbischöfe Wolf Dietrich und Paris Lodron gelangt man vom Residenzplatz aus in den weiten *Haupthof,* der v.a. durch die toskanischen Pilaster an der N- und W-Wand beeindruckt. Unter dem w dreibogigen Portikus in einer tropfsteinartigen Brunnennische ein überlebensgroßer Herkules aus der Zeit um 1600, der einen Wasserdrachen erschlägt. Eine zweite um 1605 gemeißelte Herkulesfigur (mit dem Fell des Nemeischen Löwen) befindet sich in einer Marmornische im Hof des ehem. Lustgartens *Dietrichsruh,* von dem neben dem O-Flügel (an den Hauptbau angelehnt) noch der von Pilastern gegliederte, auf die Franziskanerkirche stoßende SW-Flügel erhalten blieb. An der N-Seite der in seiner O-Fassade auf den →Alten Markt treffende *Toskana-Trakt* mit dem dritten Residenzhof und dem sog. Toskana-Appartement an der Stelle des prachtvollen ehem. Kaisersaals. Südlich hinter der Franziskanerkirche der 1963 bis 1965 von Otto Prossinger* für die Universität vorzüglich umgebaute *Wallis-Trakt* (mit Pfeilerhalle als Durchgang zur Franziskanergasse, toskanischer Marmorsäule von 1589 aus der Domsakristei und langgestrecktem Gang zum s Dombogen) als w Abschluß des Domplatzes.

Zurück im Haupthof führt eine flache, tonnengewölbte Treppe zur *Beletage* mit den nur im Rahmen einer offiziellen

Residenz, Thronsaal

Führung zu besichtigenden, zu Prunkräumen ausgestatteten *Repräsentations-, Arbeits-* und *Wohnräumen* der geistlichen Herren des Erzstifts. Der um 1600 entstandene *Carabinierisaal* (Aufenthaltsraum der Leibwächter, Theater und Festsaal der Erzbischöfe) mit zweigeschossiger Doppelfensterreihe, 4 Marmorportalen und Pilasterordnung wurde um 1665 erhöht und erfuhr seine Ausgestaltung 1689 unter Erzbischof Johann Ernst Graf Thun. Die mythologischen Deckenfresken, Allegorien der vier Elemente (»Neptun gebietet den Winden Einhalt«, seitlich »Kalydonische Eberjagd« und »Schmiede des Vulkan«, in den Eckmedaillons 4 Windgötter) schuf 1689 der junge, eben aus Venedig zurückgekehrte Johann Michael Rottmayr*, die Stukkaturen (1689) stammen von Francesco und Carlo Antonio Brenno* sowie Antonio Carabelli*.
Inhalt der seit 1709 für die übrigen öffentlichen und privaten Gemächer von Johann Michael Rottmayr und Martino Altomonte* gemalten *Deckenbilder* (jeweils mit einem großen, ein Hauptthema darstellendes Mittelbild und vier kleineren ergänzenden Gemälden an den Seiten) und die der Bildthematik angepaßten reichen *Stuckierungen* von Alberto Camesina* ist die auf den Auftraggeber Erzbischof Franz Harrach zu beziehende *Geschichte Alexanders des Großen.* Vom nun folgenden *Rittersaal* (Mittelbild »Alexander zähmt den Hengst Bukephalos« von Rottmayr*, Stuckierung erst 1781 durch Peter P. Pflauder*) führt ein ö Verbindungsgang zum Dom. Im *Konferenzzimmer* (Mittelbild »Alexander in der Schlacht von Granikos« von Altomonte*) wurden im Winter Konzerte gegeben, an denen mehrmals auch der junge Mozart beteiligt war. Über die *Antecamera* mit Mittelbild »Alexander durchschlägt den Gordischen Knoten« von Altomonte* gelangt man in den *Audienzsaal* (Mittelbild »Huldigung der Stadt Byblos an Alexander« von Rottmayr*), dessen Wände 3 Brüsseler Ta-

Residenzgalerie, »Stilleben« v. Cornelis de Heem

pisserien (Belagerung Roms durch Porsena, Raub der Sabinerinnen, Etruskerschlacht) mit dem Wappen Erzbischof Wolf Dietrichs schmücken. Die Mittelbilder im *Arbeitszimmer* (»Alexander opfert im Tempel zu Jerusalem«) und im *Schatullenkabinett* (»Skythische Gesandte huldigen Alexander«; Bibliothek; Tabernakelaltar um 1720) schuf Altomonte*, das den Alexanderzyklus beendende im *Schlafzimmer* (»Traum des noch jungen Alexander von seinem zukünftigen Weltreich«) wieder Rottmayr*, von dem auch das Kuppelfresko (»Gottvater«) und das Tafelbild (»Geistliche Vermählung der Hl. Katharina«) des um 1710 von Antonio Beduzzi* entworfenen Altars in der *Kapelle* stammen. In der im frühen 19. Jh. leider ihrer meisten Gemälde beraubten *Schönen Galerie* ein marmorner Prunkkamin und, darüber, in einer wohl von Hildebrandt* entworfenen Nischenumrahmung die Kopie einer 1502 am Magdalensberg in Kärnten gefundenen antiken Bronzestatue eines betenden Jünglings, des sog. »Jünglings vom Helenenberg« (Original seit 1806 im Kunsthistorischen Museum Wien). Das Deckenfresko »Allegorien der Künste und Wissenschaften« malte 1711 Johann Michael Rottmayr*. Im *Gesellschaftszimmer* (oder *Thronsaal*) mit barocker, roter Seidendamastbespannung und klassizist. Ofen zeigen Rottmayrs Deckenbilder das »Göttermahl bei der Hochzeit der Thetis« (Mitte), »Merkur mit dem Apfel der Eris« und das »Urteil des Paris«. Im *Weißen Saal* oder *Markus-Sittikus-Saal* klassizist. Stuck von Peter P. Pflauder* (1776) mit allegorischen Darstellungen, Supraportenreliefs (Szenen aus dem Leben Alexanders des Großen) und klassizist. Kachelofen. Anschließend führt s vom *Kaisersaal* (um 1720 entstandene Porträts Habsburger Kaiser von Rudolf I. bis Karl VI.) der tonnengewölbte sog.

Residenzgalerie, »Betende Mutter« v. Rembrandt >

Franziskanergang (Stukkaturen um 1610) unmittelbar zur Empore über dem Kapellenumgang der →Franziskanerkirche, von wo sich ein überwältigender Blick in den Chorraum mit Pachers* prächtigem Hochaltar bietet.

Im 3. Obergeschoß über den Prunkräumen sind der *Bischofssaal* und die **Residenzgalerie** untergebracht: Eine 1689 von Erzbischof Hieronymus Colloredo mit Gemälden aus dem Besitz der Erzbischöfe begründete Sammlung verlor zur Zeit der Säkularisation einen großen Teil ihrer sehr wertvollen Exponate. 1923 mit den Restbeständen und einigen zurückgekauften Werken als Landessammlung wiedereröffnet. 1938 von den Nationalsozialisten geschlossen, ist die Galerie seit 1952 hoffentlich endgültig dem Publikum zugänglich gemacht. Nach Eingliederung der *Privatsammlungen Czernin* (1954; holl. Malerei des 16. und 17. Jh.) und *Schönborn-Buchheim* (1958; ital. Malerei des 16. und 17. Jh.) gibt die Residenzgalerie einen ausgezeichneten Überblick über die eur. Malerei seit dem Ende der Gotik (vom 16. bis ins 20. Jh.) mit Schwerpunkten im Bereich der franz., flämischen, ital. und österr. (bed. Werke des 18. und 19. Jh.) Malerei. Bes. hervorzuheben sind ein »Porträt Karls V. als Weltherrscher« von *Peter Paul Rubens**, die »Betende Mutter« *Rembrandts** (um 1628), der »Ungläubige Thomas« von *Giovanni Francesco Barbieri*, genannt Guercino* (aus der 1. Hälfte des 17. Jh.), *Jan van Goyens** »Bauernhöfe mit Heustock« (1. Hälfte des 17. Jh.), »Mariae Himmelfahrt« von *Franz Anton Maulbertsch** (18. Jh.), der »Viehaustrieb« von *Paulus Potter** (1647) oder *Ferdinand Georg Waldmüllers** »Kinder im Fenster« (1853). Geplant ist der Ausbau der Sammlung der Moderne, v. a. der zeitgenössischen Graphik, im Rupertinum (Sigmund-Haffner-Gasse).

Durch das Hauptportal verlassen wir die Residenz und treten hinaus auf den **Residenzplatz,** das ständig von Leben pulsierende Zentrum der Stadt. Der Blick fällt zunächst nach rechts auf die imposanten Mauern des Doms, nimmt Neugebäude (siehe unten), →Michaelskirche und prachtvolle Bürgerhäuser als die den Platz einrahmenden Bauten wahr und bleibt schließlich haften am grandiosen, zwischen 1656 und 1661 im Auftrag des als Brunnenliebhaber bekannten Erzbischofs Guidobald Graf Thun geschaffenen **Residenzbrunnen.** Schöpfer dieser manieristischen ital. Brunnen (insbes. Berninis Tritonenbrunnen in Rom) nachempfundenen, sehr kühnen, marmornen Anlage war möglicherweise ein Meister namens Tommaso di Garona*. Aus einem kreuzförmigen Becken mit geschwungenen Außenwänden erhebt sich ein mächtiger Felsen, aus dessen Höhlen vier schnaubende Meeresrösser nach draußen tosen. Auf der Felsspitze tragen drei muskelbepackte, ineinander verknäulte Athleten eine flache, von Wasser überlaufende Schale, in der drei Delphine nun eine kleinere, gewellte Schale stützen, auf der ein Triton kniet und mit einem hochgehobenen Muschelhorn einen Wasserstrahl in die Lüfte bläst.

Residenz-Neugebäude: Hinter dem Brunnen begrenzt die W-Fassade des Residenz-Neugebäudes den Residenzplatz nach O. Das für die Salzburger Architektur charakteristische Gebäude, ein monumentaler kubischer Block mit schlichter Wandgliederung, Sockelgeschoß und zwei durch sog. Faschen unterteilten Obergeschossen richtet seine zweite Fassade zum n →Mozartplatz (mit dem 1842 von Ludwig Schwanthaler* geschaffenen Mozartdenkmal) hin. 1588 von Erzbischof Wolf Dietrich als Palast für sich und seine Gäste begonnen und mit prächtigen Räumen ausgestattet, übernahm das Neugebäude während des Umbaus des ma Bischofshofs vorübergehend die Funktion der erzbischöflichen Residenz. Der urspr. nur um einen Hof angeordnete vierflügelige Bau wurde mehrmals erweitert. Um 1675 ließ Erzbischof Max Gandolf Kuenberg die residenzplatzseitige Front nach S verlängern (ehem. Hofbibliothek, heute Hauptpostamt), wodurch die urspr. Proportionen verlorengingen und, auch durch die angebaute tonnengewölbte Arkaden-Torhalle (eine zweite kreuzgratgewölbte

Residenzbrunnen >

Neue Residenz, Gloriensaal, Deckenfresko

Torhalle findet sich an der N-Fassade), nur unzureichend ausgeglichen werden konnten. Der der W-Fassade (zum Residenzplatz) vorgesetzte urspr. fünfgeschossige *Turm* reicht in seiner Anlage bis auf Erzbischof Wolf Dietrich zurück, wurde jedoch um 1700 beim Einbau des *Glockenspiels* um seinen oktogonalen Aufbau und die in Rundbögen geöffnete Dachstube mit der abschließenden Haube erhöht. Berühmt ist das Spiel der 35 Glocken, die 1696 im Auftrag Erzbischof Johann Ernsts Graf von Thun bei dem Antwerpener Glockengießer Melchior de Haze* erworben worden waren, aber erst nach 1702 vom einheimischen Hofuhrmacher Jeremias Sauter* mit einem funktionierenden Mechanismus zum Erklingen gebracht werden konnten. Täglich ertönt das Glockenspiel um 7, 11 und 18 Uhr – die Antwort des sog. »Salzburger Stiers« von der →Feste Hohensalzburg ist ihm gewiß!
Heute sind im Residenz-Neugebäude verschiedene Behörden untergebracht, so daß die *Prunkräume* im 2. Geschoß (mit großartigen Stukkaturen Elia Castellos* um 1600, Reliefs und z. T. holzgeschnitzten Kassettendecken) in der Regel leider nicht besichtigt werden können.

Robinighof (Robinigstraße 1): Im Stadtteil Schallmoos, einem ehem. Moorgebiet, das unter Paris Lodron 1631–47 trockengelegt und nutzbar gemacht wurde, entstand während dieser Zeit der Robinighof mit Wohn- und Wirtschaftsgebäude und prächtiger barock geschwungener Fassade, der 1648 zum Besitz des Domkapitels und ab 1744 der Familie Robinig gehörte.

Rupertinum →Sigmund-Haffner-Gasse.

Schloß Aigen: Anfang des 15. Jh. wurde die am Ostrand des Salzachtals gelegene Schwaige des Salzburger Domkapitels unter dem Rittergeschlecht der Noppinger zu einem befestigen Ansitz umgestaltet. Das Schloß hat seit dem MA wiederholt Umbauten erfahren. Heute umschließt es mit vier Flügeln, deren Fassaden aus dem 18. Jh. stammen, einen Innenhof. Der gegen den Abhang des Gaisberges ansteigende Park kam vermutlich 1780 in den Besitz des Domherrn A. W. Wolfegg und wurde wohl durch ihn unter dem Einfluß von Freimaurern zu einem Englischen Park umgestaltet. Der Garten war Treffpunkt der Illuminatenloge Apollo. 1788 übernahm Hieronymus Graf Lodron das Schloß und den Park. Die Grotten, Denkmäler und Gebäude, die im 18. Jh. in dem Park aufgestellt worden waren, sind heute großenteils nicht mehr vorhanden. Die Schönheit der Lage Aigens, vor allem der Park, mit seinen reizvollen Veduten, wurde von den Malern und Dichtern der deutschen Romantik gerühmt.

Schloß Arenberg →Arenbergstraße.
Schloß Blumenstein →Pausingerstraße.
Schloß Elsenheim →Arenbergstraße.

Schloß Freisaal

Schloß Freisaal (Freisaalweg 12): 1392 wird das heute nicht öffentlich zugängliche, reizvoll gelegene kleine Wasserschloß, das sich gegenüber dem Beginn der Hellbrunner Allee befindet, zum erstenmal genannt. Der Name Freisaal leitet sich dabei von »Freudensaal« ab; das Schloß war ursprünglich ein Lusthaus des Erzbischofs Pilgrim II. von Puchheim. 1549 wurde der Bau im manieristischen Stil umgestaltet, 1558 entstanden Fresken im Obergeschoß des Schlosses, die Michael von Kuenburg nach seiner Wahl zum Erzbischof mit einem festlichen Zug zeigt, der ihn von Freisaal nach Salzburg geleitete. 1907 wurde das Schloß im Villenstil – leider nicht zu seinem Vorteil – restauriert.

Schloß Leopoldskron: Am S-Ende Salzburgs liegt sehr malerisch am N-Ufer des Kühweihers der schönste Rokokoprofanbau Salzburgs, das Schloß, das Erzbischof Leopold Anton Firmian zw. 1736 und 1744 für seine Familie erbauen ließ. Die Entwürfe zu dem Bau lieferte Pater Bernhard Stuart*, ein Ordensmitglied des Benediktiner-Schottenklosters St. Jakob in Regensburg und Prof. für Mathematik in Salzburg. Ein Teil der Pläne und die hervorragende Stuckierung, vor allem im Festsaal und in der Kapelle, stammen von Johann Kleber*. Als ein Neffe des Erzbischofs, Franz Laktanz, den Bau erbte, barg er eine reiche Kunstsammlung mit über 700 Gemälden, die von den Nachbesitzern verschleudert wurden. 1763 ließ man das Schloß im klassizistischen Stil umgestalten, wobei die Türme und eine achteckige Kuppel in der Mitte abgetragen wurden. Im 19. Jh. verfiel das Schloß durch mehrmaligen Besitzerwechsel, wobei es abwechselnd als Hotel, Bad oder Versammlungsraum diente. Nur 1848, als König Ludwig I. von Bayern nach seiner Abdankung hier wohnte, war es kurzfristig noch einmal von Bedeutung. 1918 aber erwarb der berühmte Regisseur Max Reinhard Leopoldskron, ließ es vollkommen restaurieren und führte hier unglaublich einfallsreiche und bezaubernde Festspielinszenierungen auf, noch bevor die Festspielhäuser errichtet

Schloß Leopoldskron

Schloß Mirabell >

waren (vgl. auch Festspiele in Salzburg, S. 112). 1937 während des Dritten Reiches mußte der Jude Max Reinhard Salzburg verlassen. Heute besitzt die Harvard University das Schloß, das nicht öffentlich zugänglich ist. Am S-Ufer des Weihers findet sich eine Johann-Nepomuk-Statue, die Josef Anton Pfaffinger* 1736 schuf.

Schloß Mirabell (Mirabellplatz): 1606 ließ Erzbischof Wolf Dietrich für seine Geliebte, die wunderschöne Patriziertochter Salome Alt, außerhalb der damaligen Befestigung in der Andräer Vorstadt ein Schlößchen Altenau erbauen, von dem noch geringe Teile in der SW-Seite der heutigen Anlage erhalten blieben. Salome schenkte Wolf Dietrich 15 Kinder (von denen 10 das Kindbett überlebten) und durfte sich, in den Adelsstand erhoben, von Altenau nennen. Nachdem Wolf Dietrich 1612 von seinem Vetter und Nachfolger Erzbischof Markus Sittikus gestürzt und auf der →Feste Hohensalzburg inhaftiert worden war, mußte Salome Schloß Altenau verlassen, das fortan als erzbischöfliche Sommerresidenz diente und, um jede Erinnerung an die unstandesgemäße Liaison zu löschen, »Mirabell« (also »Schönblick«) genannt wurde. Durch die Lodronschen Befestigungen in den Stadtbereich einbezogen und im Laufe der Zeit durch Anbauten erweitert, ließ Erzbischof Franz Anton Harrach von 1721 bis 1727 das Schloß durch den Wiener Baumeister Johann Lukas von Hildebrandt* zu einer einheitlichen spätbarocken Anlage umbauen. Der heute *bestehende Bau,* ein Gebäudegeviert um einen von 3 Seiten her betretbaren Innenhof, ist auf Hofbaurat Peter Nobile* zurückzuführen, der Mirabell nach dem großen Stadtbrand von 1818 im strengen nachklassizist. Stil aufbauen ließ, wobei der weitgehend unzerstörte Westtrakt einbezogen wurde. Gleichfalls erhalten blieben die elegante barocke Fassadengestaltung Hildebrandts an den Garten-

Schloß Mirabell

seiten und im Hof, die barocken Stuckumrahmungen an den Durchfahrten sowie im inneren Treppenhaus, Marmorsaal und Schloßkapelle. Beim Bau des *Treppenhauses* verstand es Hildebrandt auf geniale Weise, in den zur Verfügung stehenden quadratischen, schachtartigen Raum eine der barocken Vorstellung entsprechende repräsentative, stuckierte Treppenanlage (mit durchbrochener Balustrade aus weißem Untersberger Marmor) in rechtwinkligen Absätzen einzufügen. Die verspielten, lebhaften Putten auf der Balustrade und die Figuren aus der griechischen Mythologie (u.a. Apollo von 1727 im ersten Treppenabsatz) in den Wandnischen stammen vom niederösterr. Bildhauer Georg Raphael Donner* und seinen Gehilfen. Das Deckenfresko von Bartolomeo Altomonte* und Gaetano Fanti* fiel leider dem Brand des Jahres 1818 zum Opfer. Die Treppe führt hinauf in den überaus vornehmen *Marmorsaal* (mit farbigem Stuck von Jakob Gall*), der im Brand von 1818 das Deckengemälde Johann Michael Rottmayrs* verlor, heute aber dennoch gerne als Konzert- und Trauungssaal genutzt wird. Die *Schloßkapelle* zeigt Stuckmarmor, einen Altar von 1722 mit Baldachin und vergoldeten Figuren sowie ein Abschlußgitter (ebenfalls von 1722, 1751 erhöht).

Durch das Gartenportal des Schlosses hindurch gelangt man in den 1690 unter Beteiligung Johann Bernhard Fischers von Erlach* im Auftrag von Erzbischof Johann Ernst Graf von Thun (1687 bis 1709) im franz. geometrischen Stil gestalteten, um 1730 durch Franz Anton Danreiter* veränderten **Mirabellgarten** und läßt dann den Blick über das Gartenparterre mit dem Springbrunnen hinüber zum Dom und zu der über diesem liegenden Feste Hohensalzburg schweifen – am besten im Frühjahrslicht, zur Zeit der Magnolienblüte, wenn der Garten seinen ganzen Zauber aufs strahlendste entfaltet. Im sog. *Kleinen Parterre* vor dem Gartenportal entdeckt man den *Pegasus-*

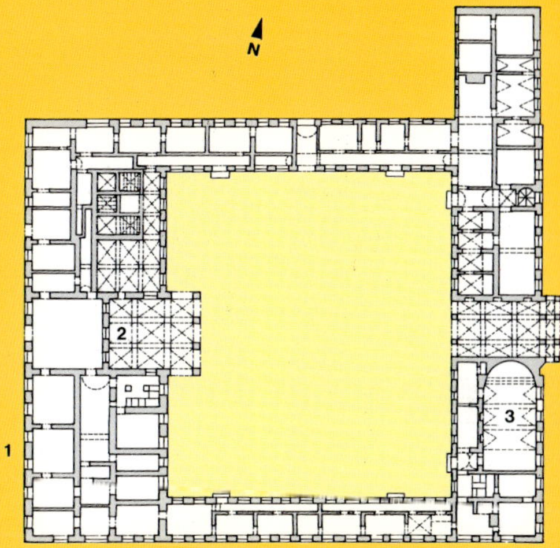

Schloß Mirabell **1** Westtrakt **2** Treppenhaus mit Marmorsaal **3** Schloßkapelle

brunnen mit einem 1661 vom Innsbrukker Kaspar Gras* aus Kupfer getriebenen Pegasus, der erst 1913 hier als Brunnenfigur aufgestellt wurde. In der Mitte des von Balustraden (mit hohen Vasen Fischers von Erlach*) gesäumten *Großen Parterre* erhebt sich als Höhepunkt der skulpturalen Ausstattung der *Springbrunnen,* dessen 1690 von Ottavio Mosto* gemeißelte Figurengruppen die vier Elemente Feuer, Luft, Erde und Wasser symbolisieren: Äneas flieht mit Vater und Sohn aus dem brennenden Troja, Herkules stemmt den Riesen Antäus in die Luft, Pluto entführt Proserpina in die Unterwelt, Paris raubt Helena auf einem Schiff. Zwei *Faustkämpfer* (um 1700, wohl von Andreas Götzinger*), Kopien des »Borghesischen Fechters«, umrahmen den Ausgang zum Makartplatz, von wo zwei Balustraden mit *Statuen* männlicher (w Richtung: Chronos, Bacchus, Jupiter, Mars, Herkules, Vulkanus, Merkur, Apollo) und weiblicher antiker Gottheiten (ö Richtung: Diana, Flora, Minerva, Ceres, Pomona, Venus, Vesta, Juno) auseinanderlaufen. Der um 1610 wahrscheinlich von Hans Waldburger* geschaffene *Susanna-Brunnen* (r vom Springbrunnen, vor dem Heckentheater) stammt als einziger Rest aus dem Garten Wolf Dietrichs. Nach der Legende soll die auf dem Brunnenrand sitzende Frauenfigur die Züge Salome Alts tragen. Das zwischen 1704 und 1718 entstandene, ein wenig erhöht anschließende **Heckentheater** mit tiefem, von Löwenskulpturen flankiertem Orchestergraben ist das älteste seiner Art n der Alpen. Eine Freitreppe (spätes 19. Jh.) führt in der NW-Ecke des Gartens zum *Rosenhügel* mit einem bes. reizvollen Blick auf Stadt, Schloß und Garten sowie zum außergewöhnlich großen *Vogelhaus* (Voliere, um 1730), das heute als Ausstellungspavillon des Kulturamtes verwendet wird. An der O-Seite des Parterre die ehem. *Orangerie,* deren S-Flügel das 1973 aus der Privatsammlung Kurt Rossacher aufgebaute **Salzburger Barockmuseum** mit sog.

Schloß Mirabell, Innenhof

Schloß Mirabell, Treppenaufgang

»pensieri« und »bozzetti«, Entwürfen und Modellen des 17. und 18. Jh., beherbergt. Besondere Anziehung übt der w *Zwerglgarten* (ehem. Bastionsgarten) mit seinen bis 1715 nach Kupferstichen Jacques Callots* (von 1616) geschaffenen höchst skurrilen Marmorzwergen aus. Die urspr. 28 etwa 1,20–1,40 m hohen, sehr verfremdend jeweils einen Beruf oder Charakter (Fischer, Jäger, Arzt, Vielfraß, Holzhacker u. ä.) darstellenden, auf zarte Gemüter fast abstoßend wirkenden Figuren ließ um 1811 der Kronprinz von Bayern entfernen, so daß bis heute lediglich 15 Zwerge wiedergefunden und im Garten aufgestellt werden konnten. Im Bastionsgarten, hinter dem Heckentheater, ist das 1877 von Wien nach Salzburg transportierte → *Zauberflötenhäuschen* aufgestellt.
Seit 1950 ist Schloß Mirabell Sitz des Magistrats und des Bürgermeisters.

Schloß Neuhaus (Kühbergstr. 1): Südwestlich der Pfarrkirche Gnigl, am Abhang des Kühberges, liegt das Schloß, das urkundlich bereits 1219 genannt wird und das seit etwa 1277 im Besitz des Salzburger Vicedoms Gottschalk von Unzing bzw. von Neuhaus war. 1424 wurde es durch Erzbischof Eberhard III. ausgebaut und vergrößert. 1508 kam das Pfleggericht von Radeck hierher. 1851 wurde das inzwischen verwahrloste Schloß von Oswald Graf Thun erworben, der es im neugot. Stil umbauen ließ. Heute befindet sich das Schloß in Privatbesitz und kann nicht besichtigt werden.

Stift Nonnberg →Sakralbauten.

Zauberflötenhäuschen (Basteigarten): In einem Gartenhäuschen, das ursprünglich in einem der Höfe des Starhenbergschen Freihauses auf der Wieden zu Wien stand, soll Mozart Schikaneders Text zur »Zauberflöte« 1791 fertigkomponiert haben. Das Häuschen gelangte nach dem Verkauf des Freihauses 1877 als Ge-

Schloß Mirabell, Treppenhaus

schenk ans Mozarteum. Nach einigen Irrfahrten steht es heute hinter dem Mozarteum im Basteigarten.

BEFESTIGUNGEN UND STADTTORE

Die urspr. Stadtbefestigungen 1280 bis 1290, 1465–1480 und 1620–1646 sind nur mehr auf den Stadtbergen, Mönchs- und Kapuzinerberg, weitgehend erhalten, einige Überreste finden sich in der Stadt (→ Gassen und Straßen). Tore und Pforten wurden mehrfach umgebaut.

Gstättentor (Gstättengasse): Das Tor, das auch *Schleiferbogen* oder *Schleifertor* genannt wird, stammt urspr. noch von 1280 und grenzte damals die Stadt innerhalb des Mauerrings gegen W ab. Der heutige Bau entstand 1618 und zeigt das Wappen des Erzbischofs Markus Sittikus.

Kapuzinerbergmauer (→ auch Stefan-Zweig-Weg): 1629, als Erzbischof Paris Lodron die 3. Stadtbefestigung anlegte, entstanden auch die Wehrbauten der Kapuzinerbergmauer, die von der *Felixpforte* (1632) ausgehen, das Kapuzinerkloster umfassen und die ehemals den gesamten westlichen, südlichen und östlichen Bergabhang abriegelten. Auch das Trompetenschlößl (→ Kapuzinerkloster) und das *Franziski-Schlößl* gehörten zur urspr. Wehrmauer. Die *Hettwer-Bastei,* die sog. »Kanzel« unterhalb des Kapuzinerklosters, bietet einen schönen Blick über die Stadt.

Klausentor (Ursulinenplatz): 1612 ließ Markus Sittikus das Tor auf Kosten der Stadt errichten. Es trennt die Vorstadt Mülln vom Stadtkern und bildete einst die Sperre an der Engstelle zwischen Mönchsberg und Fluß.

Linzertor (→ Linzergasse): An der Außenfront der Sebastianskirche in der Lin-

Schloß Mirabell, Treppenhaus

zergasse (vgl. Sebastianskirche) findet sich ein Abguß des Hans Konrad Asper (ca. 1615), der vom ehem. Linzertor, einem Stadttor von der urspr. Stadtmauer des 17. Jh., stammte, das die Linzergasse abschloß und das 1894 abgetragen wurde.

Ehem. Michaelstor → Rudolfskai.

Mönchsberg-Wehranlagen (→ auch Mönchsberg): Schon im 13. Jh. entstand hier eine Befestigung am ö Teil des Berges, 1628 folgte dann die Befestigung des gesamten Berges von Nonnberg bis Mülln. Mönchsberg Nr. 12 = *Schartentor,* ein Torbau von 1635 mit Mauerverbindung zur Festung und der sog. »Katze« (Bastei) zur Stadt hin. Nr. 19 = *Bürgerwehr,* eine Wehrmauer mit Zinnen und 5 Türmen, Anlage v. urspr. 13. Jh., die 1487/88 unter Erzbischof Bernhard von Rohr verstärkt wurde, im 16. und 20. Jh. verändert. Die sog. *Monikapforte* von 1623 mit Wappen und Inschrift »Paris Lodron« findet sich oberhalb der Müllner Kirche. Der Name Monika – so wollte das Paris Lodron – sollte an die Mutter des hl. Augustinus erinnern. Etwas weiter südwestl. findet sich die gleichzeitig entstandene, nach dem Kirchenvater benannte »Augustinuspforte«. – Mönchsberg Nr. 9 ist der *Abtsturm,* ein Wehrturm, der urspr. aus dem 14. Jh. stammt. Nr. 15 = *Freyschlößl,* ehem. Wehrturm aus dem 14. Jh., auch »roter Turm« genannt, im 19. Jh. umgestaltet. Nr. 17 = *Konstantinsturm,* urspr. aus dem 14. Jh., wurde im 19. Jh. neu erbaut mit Anbauten: seit 1912 *Kuppelwieser Schlößl* genannt; Nr. 19 = *Barbaraturm* aus dem 18. Jh.; Nr. 21 = *Marketenderschlößl,* urspr. aus dem 16. Jh.; Nr. 24 = *Johannesschlößl* aus dem 16. Jh. Aus Privatbesitz kaufte Erzbischof Wolf Dietrich das Schlößchen, das er später dem Domkapitel schenkte. Nach Bombenzerstörung wurde es 1952/53 wieder aufgebaut. Nr. 26/27, Hotel *Mönchsteinturm,* stammte aus dem 14. Jh. und dient heute – mehrfach umgebaut – als Hotel.

Schloß Mirabell, Salzburger Barockmuseum

Mülleggertor (Müllner Hauptstr.): An der SW-Ecke des Johannesspitals steht das 1605 von Erzbischof Wolf Dietrich als äußeres Stadttor errichtete Tor. Sein Wappen schmückt das von Pilastern gestützte schöne Marmortor, das in ein turmartiges Gebäude (mit seitlichen Treppentürmen) eingelassen wurde und das urspr. zu einem mittelalterlichen Schloß gehörte.

Neutor/Sigmundstor: Dieses Tor gehörte nicht zur urspr. Festung. Erzbischof Sigismund von Schrattenbach ließ es 1764 mit einem 123 m langen und 12 km breiten Stollen durch den Mönchsberg brechen (daher der Name Sigmundstor). Er beauftragte die Brüder Wolfgang und Johann Baptist Hagenauer* mit der künstlerischen Gestaltung. Die der Stadt zugekehrte Portalfront zeigt Medusenmasken, eine Inschrift und ein Medaillon mit dem Bildnis des Bauherrn. Die dem Stadtteil Riedenburg zugewandte Toröffnung wird von abgebrochenen Obelisken flankiert. Über der Pforte eine glorifizierte Statue des hl. Burgunderkönigs Sigismund. Der Sockel darunter trägt das Schrattenbachwappen und zeigt Kriegstrophäen. Noch heute fährt man durch dieses Stadttor, wenn man von der Mönchsbergseite aus die Innenstadt erreichen möchte.

Nonnbergtor: In der Nonnberggasse Nr. 7 hat sich dieses Tor aus der urspr. Stadtbefestigung erhalten. Ebenso wie das ehem. *Nonntaler Tor* in der Schanzlgasse Nr. 14 oder aber das Steintor (s. d.).

Sauterbogen (Dreifaltigkeitsgasse 6): Hier überbaut ein Wohnhaus einen tonnengewölbten Durchlaß in der Stadtmauer des 13. Jh.

Steintor (Steingasse Nr. 23): Dieses Tor, auch *Johannestor* oder *Inneres Steintor* genannt, sperrte die Zufahrt nach Hallein. Es stammt urspr. noch von der

Schloß Mirabell, Zwerglgarten (links und rechts)

1. Befestigung von 1280/90, wurde jedoch 1634 von Erzbischof Paris Lodron erneuert.
Urspr. gab es beim Bürgelstein am Ende der Steingasse (s. d.) auch ein **Äußeres Steintor.**

GASSEN UND STRASSEN

Salzburg besitzt viele schmale Gassen und Straßen mit sehenswerten Gebäuden. Nur die wichtigsten seien hier genannt:

Arenbergstraße: Als Fortsetzung der Steingasse zieht sich am Fuße des Kapuzinerberges die urspr. Straße nach Hallein hin. An der Bergseite finden sich noch Bürgerhäuser aus dem 16. bis 18. Jh., z. B. Nr. 1, 2, 9, 11, 13, 15, 29 und 35. – Nr. 8 und 10: *Schloß Arenberg* (Bürglstein) mit schönem Park stammt urspr. aus dem 14. Jh. Im 17. Jh. gehörte es Joh. Ernst Thun, ab 1791 wurde es privatisiert und nach einem Brand 1814 wiederaufgebaut. Im Inneren weist es eine Kassettendecke aus dem 16. Jh. auf. Seit 1968 wurde es Sitz der Max-Reinhardt-Forschungs-und-Gedenkstätte (s. d.). – Nr. 37: *Schloß Elsenheim* stammt urspr. aus dem 15. Jh., im 17. Jh. wurde es mit Beibehaltung des Kerns des 15. Jh. neu erbaut, in der 2. Hälfte des 18. Jh. erweitert; heute Privatbesitz.

Badergäßchen: An der kleinen Straße zwischen dem Bürgerspitalplatz und dem Sterngäßchen sind die Reste der ersten Stadtmauer von 1280 und des Wehrgangs von 1465 erhalten. Die Bürgerhäuser Nr. 2 und 4 stammen in ihrer Grundstruktur aus dem Mittelalter.

Bergstraße: Zwischen Winzergasse und Dreifaltigkeitsgasse finden sich trotz der Schäden im 2. Weltkrieg noch Häuser, die in ihrer Grundsubstanz noch aus dem 16. und 17. Jh. stammen. Verschiedene

Mozart in Salzburg

Am 27. Januar 1756 wurde Wolfgang Amadeus als Sohn des Salzburger erzbischöflichen Hofmusikers Leopold Mozart und dessen Ehefrau Anna Maria Pertl geboren. Schon sehr früh gab der Vater ihm Klavier- und Violin-Unterricht. Bereits 5jährig komponierte das Wunderkind Mozart ein Menuett für Klavier. Mit dem Vater und zusammen mit der 5 Jahre älteren Schwester Maria Anna (Nannerl) durfte Mozart seiner ungewöhnlichen Begabung vor allem als Pianist wegen schon als 6jähriger auf Konzertreisen gehen. In München und Wien wurde er dem königlichen und kaiserlichen Hof vorgestellt. Er konzertierte in Frankfurt, Brüssel und Paris, in London und Den Haag und entwickelte sich neben seiner Tätigkeit als Virtuose immer weiter als Komponist. Als 11jähriger schrieb Mozart, der schon einige Sinfonien geschaffen hatte, auf kaiserlichen Wunsch in Wien seine erste Oper »La finta semplice« und das Singspiel »Bastien und Bastienne«. 1769 wurde er unter dem kunstsinnigen Fürstbischof Sigismund von Schrattenbach in Salzburg zum unbesoldeten Hofkonzertmeister ernannt. Nach einer Italienreise zusammen mit dem Vater mit vielen Auftritten, weiteren Kompositionen und Ehrungen war in Salzburg inzwischen Fürstbischof Hieronymus von Colloredo-Waldsee an der Macht, der das jugendliche Genie Mozart, der inzwischen in Salzburg Kirchenmusik, Serenaden, Divertimenti, Kammermusik, Klavier- und Violinkonzerte, Sinfonien und Opern komponiert hatte, gängelte und immer mehr einengte. 1777, als er Mozart einen Konzert-Urlaub verweigerte, kündigte dieser schließlich seinen Posten und fuhr nach München, Mannheim und Paris, wo er konzertierte und später weltberühmte Werke komponierte, privat aber viele Enttäuschungen entgegennehmen mußte. Nach dem Tod seiner Mutter 1778 kehrte Mozart in den Salzburger Dienst zurück. Hier schrieb er u.a. die Sinfonien KV 318, 319 und 338, die Krönungsmesse, die Missa Solemnis und »Idomeneo«. 1781 kam es zum endgültigen Bruch mit dem Erzbischof und der Umsiedelung Mozarts nach Wien, wo er als freier Künstler lebte, wo er 1782 die Sängerin Constanze Weber heiratete, die ihm 6 Kinder gebar, wovon 2 Söhne überlebten, und wo er vor allem neben zahlreichen Auftritten als Virtuose eigener Kompositionen seine Hauptwerke schuf: neben seiner Kammermusik, Sinfonien, Konzerten und Messen die Opern »Entführung aus dem Serail« (1782), »Le nozze di Figaro« (1786), »Don Giovanni« (1787), »Cosi fan tutte« (1790), »La clemenza di Tito« und schließlich die 1791 uraufgeführte »Zauberflöte«. Über der Arbeit am »Requiem« starb Mozart, der Schöpfer des – trotz seines kurzen Lebens – unglaublich umfangreichen und dabei wohl des unsterblichsten musikalischen Werkes der Musik des Abendlandes, am 5. Dezember 1791 mit 35 Jahren verarmt in Wien.

Häuser mit historisierenden Fassaden aus dem 19. Jh. sind sehenswert, z.B. Nr. 11, 15, 17, 19 und 21.

Bierjodlgasse: Hinter dem Friedhof St. Peter findet sich diese Gasse mit dem Bierjodlhaus, das urspr. aus dem 15. Jh. stammt.

Brodgasse: Sehenswerte kleine Gasse, die von der Judengasse zum Alten Markt führt. Viele im Kern mittelalterliche Häuser (Nr. 3–13) geben der Gasse ihren altertümlichen Reiz.

Chiemseegasse: In der kleinen Gasse, die von der Kaigasse bis zum Chiemseehof führt, stehen sehenswerte Häuser aus dem 13.–19. Jh. Der *Chiemseehof* Nr. 8 stammt urspr. aus dem 13. Jh. und wurde um 1300 zur Residenz ausgebaut (Hauskapelle von 1355). Nach einem Brand wurde der Hof ab 1694 erweitert. Bis 1814 diente er als Residenz der Bischöfe

Schloß Arenberg

zu Chiemsee, seit 1861 ist er Sitz des Salzburger Landtags und der Landesregierung. Am Treppenaufgang: Sandsteinfigur des Apoll von 1700. Im 2. Stock: Bischofsgang mit 13 Porträts der Bischöfe von Chiemsee. In der ehem. Bibliothek des 18. Jh. *Kupferstichkabinett.* Weitere Räume mit Barock- und Rokokoausstattung.

Dreifaltigkeitsgasse: Zwischen Mirabellplatz und Platzl verläuft die Dreifaltigkeitsgasse mit zum Teil noch mittelalterlichen Bürgerhäusern. Nach dem Sauterbogen erweitert sie sich zu einer breiten Straße. Hier findet sich auch das *Priesterhaus* mit der Dreifaltigkeitskirche (s. d.) am Makartplatz und eine Abteilung der Hochschule für Musik (im ehem. Lodronschen Primogeniturpalast, Dreifaltigkeitsgasse Nr. 15–19, die 1631 für die Familie des Erzbischofs Paris Lodron erbaut worden war.

Festungsgasse: Vom Kapitelplatz aus führt die Gasse zur Festung. Nr. 4 ist die 1892 errichtete *Standseilbahn,* die erst 1960 elektrifiziert wurde. Hier stand ehemals das Wohn- und Sterbehaus Michael Haydns, des Bruders von Josef Haydn. Nr. 7 ist ein frei stehendes zweigeschossiges got. Wohnhaus, wo Freskenreste aus dem 14. Jh. entdeckt wurden. Nr. 8–10 ist der sog. *Stiegl-Keller,* ein urspr. 1492 gegründeter Bierkeller, der 1926 umgebaut wurde. Vom Biergarten aus schöner Blick auf die Stadt.

Getreidegasse: Diese urspr. Hauptstraße der ma Stadt hieß ehemals »Trabegasse«. Sie verläuft vom Rathausplatz zum Bürgerspitalplatz und geht von dort in die Judengasse über. Hier haben die oft in ihrer Grundsubstanz aus dem 16. Jh. stammenden Häuser vielfach ihre Fassaden aus dem 17. und 18. Jh. behalten, so auch das berühmte *Mozartgeburtshaus* (Nr. 9) (s. d.) beim Hagenauerplatz. Es gibt schöne Portale und viele reizvolle Arkadengänge, Durchhäuser mit malerischen Innenhöfen (Nr. 3, 13, 14, 21, 23, 25, 27, 29: Zezihaus mit zauberhaftem Rokokoportal, 33, 34). Die hohen (bis 6 Stockwerke) und schmalen, eng aneinandergebauten Häuser mit den für Salzburg typischen, oben mit einer Holzkehle abschließenden Fassaden und Grabendächern (vgl. Kapitelplatz) zeigen schöne schmiedeeiserne Haus- und Gewerbeschilder, wie z. B. das des Sternbräu. Das älteste Haus, Nr. 21, stammt von 1258, auch Nr. 18, 20 und 22 wurden urspr. noch im 13. Jh. erbaut; Nr. 39 stammt von 1407.

Gisela-Kai: Verläuft am r Salzachufer zwischen Staatsbrücke und Nonntaler Brücke und zeigt oft Villen und Wohnhäuser aus der Gründerzeit mit Neorenaissance- und neogot. Fassaden, großenteils von Jacob Ceconi* erbaut.

Goldgasse: Zwischen Altem Markt und Residenzplatz verläuft die Gasse, die von der Brodgasse an viele im Kern ma Bürgerhäuser (Nr. 3–16) aufweist.

Griesgasse: Außerhalb der ma Stadtmauer wurde die verhältnismäßig breite Straße im 17. Jh. angelegt. Sehenswert

Stiegl-Keller

sind viele in ihrer Grundstruktur noch ma Häuser, deren Fassaden meist aus dem 17. oder 18. Jh. stammen.

Gstättengasse: Diese Straße mußte man im MA befahren, wenn man vom Gstättentor (s. d.) nach Norden wollte. Sie verläuft am Fuße des Mönchsbergs. 1669 gab es hier einen Felssturz, bei dem 13 Häuser zerstört und 230 Einwohner getötet wurden. Seither klopfen die Salzburger »Felsputzer« in jedem Frühjahr das Gestein nach brüchigen Stellen ab. Dabei klettern sie an Seilen hängend die Felsen herab. Nach dem Bergsturz wurden neue kleine, farbige Häuser einheitlich eng an die steil abfallende Felswand gebaut, die großteils bis heute erhalten sind (ab Nr. 1–37). Nr. 2, 4 und 6 sind in ihrer Grundsubstanz noch ma. Am Klausentor (s. d.) endet die Gstättengasse.

Herrengasse: Die schmale Gasse am Fuß des Festungsberges verbindet Kapitelplatz und Kaigasse. Die Häuser 8–28 und 32 sind in ihrer Grundstruktur ma mit Fassaden aus dem 16. und 17. Jh. Urspr. hieß diese Straße Hundsgasse, weil sich hier das Palais für die Hunde des Erzbischofs befand. Danach hieß sie Pfaffengasse, und erst im 17. Jh. nannte man sie nach den Domherren Herrengasse.

Hofstallgasse: Sie wurde vom Erzbischof Wolf Dietrich angelegt. Heute erstreckt sie sich zwischen Herbert-von-Karajan- und Max-Reinhardt Platz und wird flankiert von den Festspielhäusern auf der einen und dem Wilh.-Furtwängler-Garten mit Universitätsbauten auf der anderen Seite.

Imbergstiege: Dieser steile Weg führt durch einen got. Bogen zu der kleinen Barockkirche St. Johann (s. d.). Imberg ist der urspr. Name für Kapuzinerberg. Haus 427: Hier wurde der Textdichter des weltberühmten Weihnachtsliedes »Stille Nacht, heilige Nacht«, Joseph Mohr, 1792 geboren.

Judengasse: Eine der ältesten und engsten Straßen Salzburgs zwischen Kranzlmarkt und Waagplatz. Als Fortsetzung der Getreidegasse wurde sie eingerahmt von hohen, oft noch ma Häusern mit Fassaden aus dem 16.–18. Jh. Weitgehend stammen noch aus dem 16. Jh.: Nr. 9, 10, 11, 14 und 16. Das heute exklusive *Radisson-Hotel-Altstadt* war bis vor wenigen Jahren noch als das Gasthaus *Höllbräu* bekannt. Im ehem. Bräukeller (gebraut wurde seit 1437) wurde ein Stück der Stadtmauer von 1280 freigelegt. Haus Nr. 3 besitzt eine schöne Fassade mit Jugendstilportal. Früher bis 1415 stand hier die *Synagoge*. Die Juden, die ehemals in dieser Gasse wohnten, wurden während der Jahrhunderte mehrfach verfolgt, vertrieben und ermordet. Im Wirtshaus *Zum Mohren* Nr. 9 war die Familie Mozart oft zu Gast, und in Nr. 8 übernachtete Franz Schubert 1825.

Kaigasse: An der Kaigasse im O des Domes liegen prächtige Bürgerhäuser und Kanonikalhöfe aus dem 16. Jh.: Im Wirtshaus *Zum Weißen Roß* (später: Salmanskeilerhof) starb Paracelsus 1541. Nr. 12: Ehem. Domdechantei, Nr. 16: besitzt einen schönen Arkadenhof aus dem 16. Jh. 1950/55 wurden unter dem Hotel *Kasererbräu* (Nr. 21–29) zwischen Kaigasse und der parallel verlaufenden Krotachgasse die Grundmauern eines röm. Tempels ausgegraben. Das Wohnhaus Nr. 20 ist 1788 entstanden, Fassade von ca. 1600. Nr. 37: *Berchtesgadener Hof* (urspr. von 1220) wurde 1930/32 ebenso wie Nr. 39–43 *(Posthof)* durch Martin Knoll* in beachtlicher moderner Architektur umgebaut.

Kapitelgasse: Vom Kapitelplatz zur Kaigasse verlaufend wurde die Straße unter Erzbischof Wolf Dietrich am Kapitelhaus (s. d.) entlang angelegt.

Kapuzinerberg → Stefan-Zweig-Weg.

Königsgäßchen: In dieser engen Gasse zwischen Dreifaltigkeitsgasse und Linzergasse sind die Häuser Nr. 2, 4 und 6 an die Stadtmauer des 13. Jh. angebaut. Königsgäßchen heißt es, weil hier ehemals der sog. Nachtkönig – Reiniger der Kloaken-Kanäle, eine Arbeit, die nur nachts ausgeübt wurde – tätig war.

Steingasse

Krotachgasse: In der engen Verbindungsgasse zwischen Kaigasse und Chiemseegasse sind die Häuser Nr. 5 und 7, die urspr. aus dem 15. Jh. stammen, sehenswert. Nr. 7 enthält im Inneren Fresken (15. Jh.) und Wappen aus dem 16. Jh.

Lederergasse: Zwischen Schwarzstr. und Dreifaltigkeitsgasse zeigt diese z. T. überbaute Gasse Häuser, die an die Stadtmauer des 13. Jh. angebaut sind und die urspr. noch aus dem 16. Jh. stammen, z. B. 1, 3 und 5.

Linzergasse: Breite Straße, die von der Altstadt rechts der Salzach nach NO führt und die heute über die Schallmooser Allee zur Bundesstraße Richtung Wallersee führt. In der *Engel-Apotheke* (Nr. 3) arbeitete einst Georg Trakl. Sie zeigt bis zum ehem. *Linzer Tor* (abgetragen 1894) v. Nr. 3–68 noch mehrfach reizvolle alte Häuser, die im Kern aus dem 13.–16. Jh. stammen. Hier gibt es noch schöne Portale, kleine Höfe und malerische Anbauten von Hinterhöfen an den Kapuzinerberg.

Mönchsberg (→ auch Mönchsberg-Wehranlagen): Mönchsberg heißt auch die Straße am ehem. Übergang über den Berg. Hier sind alte Wehranlagen erhalten und alte Wohnhäuser, z. B. auch mit Nr. 2 die *Edmundsburg* von 1696, die durch Abt Edmund Sinnhuber von St. Peter erbaut wurde. Nr. 25: *Oslmayergut.* (Aus der Barockzeit original erhaltenes Bauernhaus.)

Paris-Lodron-Straße: Hier sind mit Nr. 2–4 (Loretokloster) Teile der urspr. Stadtmauer von 1280 erhalten.

Pausingerstraße: Sie zweigt von der Arenbergstr. nach N ab. Nr. 6 ist Schloß Blumenstein von 1717 mit Innenausstattung von 1741.

Pfeifergasse: Die schmale Gasse, die vom Mozartplatz zum Kajetanerplatz führt, weist noch einige im Kern aus dem MA und der Renaissance stammende Häuser auf (Nr. 2, 4, 6, 8, 11, 13, 18). Die *Kumpfmühle* (Nr. 11) liegt noch an der alten Stadtmauer, die hier aus dem 13. und 16. Jh. stammt.

Rudolfskai: Zwischen Staatsbrücke und Nonntaler Brücke zieht sich der Rudolfkai am l Ufer der Salzach hin. Nr. 2: Rathaus (s. d.). Auf der w Seite finden sich noch viele im Kern ma Häuser, die urspr. vor der Stadtmauer standen (bei Nr. 36 noch weitgehend erhalten). Am Straßendurchbruch zum Mozartplatz stand urspr. das *Michaelertor,* das 1867 abgerissen wurde.

Schanzlgasse: Hier finden sich am Fuß des Nonnberges die Häuser Nr. 2–12, die aus dem 16. und 17. Jh. stammen (Nr. 2 und 8 rekonstruiert) und deren Fassaden meist im 18. Jh. entstanden. Nr. 14: urspr. aus dem 13. Jh., wurde im 15. und 17. Jh. verändert. Anschließend: eine Bastei vom Beginn des 17. Jh.

Sigmund-Haffner-Gasse

Sigmund-Haffner-Gasse: Zwischen Kranzlmarkt und Franziskanerkirche verläuft die Straße, die nach dem Kaufmann Sigmund Haffner benannt wurde, dessen Tochter zu ihrer Verlobung von Mozart die berühmte Haffner-Serenade gewidmet wurde. Die meisten der Bürgerhäuser hier sind im Kern ma, viele stammen in ihrer Bausubstanz aus dem 16. Jh., Nr. 6 besitzt ein hübsches Rokokoportal und Lünettengitter von 1741, Nr. 10: im Hof Arkaden aus dem 16. Jh. Durch den sog. *Ritzerbogen* v. 1626 mit Rotmarmorportal aus dem 16. Jh. gelangt man zum Universitätsplatz (s. d.), Nr. 11: Residenz (s. d.), Nr. 14: Gebäude mit Fassade von ca. 1800 und prachtvollem Arkadenhof aus dem 16. Jh. Nr. 16 = *Langenhof,* der 1670 von Erzbischof Max Gandolf Kuenburg als Familienpalast erbaut und um 1800 mit einer Plattenstilfassade versehen wurde. In der s Hofeinfahrt findet sich ein roman. Löwe von 1150. Nr. 18: Hofbeamtenhaus aus dem 16.–18. Jh., Nr. 20 = *Kapellhaus* (ehem. Haus der Kapellknaben aus dem 17. Jh.), Nr. 22: *Rupertinum,* ein 1653 von Paris Lodron gestiftetes Collegium, das bis 1974 als Studentenheim diente und das seit 1979 erweitert wurde und seit 1982 wechselnde Ausstellungen moderner Kunst zeigt.

Stefan-Zweig-Weg (ehemals Kapuzinerberg; vgl. auch Kapuzinerbergmauer S. 89): Steiler Weg, der vom Steinportal des Hauses Linzergasse Nr. 14 – über 6 Kreuzwegkapellen, die zwischen 1736 und 1744 errichtet wurden, an deren Ende eine Kreuzigungsgruppe (von Franz Hitzl* 1780) steht – durch die *Felixpforte* von 1632 bis zum Kapuzinerkloster hinaufführt. Der Weg gehörte urspr. zur ma Befestigung und führte zum *Trompeterschlößl* aus dem 2./3. Jh., das im 16. Jh. grundlegend für das Kapuzinerkloster (s. d.) umgebaut wurde. Zwischen Felixpforte und Kapuzinerkloster am Waldrand findet sich Nr. 5, die ehem. Villa des Dichters Stefan Zweig (der 1919–1937 hier lebte), das *Paschinger Schlößl,* das urspr. 1639 gebaut wurde. Kapuzinerweg 9 ist das *Franziski-Schlößl,* das 1629 erbaut wurde und das seit dem 19. Jh. als Ausflugslokal dient.

Steingasse: Vom Platzl (s. d.) ausgehend ist die Steingasse den Kapuzinerberg entlang angelegt. Schon die Römer nutzten sie als Ausfahrtstraße nach S. Im MA führte sie durch die Steintore (s. d.) hindurch. Hier finden sich typische Salzburger Häuser mit schönen Portalen. Ehemals waren hier vor allem Handwerker (Hafner, Färber, Töpfer, Gerber) ansässig.

PLÄTZE

Alter Markt: Der schon im 13. Jh. planmäßig als Rechteck angelegte Marktplatz (seine Funktion hat heute weitgehend der Universitätsplatz übernommen) gilt als der größte und »vornehmste« Platz Salzburgs. Die im Kern ma stolzen Bürgerhäuser stehen in geschlossenen Zeilen mit schönen, in Pastell gehaltenen Fassaden mit oft noch got. Fensterstöcken und eindrucksvollen Portalen meist aus der 2. Hälfte des 18. Jh. Nr. 3 (Sparkassengebäude) zeigt auf dem schönen Portal das Wappen des Erzbischofs Jakob Ernst Graf v. Liechtenstein. Nr. 6 ist die sehr reizvolle *Alte Hofapotheke* mit der originalen Einrichtung von 1760, davor steht der *Florianibrunnen* (S. 101), und schräg gegenüber findet sich das 1703 gegründete, berühmte *Café Tomaselli,* in dem man meist nur mit Mühe einen Platz ergattern kann.

Domplatz →Dom S. 16.

Hagenauerplatz: Der kleine rechteckige Platz liegt zwischen Getreidegasse und Rudolfskai. An seiner N-Seite findet sich der Löschlbogen, das ehem. obere Tränktor der Maurer von 1280. Das Tor mit Tonnengewölbe und skulptiertem Wappen von 1608 wurde durch das siebengeschossige Haus (Nr. 2) im 16. Jh. überbaut.

Herbert-von-Karajan-Platz: Bald nach dem Tod Herbert von Karajans, der für die Salzburger Festspiele von so großer Bedeutung war, wurde der *ehem. Sigmundsplatz* umbenannt. Vor den Felswänden des Mönchsbergs baut sich theatralisch die schöne Barockanlage der Pferdeschwemme (s. d.) auf. Die schräge Rückfront des eindrucksvollen, wohl sehenswertesten Platzes Salzburgs bilden in ihrer Grundstruktur noch ma Bürgerhäuser aus dem 16. und 17. Jh. Die Vorderfronten dieser Häuser stehen in der Getreidegasse. Rechter Hand findet sich eine Seite des Bürgerspitaltrakts (s. d.), und links baut sich die Barockfassade mit Marmorportal des ehem. Hofmarstalls auf, des heutigen Festspielhauses, und auf der Gegenseite der Hofstallgasse die Seitenfassade der Alten Universität.

Kajetanerplatz: Zwischen Kajetanerkirche (s. d.) und Justizgebäude erstreckt sich dieser Platz in Dreiecksform. Haus Nr. 3 besitzt eine Fassade aus dem 17. Jh.

Kapitelplatz: Der Salzburger Dom ist von 3 monumentalen Plätzen umgeben: im W der Domplatz (s. Dom), im N der Residenzplatz (s. Residenz) und im S der Kapitelplatz. Wie eine großartige Thea-

Hotel Bristol

terdekoration wirkt hier, wo früher das Domkloster stand, der von barockem Pathos erfüllte *Kapitelbrunnen* (s. d.) mit dem Mönchsberg und der Festung Hohensalzburg im Hintergrund. Ein Weiteres dazu tun die monumentalen Bauten, die den Platz umgeben: die S-Flanke des Doms (s. d.) im N, die *Dompropstei* von 1582 und das *Erzbischöfliche Palais* von 1690 (Fassade von 1864) im O und im W der Noviziattrakt des Stiftes St. Peter, dazu Handwerkshäuser mit Grabendächern. Bei den Grabendächern (vgl. auch Getreidegasse), die im übrigen z. B. auch in der Tschechischen Republik und in Polen, im Inn- und Salzachgebiet und eben vorwiegend in Salzburg errichtet wurden, wird das Dach in eine Reihe kleinerer Giebeldächer zerlegt, wobei die Fassade nach oben hin mit einer Hohlkehle abschließt, hinter der sich die Grabendächer verbergen.

Kranzlmarkt: Zwischen Rathausplatz und Altem Markt findet sich der Kranzlmarkt. Neben dem *Rathaus* (viergeschossiger Bau mit Turm und Rokokofassaden) ist das Haus Nr. 3, das älteste erhaltene Patrizierhaus Salzburgs mit Barockfassade und got. Fenstergewänden, sehenswert. Hier, am ehem. Durchgang zur Salzach, ist im Mauerwerk noch ein got. Wehrturm aus dem 14. Jh. erhalten.

Makartplatz: Dieser heute vom Verkehr überflutete Platz, der früher Hannibalplatz hieß, weist beachtliche Häuser auf: das → *Landestheater* (Nr. 2), Hotel Bristol von 1893 (Nr. 4), Haus mit Portal aus dem 18. Jh. (Nr. 6), →Mozarts Wohnhaus, das ehem. Tanzmeisterhaus (Nr. 8) und die →Dreifaltigkeitskirche.

Mozartplatz: Zwischen Residenzplatz und Waagplatz liegt der Mozartplatz, der nach Abbruch mehrerer Häuser durch Erzbischof Wolf Dietrich zu Beginn des 17. Jh. angelegt wurde. Der Platz hieß urspr. Michaelsplatz, nach Aufstellung des *Mozart-Denkmals* 1842

Mozart-Denkmal

jedoch Mozartplatz. Nr. 1 ist das Neugebäude mit dem Glockenspiel, Nr. 4 das ehem. Rehklingen-Stadtpalais aus dem 16.–18. Jh. mit Hof und Kapelle aus dem 18. Jh., das heute das *Musikwissenschaftliche Institut der Universität* beherbergt. An der Ecke zum Residenzplatz steht die →Michaelskirche. Nr. 5 das niedrige, langgestreckte Imhof-Stöckl von 1620 mit seitlichem Flügel zur ehem. Stadtmauer und schönem Hauptportal. Nr. 8, 9 und 10 sind ehem. Kanonikalhöfe aus dem 17. Jh.

Platzl: Zwischen Staatsbrücke und →Steingasse findet sich der Platz, der ab 1598 Brückenkopf der rechtsufrigen Altstadt zwischen Fluß und Berg war. Die hohen Bürger- und Handwerkerhäuser haben hier – obwohl im 20. Jh. vielfach umgebaut – noch weitgehend ihren altstädtischen Charakter erhalten. Nr. 3: ehem. Wohnhaus von Paracelsus (vgl. auch Sebastiansfriedhof). Gedenktafel zwischen den Fenstern im 2. Stock.

Rathaus →Kranzlmarkt.

Residenzplatz →Residenz.

Sigmundsplatz →Herbert-von-Karajan-Platz.

Universitätsplatz: Auf dem vom Universitätsgebäude und der anschließenden hochragenden Fassade der →Kollegienkirche und, dieser gegenüber, reich verzierten rückwärtigen Rokokofassade von Mozarts Geburtshaus (s. d.) umrahmten Universitätsplatz wird täglich der lebhafte *Salzburger Grünmarkt* mit Obst-, Gemüse- und Blumenständen abgehalten. Reizvoll und lebendig wirken die vielen geschmackvoll ausgestatteten Auslagenfenster der Geschäftshäuser, die teils als Durchhäuser zur Getreidegasse hin besonders hübsche und bunte Auslagen bieten: Cafés und Gaststätten lassen das Getrubel besonders an Festspieltagen noch intensiver werden. Eines der beliebten Restaurants ist hier z. B. das *Zipfer Bierhaus* (Nr. 19), das bereits seit 1300 existiert. Im Keller findet sich hier noch ein tiefer Ziehbrunnen. Im Gang: Exponate alter Fundgegenstände. 28 Jahre wohnte Nannerl, die Schwester Mozarts, in diesem Haus. – Ursprünglich befand sich an der Stelle des Universitätsplatzes, der zus. mit der Universität (s. d.) ab 1618 entstand, der ehem. »Frauengarten«.

Ursulinenplatz: Links der Salzach als Fortsetzung der Gstättengasse durch das Klausentor (s. d.) zur Müllner Hauptstraße liegt der auf einer Seite von Häusern am Mönchsberg, auf der anderen von Bäumen am Fluß begrenzte Dreiecksplatz, dessen Blickpunkt die Fassade der Ursulinenkirche bildet.

Waagplatz: Der Waagplatz, zwischen Residenzplatz, Mozartplatz und der Verlängerung der Judengasse, ist der älteste Platz Salzburgs. Schon im 10. Jh. ist von Kaufleuten die Rede, die sich hier angesiedelt hatten. Der Waagplatz war der urspr. Marktplatz der Stadt. Anstelle des frei stehenden Hauses Nr. 1 aus dem 17. Jh. (Fassade von 1928) stand urspr. das Gerichtshaus (nach 1328). In Haus

Florianibrunnen

Nr. 1a wurde am 3. Februar 1887 der Dichter Georg Trakl geboren – heute Trakl-Gedächtnisstätte (s. Museen). Nr. 2 mit gemütlicher Gastwirtschaft stammt urspr. aus dem 12. Jh. Nr. 3 war im 17. und 18. Jh. Waaghaus (Fassaden und Pfeiler aus dem 16. Jh.). Das Haus Nr. 4, das 1967/69 mit rekonstruierter Fassade erbaut wurde, birgt im Keller eine roman. Halle, vielleicht Überrest einer Kaiserpfalz aus dem 12. Jh., Nr. 5 und 6, die im Kern noch mittelalterlich sind, haben sich vorwiegend in der Bausubstanz des 16. Jh. erhalten.

BRUNNEN UND DENKMÄLER

Salzburg, die Stadt, die mit Wasser gesegnet ist – es quillt aus Bergquellen und strömt in der Salzach –, ist wie Rom oder München eine Stadt der Brunnen. Viele kleine reizvolle, moderne und alte Brunnen gibt es hier, theatralische und berühmte Barockbrunnen, Brunnenschächte, Ziehbrunnen wie im Zipfer-Bierhaus (→ Universitätsplatz) oder auf der Festung, sprudelnde Bergbäche, die in uralter Fassung Mühlräder drehen wie im Mühlenhof neben dem Petersfriedhof (s. d.). Einige von ihnen sollen hier – neben markanten Denkmälern – beschrieben werden.

Englwirtbrunnen (Steingasse/Arenbergstr.): Der Wandbrunnen mit Einhorn (Wappentier der Familie von Thun) und Löwe (Wappentier Salzburgs), der seit 1751 zwischen Steingasse und Arenbergstraße zu finden ist, war 1696 bei der Andräkirche aufgestellt worden. Von 1890 stammt die rahmenartige Rückwand, mit der man den Brunnen am Kapuzinerberg angebracht hat.

Eurydike-Brunnen (Schloß Hellbrunn): Nahe beim Ausgang des Schloßgartens findet sich der reizvolle, vermutlich von Hans Waldburger* im 17. Jh. geschaffene Eurydike-Brunnen.

Fischbrunnen (Max-Reinhardt-Platz): Vor dem Wilhelm-Furtwängler-Garten (s. d.) findet sich heute der Fischbrunnen, der urspr. im ersten Drittel des 17. Jh. an anderer Stelle errichtet worden war. Die Bronzestatue des »Wilden Mann« auf einer Säule stammt von 1658.

Florianibrunnen (Marktbrunnen): Der reizvolle Brunnen auf dem Alten Markt mit der Statue des hl. Florian (von Josef Anton Pfaffinger* 1734), der Salzburg vor Brand und Feuer schützen sollte, besitzt ein achteckiges Becken (1685–1687) und ein figurenreiches und filigranes Renaissance-Spiralgitter, das Wolf Guppenberger* um 1583 urspr. für einen anderen Brunnen kreierte.

Hofmarstallschwemme / Pferdeschwemme (Herbert-von-Karajan-Platz): Dieser innerhalb einer großartigen Szenerie aufgebaute Brunnen (vgl. auch Sigmundsplatz) wurde 1695 errichtet. Dabei stammen die barocken Skulpturen des kraftstrotzenden Rosses und seines Bändigers von Bernhard Mandl*. 1732 wurde die Schauwand hinter der Burg, die urspr. unter Fischer von Erlach* im Zusammenhang mit der Fassadengestaltung des ehem. Hofmarstalls angelegt worden war, verändert. Die Fresken mit den Pferdedarstellungen in den Wandfeldern malte Franz Anton Ebner* (restauriert). Die Figurengruppe wurde auf einen neuen Sockel gestellt und um 90° gedreht.

Kajetanerbrunnen (Schanzlgasse): Der Brunnen mit Bronzeputte und Fischen wurde von Trude Diener* 1957 kreiert.

Kapitelschwemme/Pferdeschwemme (Kapitelplatz): Unter Fürstbischof Leopold Anton Freiherr von Firmian, der ein eiskalter Glaubenseiferer (Vertreibung der Protestanten aus Salzburg), aber daneben auch ein großer Kunstliebhaber war, wurden die Monumentalbrunnen Hofmarstallschwemme und Kapitelschwemme ganz in barockem Pathos erbaut. Anstelle der jetzigen Kapitelschwemme gab es schon im MA einen natürlichen Teich, in dem die Rösser gebadet wurden. Der Gartenbaumeister Franz Anton Danreiter* und der Bildhauer Josef Anton Pfaffinger* kreierten den Brunnen mit dem großen gebogten Becken, der Treppenarchitektur, den wasserspeienden Tritonen, dem Meerroß und dem theatralisch darauf thronenden Neptun mit Dreizack, dazu das Wappen Erzbischof Firmians und eine mit Vasen bekrönte Hintergrundarchitektur, 1732. Der Brunnen wird seit der Barockzeit mit dem Wasser gespeist, das auch die Mühle von St. Peter antreibt (vgl. St. Peter, Mühlenhof). Die Kapitelschwemme mit dem Mönchsbergfelsen und der Festung darüber ist der Hauptblickpunkt des Kapitelplatzes (s. d.).

Leonhard-von-Keutschach-Denkmal →Festung Hohensalzburg, Georgskirche.

Marienbrunnen (Griesgasse): 1692 entstand der Marienbrunnen in der Griesgasse, den Hans Schwäbl* mit sechseckigem Becken und dem Wappen des Erzbischofs Johann Ernst Thun errichtete. Hinter einem schmiedeeisernen Gitter steht eine mit Löwenmasken verzierte Brunnensäule; zuoberst die Madonna mit Kind.

Mariensäule →Dom.

Marktbrunnen →Florianibrunnen.

Mozartdenkmal: Der Münchner Bildhauer Ludwig Schwanthaler* modellierte die übermenschengroße Plastik von W.A.Mozart, die von J.B.Stiglmaier* gegossen und 1842 auf dem Michaelsplatz, der seither Mozartplatz heißt, aufgestellt wurde. Bei der feierlichen Enthüllung des Denkmals waren die beiden Söhne Mozarts anwesend, wobei Franz Xaver Mozart, der Jüngere von beiden, der wie sein Vater auch Wolfgang Amadeus genannt wurde, eine selbstverfaßte Festkantate dirigierte (vgl. auch Festspiele in Salzburg). Bei der Aushebung des Fundaments entdeckte man die Überreste eines röm. Hauses und dessen Mosaikfußboden mit der Inschrift: »HIC HABITAT FELICITAS NIHIL INTRET MALI«.

Papageno-Brunnen (Papagenoplatz): Mit einer Bronzefigur, die den Papageno aus Mozarts Zauberflöte darstellt, schuf Hilde Heger* 1960 den Brunnen für den Papagenoplatz, der sich zwischen Pfeifer-, Chiemsee- und Krotachgasse befindet.

Paracelsus (Kurpark): Ein Denkmal mit dem knienden und nachdenklichen Arzt und Naturforscher Paracelsus, dessen Grab bei der Sebastianskirche liegt (s. d.), schuf der Bildhauer Josef Thorak (1889–1952) im Kurpark.

Pegasus-Brunnen →Schloß Mirabell.

Petrusbrunnen →St. Peter, Stiftshof.

Residenzbrunnen →Residenz.

Rupertusbrunnen →St. Peter, Westhof.

Salzach-Weibchen-Brunnen (Ursulinenplatz): An der Kaipromenade schräg vor der Ursulinenkirche (s. d.) zwischen Mönchsbergfelsen und Salzach wurde 1867 dieser Brunnen mit der allegorischen Plastik »Die Quelle« auf einem

Kapitelschwemme >

PVLCHRITVDO ANTIQVA
MIRABILI NOVITATE
RESTITVTA,
A
LEOPOLDO
ANTONIO ELEUTHERIO,
ARCHIEPISCOPO,
PRINCIPE SALISBURGENSI,
Sac. Sedis Apostolicæ Legato Nato
Germaniæ Primate,
DE FIRMIAN &C. &C.

Mozarteum

Sockel in einer runden Brunnenschale aufgestellt. Das Wasser fließt dabei aus einem Gefäß, das die weibliche Figur, die die Quelle symbolisiert, in der Hand hält.

Schillerdenkmal →Wilh.-Furtwängler-Garten.

Schrannenweiberl-Brunnen (Mirabell-Platz): Hier findet sich bei der Andräkirche (s.d.) ein Brunnen, den Herbert Trapp 1960 kreierte, der sog. Schrannenweiberl-Brunnen.

Springbrunnen →Schloß Mirabell.

Susanna-Brunnen →Schloß Mirabell.

Trakl-Brunnen (Kaigasse 12): Im Hof der ehem. Domdechantei (s. Kaigasse) steht der Trakl-Brunnen, den Toni Schneider-Manzell* 1957 zum Gedächtnis an den Dichter Georg Trakl, der hier ganz in der Nähe (vgl. Waagplatz) als Kind mit seinen Eltern lebte. Heute residiert hier das Finanzamt.

Wandbrunnen am Fischmarkt (Ferdinand-Hanusch-Platz): Mit Hilfe einer alten barocken Brunnenschale und eines Löwenhauptes (17.Jh.) errichtete man 1926 an der Gabelung Griesgasse/Franz-Josef-Kai einen Wandbrunnen am (ehem.) Fischmarkt.

Wandbrunnen am Residenz-Neugebäude (Kaigasse): 1806 wurde dieser Brunnen im klassizistischen Stil mit Stadtwappen und Inschrift errichtet.

Wasserspiele →Schloß Hellbrunn.

Wilhelm-Furtwängler-Garten-Denkmäler: Gegenüber dem Festspielhaus findet sich der Park, der nach dem Dirigenten Furtwängler benannt wurde. Diesen Park hat man auf einem Gebiet angelegt, das früher zum Botanischen Garten der Universität gehörte. 1859 modellierte Johann Meixner* die Statue Friedrich von Schillers, die Anton Fernkorn* goß. Dieses *Schiller-Denkmal* wurde aus einem privaten Park, wo es urspr. aufgestellt war, um 1940 in den Wilhelm-Furtwängler-Garten verbracht und dort aufgestellt. Hier findet sich auch ein *Engelskopf* von etwa 1600 sowie drei moderne Plastiken: Die *Sitzende* schuf Fritz Wotruba* 1944, die *Liegende* Emilio Creco* 1953 und die Figur *Tanzschritt* Giacomo Manzù* 1973.

HOCHSCHULEN

Mozarteum (Schwarzstr. 26 und 28): 1841 hatte man den »Dom-Musik-Verein und Mozarteum« in Salzburg gegründet, 1880 spaltete sich hiervon die »Internationale Stiftung Mozarteum« ab, »deren Ziel die Pflege und Förderung der Tonkunst und der Mozart-Verehrung« ist. 1909 schrieb diese Stiftung einen Architekturwettbewerb für die Errichtung eines Mozart-Hauses aus. Den ersten Preis gewann dabei der Münchner Richard Berndl*, der das sog. »Mozarteum« von 1910 bis 1914 erbaute. Dabei setzte er

Mozarteum, Eingangshalle

Universität

Haus der Natur, Versteinerte Schnecke

den Neubau im Münchner Jugendstil zwischen den Lodronschen Primogeniturpalast und den Mirabellgarten, was zunächst heftigste Proteste auslöste. Aber nach Fertigstellung des Mozarteums, ein in sich geschlossener Bau, der den Ausblick vom Mirabellgarten her wirklich nur unerheblich stört, beruhigten sich die Gemüter wieder. Der vorspringende Mitteltrakt des Mozarteums mit Treppenaufgang zeigt auf der Attika vier tanzende Bronzefiguren, die die vier Grundtempi der Tonkunst darstellen sollen. Die Seitentrakte sind mit den bronzenen Allegorien der geistl. und weltl. Musik geschmückt.
Der Gesamtkomplex beherbergt heute die Schul- und Verwaltungsräume der »Hochschule für Musik und darstellende Kunst Mozarteum«, eine sehr beachtliche Bibliothek im 1. Stock und 2 Konzertsäle, wobei im »Großen Saal« mit 800 Plätzen (Schwarzstr. 28) u. a. die Mozart-Matineen der Salzburger Festspiele stattfinden. Auf dem Konzertpodium ist eine Orgel, die 1969 fertiggestellt wurde, eingebaut. – Im Foyer zum Konzertsaal steht die Bronzeplastik »Mozart als Apollon Mosagète«, die Edmund von Hellmer* schuf. 1987 wurde das Mozarteum renoviert.

Universität (Universitätsplatz): Das 1617 durch Erzbischof Markus Sittikus gegründete Gymnasium konnte 1622 unter Erzbischof Paris Graf Lodron in den Rang einer Universität erhoben werden. Nach der Säkularisation 1810 unter dem Bayernkönig Max I. Joseph wieder aufgehoben, konnte sie 1962, nun zu Ehren ihres Gründers »Alma Mater Paridiana« genannt, erneut ins Leben gerufen werden. Der seit 1620 von den Benediktinern betreute langgestreckte, mehrflügelige, schlichte Bau erhielt 1631 durch den Quertrakt mit der Aula Academica einen einfachen Arkadenhof und bedeckt seitdem eine trapezförmige Grundfläche. Im ersten Stock die mit einem Altarblatt und einer Serie von Einzelbildern des

Museum Carolino Augusteum, Stilleben v. Anton Faistauer

Adrian Bloemart* (1637) ausgestattete, 1778 durch Wolfgang Hagenauer* klassizistisch umgestaltete Aula Academica, in der bis ins späte 18. Jh. auch Theateraufführungen stattfanden. Im Erdgeschoß des NW-Flügels das kreuzgratgewölbte *Sacellum* (ehem. Universitätskapelle) mit marmornem Hochaltar von Wolfgang und Johann Baptist Hagenauer*, Deckenbildern (Darstellungen der Rosenkranzgeheimnisse) und einem um 1735 wohl von Jakob Zanusi* gemalten Tafelbild »Glorie des hl. Florian« auf dem r Seitenaltar. Bedeutend ist die *Bibliothek* der Universität.
Die unterschiedlichen Fakultäten der Universität Salzburg sind heute über verschiedene Institutionen verteilt. So wurden die Räumlichkeiten für die Geisteswissenschaften vorwiegend in der Akademiestr. errichtet. Die naturwissenschaftl. Institute sind über die Stadt verteilt. Die Verwaltung und das Institut für klass. Philologie finden sich am Residenzplatz.

MUSEEN

Durch seine alte Kulturgeschichte, durch die Schätze des Erzbistums und der Fürstbischöfe, durch Bau- und Bildwerke der Kirchen und Klöster, durch die Rolle, die Mozart hier spielte, und durch Salzburgs Bedeutung als Kulturzentrum und Festspielstadt gibt es in Salzburg eine reiche Sammlung bedeutender Kulturgüter, die in den Museen der Stadt ausgestellt sind. Dazu kommen über 30 Galerien und Ausstellungsstätten.

Burgmuseum → Festung Hohensalzburg.

Dom-Museum und **Domgrabungsmuseum** → Dom.

Haus der Natur (Museumsplatz 5): Im ehem. Ursulinenkloster findet sich heute die umfangreiche Sammlung, die 1908 als

Rupertinum

Vogelmuseum begonnen wurde. Ab 1924 hat sich daraus das Naturkundemuseum »Haus der Natur« entwickelt, das in über 80 Räumen Exponate aus der Natur, vor allem von Tieren in größtenteils lebensgroßen Dioramen und Modellen zeigt. Von Interesse ist auch die Ausstellung »Mensch u. Tier in Fabel u. Mythos« oder die bes. Berücksichtigung von Kindern als Museumsbesucher, für die, unter vielen anderen Attraktionen, ein eigenes Biolabor bereitsteht.

Johann Michael Haydn-Gedenkstätte (St. Peter-Westhof): Hier gibt es Exponate, die mit dem Leben und Werk des Komponisten zu tun haben, des sog. »Salzburger Haydn«, des Bruders von Joseph Haydn, der auch ein Förderer Mozarts war. Neben den Ausstellungsobjekten gibt es hier auch eine Tonbildschau.

Max-Reinhardt-Forschungs-und-Gedenkstätte (Arenbergstr. Nr. 8–10): In Schloß Arenberg (Bürglstein) ist seit 1968 die Max-Reinhardt-Forschungs-und-Gedenkstätte mit Archiv und einem Fotoarchiv zur Geschichte der Salzburger Festspiele untergebracht. Von 1912 bis 1922 lebte Hermann Bahr – der Schriftsteller war auch einer der wesentlichen Anreger für die Salzburger Festspiele – in diesem Schloß.

Mozart-Museen →Mozarts Geburtshaus und →Mozarts Wohnhaus.

Pater-Singer-Museum →Franziskanerkirche.

Rainer Museum →Festung Hohensalzburg.

Residenz-Galerie →Residenz.

Rupertinum (Philharmonikergasse 9): Im »Collegium Rupertinum« am Max-Reinhardt-Platz, das urspr. 1633 unter Fürsterzbischof Paris Lodron für zukünftige Priester und Beamte errichtet worden war, ist heute eine beachtliche Sammlung mit Kunst des 20. Jh. zu finden. Der Salzburger Galerist Friedr. Welz (geb. 1903) vermachte seine Privatschätze moderner Kunst seiner Vaterstadt und legte damit den Grundstock für die heute reiche Landessammlung, die u. a. Werke von Dix*, Nolde*, Kirchner*, Kokoschka*, Kubin* und Schiele* zeigt.

Salzburger Barockmuseum (Mirabellgarten, Orangerie): Hier finden sich Skizzen, Studien, Ton- und Holzbozzetti und Grund- und Aufrißzeichnungen von Rubens*, Maulbertsch*, Troger*, Rottmayr*, Fragonard*, Giordano* und von dem so fleißigen und begabten, an der Donau heimischen Maler, dem sog. Kremser-Schmidt*.

Salzburger Freilichtmuseum: Das am Fuße des Untersberges reizvoll gelegene Freilichtmuseum findet sich 10 km sw von Salzburg bei → Großgmain.

Salzburger Museum Carolino Augusteum/SMCA (Museumsplatz 1): 1816 war Salzburg dem Erzherzogtum Öster-

Museum Carolino Augusteum, Römisches Relief

Museum Carolino Augusteum, Gotik-Abteilung

SMCA, Clothilde Beer von Hans Makart

Volkskundemuseum

reich ob der Enns unterstellt worden. Die Stadt hatte ihre Bedeutung fast ganz verloren. 1834 gründete M.V.Süss das »Städtische Museum«, um durch Exponate die Erinnerung an Salzburgs glanzvolle Zeiten wachzuhalten. Als Echo trafen zahlreiche Geschenke aus dem ganzen Salzburger Land ein. Das nach seiner Schirmherrin inzwischen Carolino Augusteum benannte Museum, das zunächst am unteren Gries eingerichtet worden war, hatte 1944 nach zwei Bombenangriffen schwere Verluste zu verzeichnen.

Der heutige Neubau entstand mit Hilfe des Landes 1966 und konnte 1967 eröffnet werden. Die Exponate und neuen Stiftungen waren inzwischen so zahlreich, daß weitere Außenstellen eingerichtet werden konnten: Spielzeugmuseum (s. d.), Domgrabungsmuseum (s.d.) und Volkskundemuseum (s.Hellbrunn) sowie das Sattler-Panorama im Rundbau des Café Winkler auf dem Mönchsberg.

Im Haus am Museumsplatz 1 finden sich Exponate aus der Römerzeit (Kleinkunstwerke, Mosaiken) im Kellergeschoß und im 1.Stock Ausstellungsstükke aus der Vorgeschichte, beachtliche Bildwerke aus der Romanik und sehr schöne Plastiken und Tafelgemälde aus der Gotik, bedeutende Gemälde und Bildhauerwerke aus Renaissance und Frühbarock sowie Kleinkunst, Münzsammlung und Kunstgewerbe. Münzen, Medaillen und Kunstgewerbe finden sich auch im 2.Stock, dazu eine interessante historische Musikinstrumentensammlung sowie Plastiken und Gemälde aus dem 18. bis 20. Jh.

Spielzeugmuseum (Ehem. Bürgerspital) →Bürgerspitalkirche.

Stiftmuseum →Stift Nonnberg.

Trachtenmuseum (Griesgasse 23/I): Dieses kleine Museum, das verschiedene alte und neue Salzburger Trachten und die

Landestheater

dazugehörigen Accessoires zeigt, ist durch die Werkstätten Beurle initiiert worden.

Trakl-Gedächtnisstätte (Waagplatz 1 a): Am 3. Febr. 1887 wurde in diesem Haus, dem ehem. »Schaffnerhaus«, der Dichter Georg Trakl geboren. Im 1. Stock des Hauses finden sich heute Erinnerungsstücke an den Schriftsteller, der nur 27 Jahre alt wurde: Handschriften, Fotos, Typoskripte.

Volkskundemuseum (Schloß Hellbrunn): Im Monatsschlößl des Schloßparks von Hellbrunn, das 1615 unter Erzbischof Markus Sittikus erbaut worden war, wurde 1924 ein »Altsalzburger Museum« eingerichtet, woraus sich später mit vielen Exponaten wie Wohn-, Arbeits- und Gebrauchsgegenständen, Musikinstrumenten, Votivgaben, Masken, Trachten und Volkskunst sowie rekonstruierten Bauernstuben das Volkskundemuseum entwickelte.

THEATER

Im Verhältnis zu seiner Größe ist Salzburg wohl die berühmteste Theaterstadt der Welt. Vom Marionettentheater bis zur großen Oper – in jeder Art gibt es hier neben Hervorragendem auch immer wieder Eigenständiges und aus der Salzburger Tradition Gewachsenes. Die Bürger der Stadt scheinen seit eh und je für Musik, Dramatik und Theatralisches aufgeschlossen und begabt gewesen zu sein (vgl. auch Salzburg – Festspielstadt). So wie in Venedig, Paris oder Rom besitzen auch hier erstaunlich viele der Bewohner von Natur aus besondere darstellerische und musikalische Begabungen, die sich bes. in der Vorweihnachtszeit bei hinreißenden Adventsvorführungen zeigen (vgl. auch Salzburger Jahreskalender). Interessant ist auch das *Straßentheater,* das noch heute – vor allem während der Festspielzeit – wie schon im MA öffent-

Salzburg – Festspielstadt

Eigentlich war Salzburg seit jeher eine Festspielstadt. Schon im MA und in der Barockzeit veranstalteten die Salzburger mit ganz besonderer Liebe und Begeisterung tagelang dauernde Kostümfeste, Fackelumzüge und religiöse Aufzüge mit theatralischem Pomp, die in den Kirchen, aber auch auf Plätzen und Straßen abgehalten wurden. Das Barockzeitalter kam hier im 17. und 18.Jh. der großartigen Prachtentfaltung solcher Feste in jeder Hinsicht entgegen. Als der nüchterne und strenge Fürstbischof Colloredo, der auch Mozart seine Vaterstadt verleidet hatte, den Salzburgern das unmäßige Feiern verbot, nahmen diese gerade das ihrem Landesherrn übel.

50 Jahre später – die Aufklärung war überstanden, mit der Romantik war die Liebe zu uralter Tradition und das Geschichtsbewußtsein erwacht. Mozart, dessen Musik nie ganz vergessen war, gelangte jetzt, da der Begriff des Genialen ausgekostet wurde wie nie zuvor, zu neuer pathetischer Bedeutung, und den Salzburgern wurde es langsam bewußt, wer da in ihrer Stadt gelebt hatte. 1842 wurde – noch im Beisein der beiden Söhne Mozarts – das Mozartdenkmal (s. d.) enthüllt, und schon am nächsten Tag gab es einen Fackelzug, Pferderennen und Scheibenschießen. Endlich durfte in Salzburg wieder nach Herzenslust gefeiert werden. Aber den Salzburger Bürgern mangelte es an Geld. 1862 erschien in Leipzig das Verzeichnis sämtl. Tonwerke Mozarts, herausgegeben von Ludwig Ritter von Köchel. Schließlich traten mozartbegeisterte Sponsoren auf den Plan, und so gründete Freiherr Carl von Sterneck, der aus Wien nach Salzburg übergesiedelt war, 1870 die »Internationale Stiftung Mozarteum«, die bald weithin Resonanz finden sollte. 1877 bei einem ersten von der Internationalen Mozartstiftung veranstalteten Mozartfest konnte man die Wiener Philharmoniker und namhafte Sänger für Salzburg gewinnen. 1887 veranstaltete Salzburg zum Gedächtnis an die Uraufführung des »Don Giovanni« 1777 in Prag eine hervorragende Aufführung der Oper, die Hans Richter dirigierte. Er mahnte Salzburg an seine Verpflichtung als Mozartstadt und führte Bayreuth, die Wagnerstadt, als beispielhaft an. Seit dieser Zeit wurde das Festspielhaus geplant. 1890 beauftragte ein Aktionscomitee 2 Architekten mit der Errichtung eines Festspielhauses. Der Plan scheiterte an der Finanzierung. 1917 wurde durch die Initiative von Hugo von Hofmannsthal, Max Reinhardt und Richard Strauss, Franz Schalk und Alfred Roller hier der Verein »Salzburger Festspielhaus-Gemeinde« gegründet. 1922 folgte die feierliche Grundsteinlegung für ein Festspielhaus in Hellbrunn, ein großangelegtes Projekt, das wegen der dann folgenden Inflation nicht verwirklicht werden konnte. Erst 1926 kam es zur Erbauung des Kleinen Festspielhauses (s. Felsenreitschule) durch Clemens Holzmeister und 1960 zur Errichtung des Großen Festspielhauses. Inzwischen aber hatten die Festspiele in Salzburg längst begonnen, bei denen verschiedene Werke – aber vorrangig Mozart – aufgeführt wurden. Seit der Gründung des Mozarteums gab es regelmäßig Mozartfeste mit Konzerten und Opern im Landestheater, das 1892 mit Mozarts »La clemenza di Tito« eröffnet worden war. Seit 1920 wird alljährlich Hugo von Hofmannsthals »Jedermann« vor der grandiosen Kulisse des Doms inszeniert. Goethes »Faust« wurde als Freilichtaufführung gegeben. 1923 hatte Max Reinhardt Schauspielfestaufführungen in dem von ihm erworbenen Schloß Leopoldskron (s.d.) in Szene gesetzt. Schon hatten Wilhelm Furtwängler und Arturo Toscanini in Salzburg dirigiert, da setzte Herbert von Karajan, der gebürtige Salzburger, der seit 1956 bis zu seinem Tod 1989 die künstlerische Leitung der Festspiele übernommen hatte, 1960 gegen den Willen der eingeschworenen Mozartgemeinde die Aufführung von Richard Strauss' »Rosenkavalier« zur Eröffnung des Großen Fest-

spielhauses durch. Diese Aufführung am 26. Juli mit Lisa della Casa, Hilde Güden und Seña Jurinac in den Hauptrollen wurde ein durchschlagender Erfolg. Seither werden bei den Salzburger Festspielen neben hervorragenden Aufführungen Mozartscher Werke (es werden nicht nur Opern gegeben, sondern auch Konzerte, Sinfonien und kammermusikalische Werke in den alten, meist so reizvollen Salzburger Bauten, wie z. B. Schloß Mirabell) auch immer wieder einmal die Werke anderer Komponisten gespielt. Hier haben die berühmtesten Dirigenten der Welt den Taktstock geschwungen, die besten Regisseure hervorragende Inszenierungen gezaubert, die großartigsten Sänger auf der Bühne und im Konzert brilliert. Inzwischen war vom Mozarteum aus – zum 200. Geburtstag Mozarts am 27. Januar – die »Mozartwoche« gegründet worden, die seither jedes Jahr – mit ebenfalls ausgezeichneten Interpreten, vorrangig Mozart, aber auch die Werke seiner Zeitgenossen singen und spielen – wiederholt wird. Nach 1960 eröffnete Herbert von Karajan in eigener Regie und vollkommen selbständig die Osterfestspiele, die zu Beginn mit Wagner-Zyklen eingeleitet wurden und seither mit immer anderen Komponisten alljährlich stattfinden. Seit dem Tod Herbert von Karajans liegt die künstlerische Leitung der Sommerfestspiele in der Hand Gérard Mortiers, der neue Wege geht. Er versucht, Mozartüberlieferung und Moderne zu paaren, und er legt – ganz in der Tradition Max Reinhardts – wieder mehr Wert auch auf reines Sprechtheater während der Festspiele.

lich auf den Salzburger Plätzen aufgeführt wird. – Heute gibt es Rock- und Pop-Konzerte in Salzburg als Open-Air-Konzerte am Residenzplatz, in der Sporthalle Alpenstr. (Otto-Holzbauer-Str. 5) und im Kongreßhaus (Auerspergstr. 6).
Neben den großen Theatern möchten wir hier auch kleine, bes. profilierte Bühnen nennen.

Elisabethbühne (Plainstr. 42): Mit interessanten modernen Inszenierungen.

Felsenreitschule: Festspielbezirk: Unter Erzbischof Wolf Dietrich wurde 1606/07 für 130 Pferde der Hofmarstall gebaut, der 1672 stark erweitert wurde. Er umfaßte eine Sommer- und eine Winterreitschule. Die Winterreitschule von 1662 mit Deckenbildern von J. M. Rottmayr* und Christian Lederwasch* (dargestellt ist ein sog. Türkenstechen). Unter Ausnützung der Gegebenheiten wurde 1693 die Sommerreitschule (Felsenreitschule) angelegt, für die man eine dreigeschossige Galerieanordnung in den Mönchsberg schlug. Joh. B. Fischer von Erlach* schuf 1693/94 die nördliche Fassade des Marstalls. Sie entstand zusammen mit der ehemals auf sie ausgerichteten Pferdeschwemme. Mit der Gründung der Festspielgemeinde (vgl. Salzburg – Festspielstadt) und den damit verbundenen Plänen zur Schaffung eines Festspielhauses wurde der Hofmarstall zum Festspielgebäude. Nach zweimaligem Umbau der Winterreitschule (1924) durch E. Hütter* und (1926) durch Clemens Holzmeister* entstand das *Kleine Festspielhaus,* von dessen urspr. Ausstattung sich das Foyer mit den als »entartet« abgenommenen und nach dem Krieg wieder angebrachten Fresken von Anton Faistauer* erhalten hat. Seine heutige Form erhielt das Kleine Festspielhaus 1962/63 mit dem 1304 Plätze umfassenden Zuschauerraum. Im Zentralfoyer finden sich Werke zeitgenössischer Kunst. – Den Bau des *Großen Festspielhauses* stellte man 1960 nach Plänen von Clemens Holzmeister* fertig. Unter weitgehender Beibehaltung der Hofmarstallfassade entstand ein in den Berg hinein ausgerichteter Zuschauerraum für 2170 Sitzplätze mit einer den modernsten Ansprüchen gerechten Hauptbühne. Die Felsenreitschule wurde 1926 erstmals für eine Festspielaufführung herangezogen. Von 1968 bis 1970 erhielt sie

Marionettentheater

Anif, Wasserschloß >

nach Plänen von Clemens Holzmeister ihre heutige Gestalt.

Heckentheater →Mirabell.

Kammerspiele des Salzburger Landestheaters (Schwarzstraße 24): Vorwiegend der Pflege des zeitgenössischen Theaters dienen die Kammerspiele (137 Sitzplätze), die sich in einem Seitenflügel des Landestheaters mit eigenem Eingang befinden.

Kleines Theater (Nonntaler Hauptstr. 39b): Mit modernen Theaterstücken. In den kleinen Theatern werden auch immer wieder Gastspiele renommierter Truppen aus dem Ausland geboten.

Kleines Theater (Schallmooser Hauptstr. 50): Mit modernen Gesellschaftsstücken, Kabarett und Kindertheater.

Komödie Salzburg (Itzlinger Hauptstr. 37): Unterhaltungstheater.

Landestheater (Schwarzstr. 22): Ab 1775 stand an dieser Stelle das ehem. Ballhaus, das auch als Theater genutzt wurde und das man 1892 abbrach. Im selben Jahr wurde ein neues Theater durch Ferdinand Fellner* und Hermann Helmer* mit 742 Sitzplätzen im neubarocken Stil errichtet. 1938/39 mußte der Dekor dieses Theaters dem neuen, nüchternen Stilempfinden weichen. Die urspr. Fassade fiel dem Ausbau der Straße zum Opfer. Heute werden hier ganzjährig vor allem klassische Opern und Schauspiele aufgeführt.

Marionettentheater (Schwarzstraße 24): Ebenfalls im Gebäude des Landestheaters, aber an dessen Ende, findet sich der Eingang zu dem weltberühmten Salzburger Marionettentheater, das mit seinen zauberhaften Figuren Schauspiele, Ballette, ganze Opern – vor allem natürlich Mozart-Opern – in märchenhafter Schönheit vorführt.
Gegründet wurde das Theater 1913 von

Schloß Hellbrunn

Anton Aicher – inzwischen hat heute bereits die 3. Generation der Familie Aicher die Leitung dieses mit ausgezeichneten Mitteln und hervorragendem Können bespielten Marionettentheaters, das z. T. mit der Musik der Festspielaufführungen arbeitet, übernommen. Das Marionettentheater mit 340 Sitzplätzen ist von Ostern bis Ende September und in der Weihnachtszeit in Betrieb.

Puppentheater (Itzlinger Hauptstr. 37): Märchenvorstellungen für Kinder.

Steintheater (s. Hellbrunn).

Szene (Anton-Neumayer-Platz 2): Mit zeitgenössischem Theater, Tanz und experimentellen Musikprojekten von internationalem Rang.

Theater am Mirabellplatz (TOI-Haus, Hubert-Sattler-Gasse 3): Anspruchsvolles literarisches Theater.

UMGEBUNG

Anif (6 km s): *Pfarrkirche St. Oswald:* Die 1969 durchgreifend renovierte, im 19. Jh. errichtete Kirche mit markantem spätromanischem Turm besitzt eine aus Einzelwerken des 17.–20. Jh. zusammengestellte Ausstattung. – *Wasserschloß:* Die reizvoll gelegene Anlage war 1683 bis 1814 Sommerresidenz der Fürstbischöfe von Chiemsee. Der bestehende, einer mittelalterlichen Burg ähnliche, elegant und verspielt wirkende Baukomplex mit die natürliche Umgebung einbeziehendem Landschaftspark wurde 1838 bis 1848 im Auftrag von Alois Graf Arco Steppberg errichtet und stellt ein besonders gutes Beispiel für den dem damaligen Zeitgeschmack entsprechenden romantischen Baustil dar. Schloß und Park sind heute Privatbesitz.
Gois (6 km sw): *Filialkirche des hl. Jakobus d. Ä.:* Die schlichte spätgotische Kir-

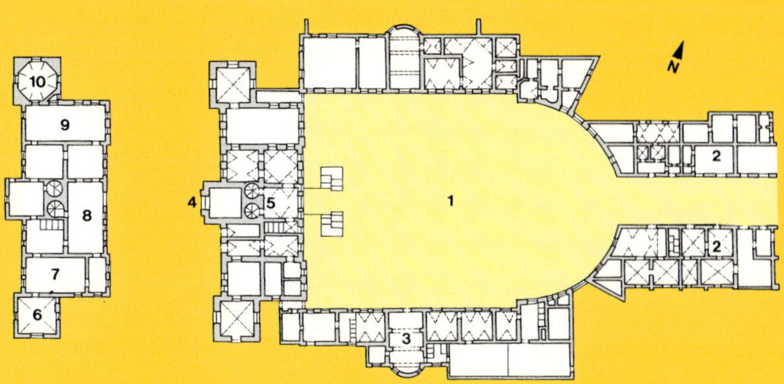

1. Obergeschoß Erdgeschoß

che, in der sich Fragmente spätgotischer Wandfresken erhalten haben, besitzt eine einheitliche neugotische Ausstattung vom Beginn des 20. Jh.

Schloß Hellbrunn (4 km s): Die unmittelbar am s Stadtrand gelegene Anlage ist das bedeutendste, weitgehend ursprünglich erhaltene Beispiel für ein Lustschloß des ausgehenden Manierismus n der Alpen. Bei der Errichtung der im 18. Jh. durch einen Englischen Garten erweiterten Anlage richtete sich Dombaumeister Santino Solari* 1613–1615 weitgehend nach den Plänen des Bauherrn, Erzbischof Markus Sittikus von Hohenems. Dieser wiederum orientierte sich an den Villen in Frascati und Tivoli bei Rom und an den venezianischen Villen der terra ferma. Typisch für den Manierismus ist, daß das Schloß und der Garten nicht durch ein gemeinsames Achsensystem zu einer einheitlichen Anlage zusammengefaßt wurden. Vor der Hauptfassade des über rechteckigem Grundriß errichteten zweigeschossigen

Schloß Hellbrunn 1 Ehrenhof **2** Wirtschaftsgebäude **3** Schloßkapelle **4** Gartenfassade **5** Vestibül **6** Tapetenzimmer **7** Antecamera **8** Speisesaal **9** Festsaal **10** Musikzimmer (Oktogon)

Schloßbaus liegt der durch die seitlich angrenzenden Wirtschaftsgebäude gebildete Ehrenhof, die Gartenfassade gliedert sich in einen Mittelrisalit und turmartig vorspringende Eckrisalite. Von der ursprünglichen Ausstattung blieb kaum etwas erhalten. Besondere Erwähnung verdienen die Wandmalereien im Festsaal (von gemalter Scheinarchitektur gerahmte Darstellungen römischer Kaiser und Straßenszenen) und im Musikzimmer (Oktogon) von Arsenio Mascagni*. Im Speisesaal fallen ein 1608 von Friedrich Strobl gefertigter Ofen und ein von Mascagni gemaltes Porträt von Markus Sittikus auf. Die *Wasserspiele* im mit Skulpturen von S. Solari, Hans Waldburger* und B. Permoser* geschmückten Lustgarten zählen zu den Hauptattrak-

Schloß Hellbrunn, Neptunbrunnen

Schloß Hellbrunn, Festsaal, Wandmalereien

Schloß Hellbrunn, Mechanisches Theater

Schloß Kleßheim

Schloß Hellbrunn, Wasserspiele

tionen Salzburgs. Zu den fünf Wasserautomaten kam 1747 bis 1753 noch das mit 256 Holzfiguren ausgestattete *Mechanische Theater.* Das aus einem Steinbruch gestaltete *Steintheater,* auf dessen Bühne vermutlich die erste Opernaufführung n der Alpen stattfand, gilt als das erste Freilichttheater n der Alpen. Das auf dem Hellbrunner Berg gelegene *Monatsschlößchen* wurde angeblich von Markus Sittikus im Rahmen einer Wette in nur einem Monat errichtet und beherbergt heute das Volkskundemuseum (siehe Salzburg, Museen). Der im ehem. Hirschgarten befindliche *Zoo* zieht ebenfalls viele Besucher an.

Himmelreich (4 km w): Auf den Feldern außerhalb des Ortes wurden Überreste eines großen *römischen Gutshofs* freigelegt.

Schloß Kleßheim (5 km nw): Das ehem. Gästehaus Adolf Hitlers und heutige Gästehaus der Salzburger Landesregierung entstand 1700–1709 nach Plänen Johann Bernhard Fischer von Erlachs* als Lustschloß für Erzbischof Johann Ernst Graf Thun nach dem Vorbild oberitalienischer Residenzen, konnte aber, da aus klimatischen Gründen mehrere Veränderungen nötig waren, erst 1732 unter Erzbischof Leopold von Firmian vollendet und bezogen werden. Vorbei an symmetrisch angelegten Rabatten gelangt man zur von je zwei Paaren liegender Hirsche bewachten Auffahrtsrampe, die zum in drei hohen Bögen geöffneten oberen Geschoß des zweigeschossigen Terrassenvorbaus hinaufführt. Die Seitenflügel sind schlicht und schmucklos, den mittleren Teil des leicht zurückgesetzten, etwas höheren Mittelteils schmücken korinthische Säulen, Skulpturen und das Wappen von Bischof Firmian. Die Terrasse an der Rückfront wurde von Hitler angebaut. An der Stuckierung und Ausmalung der streng symmetrisch zur Hauptachse angelegten Innenräume waren vor allem italienische Meister beteiligt.
Das im Park n des Schlosses gelegene, originelle *Hoyos-Schlößchen* mit aus drei Ovalen und drei Quadraten gebildeten, an eine geöffnete Blüte erinnernden Grundriß entstand 1694 nach Plänen Fischer von Erlachs*.

Siezenheim (4 km w): *Pfarrkirche Mariä Geburt:* Die spätgotische Saalkirche mit von einer barocken Zwiebel gekröntem Turm besitzt barocke Altäre und eine Kanzel aus dem frühen 20. Jh. Die bei Renovierungsarbeiten freigelegten Wandmalereien entstammen dem späten 15. und dem frühen 17. Jh.

Wals (6 km w): *Pfarrkirche St. Georg:* Der Bau vereint romanische, gotische, barocke und neuromanische Stilelemente und besitzt eine großenteils neuromanische Ausstattung aus der Mitte des 19. Jh.

Salzburger Kalender

Besonderes Brauchtum soll hier aufgezählt werden, Theater, Konzerte, Festspiele. Neben den zahlreichen, immer wechselnden Schauspiel-, Opern- und Konzertaufführungen gibt es die ganzjährigen Veranstaltungen, die in verschiedenen Gebäuden Salzburgs stattfinden (siehe auch die Kapitel »Theater« und »Festspiele«): die Mozart-Serenaden im Mozarteum z.B., die Salzburger Schloßkonzerte in Mirabell und der Residenz und die Festungskonzerte (außer einer Pause im Februar) im Wappensaal und Fürstenzimmer der Festung Hohensalzburg – ebenso wie die Sonntagsmatineen in Schloß Mirabell.

Januar:
Der Auftakt sind die Neujahrskonzerte im Dom, im Mozarteum, in der Universität, in der Festung und in Mirabell.
Anfang Januar gibt es das Sternsingen, den Perchtenlauf, Glöcklerlauf und das Aperschnalzen in verschiedenen kleinen Gemeinden rund um Salzburg. In Rauris findet der Schnabelperchtenlauf statt.
Am 6.1. wird in Annaberg und Faistenau das Dreikönigslaufen vorgeführt.
Ende Januar beginnt die »Mozartwoche« mit verschiedenen Konzerten und Ausstellungen zum Thema »Mozart«.
Am 30.1. wird das Rupertigau-Preis-Schnalzen veranstaltet.

Februar:
Mitte Februar wird im Hof der Erzabtei St. Peter in Begleitung einer Trachtenmusikkapelle der traditionelle »Metzgersprung« abgehalten. Zur selben Zeit findet das Sautrogrennen in Saalbach-Hinterglemm statt, und in Mühlbach wird das Winterdorffest gefeiert.

März:
Zum Frühlingsbeginn, am 21. März, findet in Kaprun das öffentliche Schnalzen mit der Peitschengruppe statt.
Zur Passionszeit gibt es am Nachmittag das stimmungsvolle Salzburger Passionssingen im Dom. Am Palmsonntag wird vielerorts die Palmbuschweihe vorgenommen und dazu Prozessionen. Ende März werden die Salzburger Osterfestspiele eröffnet (siehe auch »Festspiele«). Im Rahmen dieser Festspiele gibt es auch Wettbewerbe, z.B. für Komposition, bildende Kunst und Literatur oder aber einen Wettbewerb für Instrumentalisten, bei dem hohe Anforderungen gestellt werden.

April:
An Ostern wird noch vielerorts die Weihe des Osterfeuers öffentlich vorgenommen. In den Kirchen, wie z.B. der Franziskanerkirche, wird die Auferstehung mit Orgelmusik noch bildhaft gefeiert. Überall gibt es österliche Festkonzerte. Die »Mozart-Kirchenkonzerte« in Salzburg finden an Ostern und von Juli bis September statt. Am 23. und 24.4. wird mancherorts, wie z.B. in Thomatal, der sog. Georgiritt mit Pferden und Kostümen nachvollzogen, und Kirchen und die Felder (Fluren) werden geweiht.
Ende April oder Anfang Mai gibt es in Salzburg in der großen Aula der Universität das sog. »Frühlingssingen«, in der Umgebung, z.B. in Saalfelden, wird das Frühjahr mit Volkstänzen begrüßt.

Mai:
Am 1. Mai werden überall Maibäume aufgestellt, so auch im Freilichtmuseum Großgmain.
Zu Christi Himmelfahrt gibt es Festkonzerte, z. B. im Dom.
In Mirabell werden im Mai, Juni und Juli »Leuchtbrunnenkonzerte« veranstaltet, und in Hellbrunn gibt es Musik mit nächtlicher Führung durch die Wasserspiele. Herbert von Karajan gründete die Pfingstkonzerte, die alljährlich während der Pfingsttage unter Teilnahme hervorragender Orchester und Dirigenten in festlichem Rahmen stattfinden.

Juni:
Ende Mai, Anfang Juni wird die Sommersonnwende auf der Salzach und in vielen Umgebungsorten gefeiert.
Im Juni und Juli kann man im Heckentheater von Mirabell die Vorführung heimischen Brauchtums durch Salzburger Brauchtumsgruppen sehen. Es gibt Volksmusikabende in alten Salzburger Gaststätten wie dem Augustiner-Bräu in Mülln oder dem Bräu-Stübl in der Augustinergasse 4, wo jeden Dienstag und Freitag von Juni bis September Salzburger Volksmusik zum Klingen gebracht wird. Salzburger Operettenkonzerte werden von Juni bis September im Kapitelsaal der Residenz jeden Donnerstag um 20.30 Uhr von Gesangssolisten, Ballett und Salonorchester zum besten gegeben.
Ende Juni gibt es das Prangstangentragen und Samsonumzüge, z. B. in Mülln.

Juli:
Am 3. 7. wird in Obertauern Prangtag gefeiert.
Vom 1. Juli bis Ende September gibt es die Fünf-Uhr-Konzerte im Zentrum von Salzburg, und zwar – fast täglich – in der Johann-Michael-Haydn-Gedenkstätte, die über den Westhof von St. Peter zu erreichen ist.
Im Juli und August finden auch die Mozart-Matineen – Kammermusikkonzerte – Montag bis Freitag, jeweils 12.15 Uhr, im Gloriensaal der Neuen Residenz statt.
Am 16. 7. wird in Zell ein Seefest gefeiert.
Ende Juli weitere Seefeste in Strobl und Henndorf, am 23. 7. die Jakobihoagascht in Kaprun und Ende Juli das Schaffest mit Bergmesse auf der Fürthermoaalm in Pisendorf. Ende Juli beginnt die Internationale Malerwoche in Hallersbach.
Die Mozart-Kirchenkonzerte werden von Juli bis September in der Kollegienkirche aufgeführt. – Im Juli und August finden Internationale Orgelwochen in der Pfarrkirche St. Blasius und in der Stiftskirche St. Peter statt. Internationale Salzburger Orgelkonzerte kommen im Juli und August in der Franziskanerkirche zur Aufführung.
Im Juli und August gibt es Opern, Schauspiele, Rezitationen, Kammermusik, Feuerwerk und ein Fest für Kinder im Schloßpark von Hellbrunn.
Ende Juli schließlich beginnen die berühmten Salzburger →Festspiele, die bis Ende August dauern. Zur Eröffnung wird ein Bindertanz vorgeführt.

August:
Höhepunkte der Salzburger Festspiele, die das interessierte Publikum der ganzen Welt anziehen, im Großen und Kleinen Festspielhaus und anderen entsprechenden Räumlichkeiten. Daneben bestehen weiter die Fünf-Uhr-Konzerte in der Joh.-Michael-Haydn-Gedenkstätte, die Salzburger Mozart-Serenaden im Gotischen Saal, im Mozarteum und in Hellbrunn, die Salzburger Festungskon-

zerte – mit Mozart-Konzerten im Wappensaal –, die Sonntags-Matineen im Schloß Mirabell, die Mozart-Matineen in der Residenz, die Mozart-Kirchenkonzerte, Salzburger Schloßkonzerte, Orgelkonzerte, Volksmusik-Abende – also Musik ohne Ende, erstklassige Musik mit den bedeutendsten Künstlern der Welt und vor allem – immer wieder Mozart.
Anfang August veranstaltet das Oberndorfer Schifferschützenkorps ein Schifferstechen auf der Salzach.
Es gibt Brauchtumsveranstaltungen im Heckentheater und Leuchtbrunnenkonzerte in Schloß Mirabell, Feste in Hellbrunn und neben zahlreichen anderen Theateraufführungen Hoffmannsthals »Jedermann« auf dem Domplatz und Straßentheater.

September:
Anfang September wird das Erntedankfest im Dom zelebriert. Almabtriebe und Bergmessen werden in der Salzburger Umgebung feierlich begangen.
Die Festspiele sind zu Ende. Aber noch gibt es neben Theateraufführungen zahlreiche Konzerte. Bis September finden die Fünf-Uhr-Konzerte im Zentrum und die Mozart-Kirchenkonzerte in der Kollegienkirche statt. Weiter laufen die Volksmusikabende, die Schloßkonzerte, die Mozart-Serenaden, die Sonntags-Matineen und Operettenkonzerte.
Ab dem 21. September wird Rupertikirtag als Kirchweihfest im und um den Salzburger Dom gefeiert. Am 24. September findet das Rupertischießen der Festungspranger-Stutzenschützen auf der Festung statt.

Oktober:
Im Oktober wurde es früher etwas ruhiger in Salzburg. Neben den ganzjährigen Schloßkonzerten, Serenaden und Sonntags-Matineen in Mirabell beginnt jedoch ab Oktober wieder die Konzertsaison im Mozarteum, die bis Juni läuft. Und von Mitte bis Ende Oktober gibt es seit 1972 die sog. Salzburger »Kulturtage«, die durch die Internationale Stiftung Mozarteum, das Landestheater, die Salzburger Kulturvereinigung und durch Konzertdirektionen veranstaltet werden. Zur Aufführung gelangen erstklassige Konzerte, Opern und Ballette in- und ausländischer Künstler. Die Eintrittspreise sind erschwinglicher als die für die Salzburger Festspiele, weshalb die Kulturtage auch als »Festspiele für jedermann« bezeichnet werden.

November:
Im November haben die Theater neben den ganzjährigen Konzerten Hochsaison, und die zweite Monatshälfte steht schon im Vorzeichen der herannahenden Adventszeit, die in Salzburg ganz besonders intensiv gefeiert wird. Im Kongreßhaus wird der »Kathreintanz« abgehalten. Der »Christkönigssonntag« wird im Dom zelebriert.
Ab Ende November beginnt an den Wochenenden von Freitag bis Sonntag im Großen Festspielhaus – Veranstalter ist das Salzburger Heimatwerk – das »Salzburger Adventssingen«, in Zusammenstellung von Volksmusik – Geschichtenerzählen – Vortrag – Hirtenspielen, Chor und Solo von Kindern und Erwachsenen, das – ganz in der Salzburger volkstümlichen Tradition verhaftet – so gekonnt und zugleich so stimmungsvoll vorgeführt wird, daß es inzwischen weltberühmt wurde. Adventssingen und Hirtenspiele veranstaltet man auch vor dem Dom.
Ende November gibt es eine festliche Eröffnungsfeier für den Salzburger Christkindlmarkt auf dem Domplatz. Ein weiterer Weihnachtsmarkt mit Kunst-

handwerk und den Handwerkern, denen man dort bei der Arbeit zusehen kann, dazu Weihnachtslieder und Blasmusik, wird auf dem Mirabellplatz aufgebaut.
Bei den Kirchenkonzerten gibt es ab jetzt Advents- und Weihnachtskonzerte, und Volksmusik wird bei Kerzenlicht von nun an auch im Rahmen der Salzburger Mozart-Serenaden im Gotischen Saal in der Bürgerspitalgasse 2 gespielt.

Dezember:
Salzburg steht ganz unter dem Vorzeichen »Weihnachten«.
Christkindlmärkte, Salzburger Adventssingen, Salzburger Kirchen- und Schloßkonzerte, Festungskonzerte, Mozart-Serenaden, alles steigert sich neben rein klassischer Musik bis zum 24. Dezember mit stimmungsvollen Aufführungen zum Advent oft bei Kerzenlicht, und manchmal wird dabei klassische mit Volksmusik gemischt dargeboten. Da gibt es den »Alpenländischen Advent« im Mozarteum und das »kleine Adventssingen in Salzburg« im Kulturzentrum Vereinshaus Gnigl, bei dem alte Volksbräuche wieder lebendig werden, da geht man in die »Feierlichen Adventsstunden« im Barocksaal des Stiftskellers St. Peter, bei denen Lyrik neben klassischer Musik vorgetragen wird, da hört man in der Großen Aula der Alten Universität (Universitätsplatz 1) Lyrik, Vokal- und Instrumentalmusik zur Vorweihnachtszeit im »Gang durch den Advent«, oder man schaut sich in der Kollegienkirche ein Theaterstück zum Advent an, das mit alter Salzburger Volksmusik präsentiert wird. Im Sacellum der Alten Universität gibt es Mozart zur Vorweihnachtszeit. Öffentliche Umzüge werden z. B. beim »Itzlinger Höllenlauf« veranstaltet, bei dem Krampusse, die noch heidnischen Perchten und dazu der Nikolaus auftreten. Der christliche Nikolaus, der zusammen mit dem zottigen Krampus und den »schiachen Perchten« umherzieht, ist auch in der Salzburger Umgebung noch lebendig. Vom heidnischen Brauchtum haben sich noch die »Wilde Jagd am Untersberg« erhalten und die Umzüge in den Rauhnächten sowie das »Weihnachtsanschießen«, das die Schützenkompanien der Stadt am 24. Dezember ausführen.
Bäuerliche Stubenmusi, Bläserensembles, Drei- und Viergesang nach alter Tradition, »Anklöckeln« (»Anklopfen«), ein ursprünglich heidnischer Brauch, der später christlich umgedeutet wurde, um die Ankunft des Christkinds zu verkünden, gibt es in Pfarrzentren, Kirchen, Wirtshäusern und Bauernstuben. Besonders festlich ist das »Turmblasen« vom Residenzplatz und das »Weihnachtsblasen« am 24. 12. vor der Festung.
Die Christmetten im Dom, in der Franziskanerkirche sowie in der Wallfahrtskirche Maria Plain sind besonders stimmungsvoll. Weihnachtliche Festkonzerte mit Meisterinterpreten gibt es neben festlichen Theatervorstellungen bis zu den Gala-Aufführungen in der Silvesternacht.
Das »Neujahrs-Sternschießen« von den Stadtbergen mit Prangerstutzen und Weihnachtsschützen der Bürgergarde beenden das Salzburger Jahr.

Salzburger Land

A-5441 Abtenau

Einw.: 5300 Höhe: 712 m S. 255 □ E 3

Die Marktgemeinde liegt in einem von Wäldern eingerahmten Becken am NO-Abfall des Tennengebirges an der »Salzburger Dolomitenstraße«. Der 977 erstmals urkundlich erwähnte Ort wurde 1124 von Erzbischof Konrad I. an St. Peter in Salzburg übergeben, das hier auch heute noch Pfarrechte innehat, und besitzt seit 1507 Marktrechte. Am weitgehend in seinem ursprünglichen Charakter erhalten gebliebenen Marktplatz erhebt sich die Pfarrkirche mit steilem Satteldach und spitz behelmtem, schlankem Fassadenturm.

Pfarrkirche St. Blasius: Für das Gotteshaus sind die Weihedaten 1501 und 1511 überliefert. Das dreijochige Langhaus, ein behäbig wirkender Wandpfeilerbau mit Sterngewölbe, schließt sich an die langgestreckte, von einem Netzgewölbe überspannte Chorpartie an. Um 1660, zur Zeit des Frühbarock, wurde die got. Kapelle an der N-Seite zum Seitenschiff ausgebaut. Die Skulpturen am prächtigen *Hochaltar* (1684) und an den beiden *Seitenaltären* (1702 und 1705) schuf Simeon Fries*. Vom ehem., von Andreas Lackner* geschnitzten und von Ulrich Bocksberger* mit Malereien versehenen Hochaltar von 1518 blieben nur noch die ursprünglichen spätgot. Schreinwärter St. Georg und St. Florian als Konsolfiguren im Langhaus erhalten. Sie gehören zusammen mit den in die österr. Galerie nach Wien verbrachten Schreinfiguren zu den Hauptwerken der Schnitzkunst der Donauschule. Die *Wandmalereien* im Mittelschiff stammen aus dem späten 16. Jh., das Fresko an der n Chorwand (Fragment eines Sakramentshäuschens) ist spätgot. Die Statue des *Christkinds* (um 1625) am n Triumphbogenpfeiler ist vermutlich ein Werk Hans Waldenburgers*. Beachtung verdienen ferner mehrere *Grabplatten* des 16. bis 18. Jh.

Außerdem sehenswert: Der Mitte des 18. Jh. errichtete *Pfarrhof* mit einer Sammlung von Porträts von Äbten des Stifts St. Peter aus dem 18. und 19. Jh.

Abtenau, Pfarrkirche St. Blasius

Abtenau, St. Blasius, Seitenaltar (l)

Umgebung

Annaberg im Lammertal (12 km sö): *Pfarrkirche St. Anna:* Der schlichte Barockbau von 1752 birgt eine aus der Erbauungszeit stammende Ausstattung, von der der Hochaltar u. die Kanzel bes. Erwähnung verdienen. In der *Friedhofskapelle* aus dem späten 18. Jh. befinden sich Skulpturen von Hans Waldenburger* bzw. aus seiner Werkstatt. Das *Heimatmuseum* im Gererhof informiert über Brauchtum u. Gewerbe in der Region.
Lungötz (16 km sö): *Filialkirche der Hll. Vinzenz und Josef:* Die Kirche wurde 1964/65 errichtet und ausgestattet.
Mühlrain (2 km nw): *Filialkirche St. Maria:* Der kleine, 1686 errichtete Barockbau birgt eine schöne Ausstattung aus der Erbauungszeit.
Rußbach am Paß Gschütt (12 km nö): *Pfarrkirche Hl. Kreuz:* Die Mitte des 19. Jh. erbaute Kirche besitzt eine Ausstattung aus dem 17.–19. Jh.

A-5541 Altenmarkt im Pongau

Einw.: 3000	Höhe: 856 m	S. 259 □ E 3

Die im Ennstal am Eingang ins Zauchtal gelegene Ortschaft blickt auf eine lange Geschichte zurück. Bereits die Römer gründeten hier an der alten Verbindungsstraße nach N eine Raststation mit Namen Ani, abgeleitet von Anisus, der lat. Bezeichnung für die Enns. Der Name Rastat (Radstat) bezeichnete bereits 1074 den Sitz eines Pfarrers und ging im 13. Jh. auf die vom Landesherrn neu gegründete Stadt (→ Radstadt) über. Die Ortschaft hieß zunächst Altenradstadt und später dann Altenmarkt.

Dekanatspfarrkirche Unserer Lieben Frau Geburt: Der bestehende, in der für den Raum Salzburg äußerst seltenen Form einer dreischiffigen Basilika gestaltete Bau wurde 1390–1400 unter Einbeziehung von Elementen des ro-

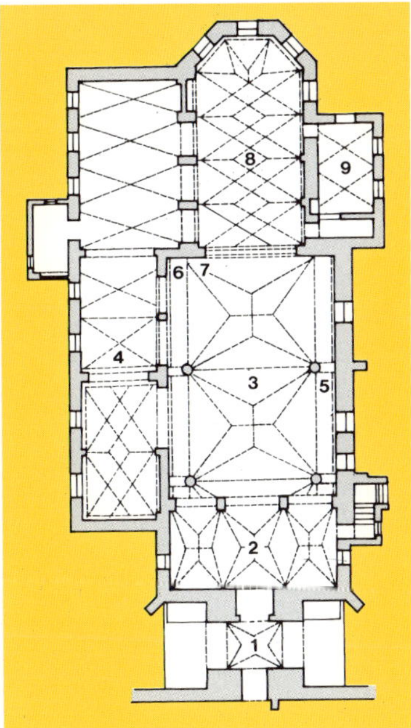

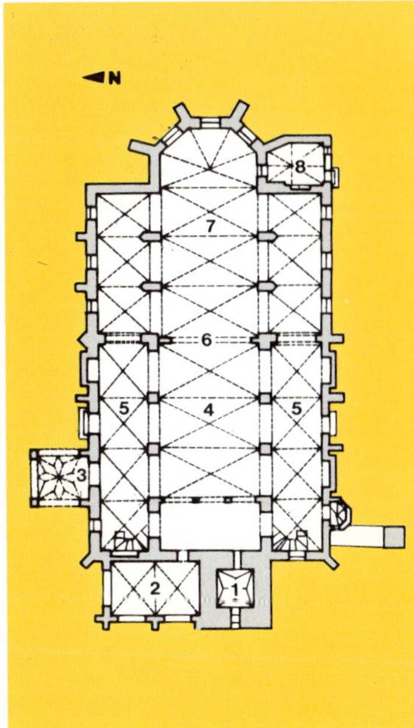

Abtenau, St. Blasius **1** Turm, Eingangsportal **2** Empore **3** Mittelschiff **4** Seitenschiff mit (w) Kapelle **5** Wandmalereien im Mittelschiff **6** Seitenaltar **7** Christkind-Statue **8** Chor mit Hochaltar und Fresko (n Wand) **9** Sakristei

Altenmarkt, Unserer Lieben Frau Geburt **1** Westturm **2** Vorhalle, Kriegergedächtnisstätte mit Pietà **3** Verbindungsgang zur Annakapelle **4** Langhaus **5** Seitenschiffe **6** Chorbogen **7** Chorraum, Hochaltar, l Seitenaltar mit »Schöner Madonna von Altenmarkt« **8** Sakristei

man. Vorgängers errichtet, 1418 geweiht und 1867–1875 renoviert und regotisiert. 1762 erhielt der Turm mit einer von einem Sternrippengewölbe überspannten Turmhalle das barocke Glockengeschoß und die Doppelzwiebel. Die zweijochige got. Vorhalle dient heute als *Kriegergedächtniskapelle.* Das 1394 entstandene Original der hier befindlichen steinernen Pieta kann im Pfarrhof besichtigt werden. Bedeutendstes Stück der weitgehend modernen Ausstattung ist die Kopie der sog. *Schönen Madonna von Altenmarkt* auf dem l Seitenaltar. Das um 1394 aus Kalkstein gefertigte Original gilt als bes. schönes Beispiel für den um 1400 üblichen »weichen Stil«; die fein gearbeiteten edlen Gesichtszüge der Marienstatue lassen vermuten, daß es sich um ein Werk der Prager Hofkunst handelt. Ein von einem got. Sternrippengewölbe überspannter zweigeschossiger Verbindungsgang führt von der Kirche zur Annakapelle.

Annakapelle: Wie aus Ablaßbriefen hervorgeht, wurde der achtseitige Bau mit reizvollem kleinem Chor 1395 als *Karner* errichtet und stellt somit eines der wenigen erhaltenen Beispiele für Bauten seiner Art im Raum Salzburg dar. Im heute als *Taufkapelle* dienenden Inneren befindet sich der aus der Kirche hierher verbrachte got. *Marmortaufstein* aus dem 15. Jh. mit Aufsatz aus dem 19. Jh.

Filzmoos (Altenmarkt), Pfarrkirche Hll. Petrus und Paulus

Heimatmuseum: Die sehenswerte Sammlung informiert über Volkskunst, Brauchtum und Kultur der Region.

Umgebung

Eben im Pongau (5 km nw): *Pfarrkirche St. Maria:* Der 1951 errichtete Bau besitzt eine moderne Ausstattung. – *Rathaus:* Hierbei handelt es sich um den ehem. Pongauer Verwaltungssitz des Stifts Admont.
Filzmoos (17 km nö): Die idyllisch gelegene Gemeinde wurde vor allem als Wallfahrtsort bekannt. *Pfarrkirche der Hll. Petrus und Paulus:* In der got. Kirche, in der sich Fresken aus spätgot. Zeit erhalten haben, wird in einem Glasschrein das Gnadenbild, das sog. *Filzmooser Kindl,* eine von einem Strahlenkranz umgebene got. Statue eines bekleideten Jesuskindes aus dem 15. Jh., aufbewahrt.

Flachau (7 km sw): Der malerisch zu Füßen der Radstädter Tauern gelegene Ort war vom Spätmittelalter bis 1866 Sitz einer Eisenschmelzhütte mit Hammerwerk. – *Pfarrkirche zur Unbefleckten Empfängnis:* Der einschiffige Barockbau entstand 1719–1722. Von der barocken Ausstattung verdient der *Marmorhochaltar* (1722) mit dem von Johann Michael Rottmayr* gemalten Altarblatt (Immaculata) bes. Erwähnung.

A-5102 Anthering

Einw.: 2680	Höhe: 422 m	S. 255 □ D 2

Der kleine Ort ist ein beliebtes Naherholungsziel der Salzburger.

Pfarrkirche Mariä Himmelfahrt: Die spätgot. Wandpfeilerkirche mit barock erhöhtem Turm erhebt sich im Zentrum der Ortschaft. Bei Grabungen stieß man

1983 auf Überreste von insgesamt drei Vorgängerbauten aus dem 8.–13. Jh. Die Innenräume überspannen schöne got. Gewölbe, in deren Zwickeln teilweise *spätgot. Malereien* freigelegt werden konnten. Die Ausstattung ist im wesentlichen neugotisch. Erwähnung verdienen eine *Madonna mit Kind* aus dem späten 15. Jh. und zwei *Priestergrabsteine* aus dem 15. und 16. Jh.

Anthering, Pfarrkirche Mariä Himmelfahrt

B

A-5640 Badgastein

Einw.: 5660	Höhe: 840–1200 m	S. 258 □ D 4

Das größte Heilbad Österreichs kann auf eine lange Geschichte zurückblicken. Archäologische Funde beweisen, daß das Gasteiner Tal bereits in prähistorischer Zeit besiedelt war. Von der Mitte des 15. bis zur Mitte des 16. Jh. wurden in der Region Edelmetalle abgebaut, die Thermalquellen, denen die Gemeinde ihren heutigen Wohlstand verdankt, waren bereits im 14. Jh. bekannt. Erste Höhepunkte in der Geschichte Badgasteins brachte die zweite Hälfte des 15. Jh. und das 16. Jh., als Mitglieder verschiedener eur. Fürstenhäuser wie Habsburg und Wittelsbach hier als Kurgäste weilten. Ein weiterer Aufschwung erfolgte ab dem Ende des 18. Jh., wirkliche Berühmtheit aber erlangte der Ort erst ab der Mitte des 19. Jh., als die Infrastruktur verbessert wurde (1875 Verlängerung der Eisenbahnlinie bis zum Taleingang) und berühmte dt. Besucher wie Kaiser Wilhelm I., Otto von Bismarck und Graf von Moltke Badgastein zum Schauplatz historisch bedeutender Verhandlungen machten (1865 Gasteiner Konvention zwischen Österreich und Preußen, 1879 Verhandlungen zum deutsch-österr. Bündnis sowie Vorverhandlungen zwischen Preußen und dem Vatikan zur Beilegung des Kulturkampfes). Während dieser Zeit entstanden zahlreiche vornehme Hotels, die später restauriert und modernisiert wurden. 1905 erfolgte die Anbindung Badgasteins an die Tauernbahn.

Heute gleicht der Kurort, der auch als internationales Wintersportzentrum und als Kongreßzentrum bekannt ist, eher einer größeren Stadt, deren Gebäude sich vom Tal bis hinauf zu den Bergwäldern ziehen und im krassen Gegensatz zur schroffen Landschaft und dem mitten durch das Ortsgebiet tosenden Wasserfall stehen.

< *Badgastein, Filialkirche St. Nikolaus, Fresken*

Blick auf Badgastein

Pfarrkirche der Hll. Primus und Felizian: Der bestehende neugotische Bau entstand 1866–1876 anstelle eines barocken Vorgängers aus dem frühen 18. Jh. Von der Ausstattung verdient lediglich die im modernen Hochaltar befindliche, aus Bühel stammende *gotische Madonna mit Kind* Beachtung, die ein schönes Beispiel für die Salzburger Holzschnitzkunst um die Mitte des 15. Jh. darstellt.

Filialkirche St. Nikolaus: Im Anfang des 15. Jh. errichteten, als Einstützenraum mit Sternrippengewölbe gestalteten Langhaus und im ebenfalls von einem Sternrippengewölbe überspannten, eingezogenen Chor aus dem späten 15. oder frühen 16. Jh. deckte man bei Restaurierungsarbeiten 1893 und 1950–1952 sehenswerte spätgotische Fresken auf. Die *Chorfresken* (u. a. Nikolauslegende, Schutzmantelmadonna, Engel und Heilige) entstanden um 1480 und werden dem »Meister von Schöder« zugeschrieben. Die 1517 datierten Langhausfresken zeigen u. a. Szenen aus der Passion, Auferstehung und Himmelfahrt Christi (N-Wand), Jüngstes Gericht und Stifter (S-Wand). Die gotische Marmorkanzel entstand um 1500, die übrige Ausstattung, zu der auch zahlreiche Epitaphe (16. bis frühes 19. Jh.) gehören, stammt aus der Zeit des Barock.

Außerdem sehenswert: *Badeschloß:* Das im Zentrum gelegene Gebäude wurde 1791 nach Plänen von Wolfgang Hagenauer* errichtet und 1857 grundlegend verändert. – *Gasteiner Museum* (Haus Austria) mit interessanter Ausstellung zur Entwicklung des Kurorts. – Zahlreiche imposante *Häuser aus dem 19. Jh.* – *Gletschermühlen* (in den verschiedenen Ortsteilen). – *Wasserfall.*

Umgebung

Böckstein (4 km sw): Die ehem. *Bergarbeitersiedlung* des einstigen Zentrums des regionalen Goldbergbaus wurde restauriert und ist heute *Freilichtmuseum.* *Pfarr- und Wallfahrtskirche zu Unserer Lieben Frau vom guten Rat:* Der Zentralbau wurde 1764–1767 nach Plänen von Wolfgang Hagenauer* errichtet und stellt eines der bedeutendsten Beispiele des Frühklassizismus im Salzburger Land dar. Im kühl und nüchtern wirkenden Innenraum kommt das 1765 von Johann Weiß* gemalte Kuppelfresko, das die Überführung des legendären Gnadenbildes »Maria vom guten Rat« aus dem albanischen Skutari ins italienische Genazzano zeigt, besonders gut zur Geltung. Der vom Hofbildhauer Johann Baptist Hagenauer geschaffene frühklassizistische Hochaltar rahmt das von seiner Frau Rosa, einer geborenen Barduzzi, gemalte Altarblatt, eine Kopie des Gnadenbildes von Genazzano.

A-5101 Bergheim

Einw.: 4620	Höhe: 439 m	S. 255 □ D 2

Ausgrabungen haben gezeigt, daß das Gebiet bereits in vor- und frühgeschichtlicher Zeit besiedelt war. Der reizvoll, unmittelbar vor den Toren Salzburgs am Hang des Plainbergs gelegene Ort verdankt seine Berühmtheit der Wallfahrtskirche Maria Plain (siehe Umgebung).

Pfarrkirche St. Georg: Der bestehende einschiffige Barockbau entstand 1695, der gotische Turm wurde 1798 barock erhöht. Bei der Ausstattung der Kirche in der ersten Hälfte des 18. Jh. wirkten so berühmte Künstler wie der Bildhauer Simeon Fries* und der Maler Johann Friedrich Pereth* mit.

Außerdem sehenswert: *Laurentiuskapelle:* Der kleine, 1520 geweihte spätgotische Bau besitzt eine barocke Ausstattung aus dem 17. und 18. Jh. und ist heute Kriegergedächtnisstätte. – *Dechanthof:* Der imposante Barockbau entstand im 18. Jh.

Umgebung

Wallfahrtskirche Maria Plain (1,5 km ö): Bereits 1657 ließ Erzbischof Guidobald Thun für das während des Dreißigjährigen Krieges beim Brand der niederbayerischen Stadt Regen verschont gebliebe-

Badgastein, St. Nikolaus, Fresken

Badgastein, St. Nikolaus, Marmorkanzel

ne und später nach Salzburg verbrachte Gnadenbild »Maria mit dem Jesuskind« hier eine Kapelle errichten. Da der Strom der Wallfahrer ständig wuchs, legte Erzbischof Max Gandolf von Kuenburg 1671 den Grundstein für die bestehende, von Giovanni Antonio Dario* errichtete Kirche, die 1674 geweiht wurde. Das Gnadenbild wurde 1732 auf dem Hochaltar aufgestellt und 1751 gekrönt. Anläßlich der 28. Wiederkehr des stets feierlich begangenen Krönungsfestes komponierte Wolfgang Amadeus Mozart 1779 seine Krönungsmesse, die auch heute noch regelmäßig hier aufgeführt wird. Seit 1952 hat die Kirche den Status einer päpstlichen Basilica minor.

Der traditionelle *Wallfahrtsweg* beginnt im Zentrum von Bergheim und wurde ursprünglich von 15 Bildstöcken mit Darstellungen der Rosenkranzgeheimnisse (1705) gesäumt. Recht mühsam, aber lohnend ist der Weg über die Stiege des *Kalvarienberges.* Er führt vorbei an vier zwischen 1686 und 1692 errichteten *Kapellen* mit Skulpturen aus der Werkstatt von Thomas Schwanthaler* (Ölberg, Geißelung, Dornenkrönung, Kreuztragung) und einer weithin sichtbaren *Kreuzigungsgruppe.* Die *Schmerzenskapelle* (1734) birgt eine Pieta von Franz Schwanthaler*, das Innere der *Hl.-Grab-Kapelle* (1692) wurde dem Hl. Grab in Jerusalem nachempfunden, die etwas abseits gelegene *Ursprungskapelle* entstand 1710.

Die durch Gesimse, Pilaster, Fenster und Figurennischen reich gegliederte Doppelturmfassade der einschiffigen Wallfahrtskirche mit vier paarweise angeordneten Seitenkapellen und von einer Laterne bekröntem Chor ist weithin sichtbar. Im Giebel des mittleren Portals sieht man das Wappen von Erzbischof Max Gandolf, darüber ein Maria mit dem Jesuskind zeigendes Relief. In den Nischen stehen Figuren der Evangelisten. Die einheitliche, festlich wirkende, überwiegend aus der Erbauungszeit stammende Ausstattung wurde von der Familie Kuenburg und verschiedenen Benediktinerabteien gestiftet. Der *Hochaltar* mit Skulpturen (die Hll. Vitalis und Maximilian) von Jakob Gerold* und Altarblatt (Himmelfahrt Mariä) von Frans de Neve* bildet den würdigen Rahmen für das Gnadenbild. Die beiden *Seitenaltäre* schmücken Skulpturen von Thomas Schwanthaler* und Bilder von Frans de Neve* bzw. François de Roethiers* (1724). An der Gestaltung der *Altäre in den Seitenkapellen* wirkten Thomas

Böckstein (Badgastein), Wallfahrtskirche

Bergheim, Pfarrkirche St. Georg

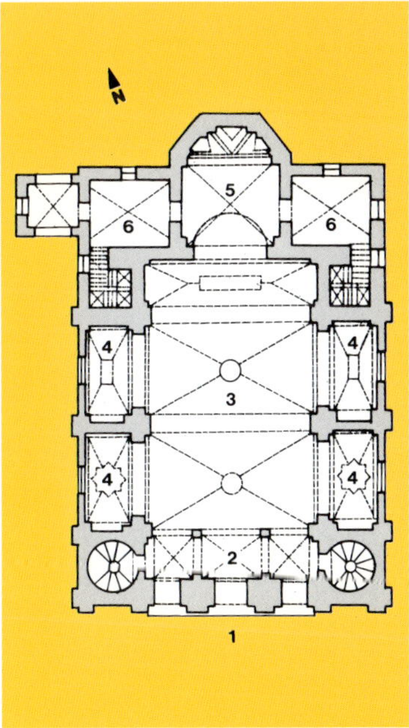

Wallfahrtskirche Maria Plain (Bergheim)
1 Doppelturmfassade **2** Empore **3** Langhaus **4** Seitenkapellen **5** Chorraum mit Hochaltar **6** Sakristeianbauten

Schwanthaler*, Johann Georg Hitzl*, Wolf Weißenkirchner* und Simeon Fries* (plastischer Schmuck) sowie Frans de Neve* und Johann Franz Pereth* (Malereien) mit. Außerdem zu beachten sind das kunstvolle Chorgitter (1683), die Kanzel (1682), deren Malereien u.a. die Wallfahrtsgeschichte erzählen, Wandbilder des Kremser Schmidt* (1765) und die Statuen der Hll. Rupert und Virgil von Jakob Gerold*.

Schloß Radeck (3 km ö): Von der im Mittelalter errichteten und im späten 17. Jh. erneuerten Anlage blieben nur noch die ehem. Schloßkapelle und Überreste einiger Gebäude erhalten.

< Wallfahrtskirche Maria Plain (Bergheim)

Wallfahrtskirche Maria Plain (Bergheim), Kanzel

A-5165 Berndorf bei Salzburg

Einw.: 1300 Höhe: 549 m S. 255 □ D 2

In dem idyllisch gelegenen Ferienort lebte und arbeitete einige Jahre Franz Xaver Gruber, der Komponist des Weihnachtsliedes »Stille Nacht, heilige Nacht«.

Pfarrkirche Mariä Himmelfahrt: Bei Grabungen stieß man auf Überreste von insgesamt drei Vorgängerbauten aus karolingischer und romanischer Zeit, der bestehende Bau ist spätgotisch und frühbarock (n Seitenschiff, Turmobergeschoß). Die Ausstattung, von der die Grabplatten besondere Beachtung verdienen, stammt aus dem 15.–19. Jh. Ein Arkadengang verbindet die Kirche mit der spätgotischen, später barockisierten *Kapelle der Hll. Sebastian und Anna* mit barocker Ausstattung.

Außerdem sehenswert: Der *Pfarrhof*, ein wuchtiger Barockbau. – Der barocke *Bärenbrunnen* mit moderner Figur.

A-5500 Bischofshofen

Einw.: 10100	Höhe: 547 m	S. 258 □ D 3

Bischofshofen, Pfarrkirche St. Maximilian

Archäologische Funde beweisen, daß das Gebiet bereits seit der Jungsteinzeit besiedelt und lange Zeit ein Zentrum des Kupferbergbaus war. Anfang des 18. Jh. hatten zwei adelige Brüder hier angeblich eine wunderbare Lichterscheinung. Daraufhin ließ Bischof Rupert eine dem hl. Maximilian geweihte Kirche und eine Mönchszelle errichten. Die sich in der Folgezeit entwickelnde Siedlung hieß anfänglich Pongau. 1215–1807 befand sich das Gebiet im Besitz des Bistums Chiemsee; auf diese Zeit geht der Name Hof bzw. Bischofshof zurück.
Heute ist Bischofshofen vor allem als Wintersportzentrum und Station der traditionellen »Vierschanzentournee« bekannt.

Pfarrkirche St. Maximilian: Als Vorgänger des bestehenden Staffelbaus mit romanischem Vierungsturm, gotischem Chor und spätgotischem Schiff sind die von Bischof Rupert gegründete Kirche urkundlich und ein weiterer Bau aus dem 9. Jh. durch Grabungsfunde nachgewiesen. An der Langhauswand blieben Fresken aus dem späten 15. und dem 17. Jh. erhalten. Von der Ausstattung verdienen spätgotische Skulpturen an den neugotischen Seitenaltären und der Emporenbrüstung, die Lienhart Astl* zugeschriebene Anna selbdritt (um 1515) und das Christus und die Apostel zeigende Predellenrelief am Altar im s Querschiff sowie mehrere Bilder von Johann Friedrich Pereth* (18. Jh.) Erwähnung. Im n Querschiff befindet sich das *Marmorhochgrab von Silvester Pflieger,* Bischof von Chiemsee, das einzige noch erhaltene Beispiel eines mittelalterlichen Hochgrabs im Raum Salzburg; das lebensgroße Relief des Verstorbenen (1453) wird dem Salzburger Bildhauer Hans Baldauf* zugeschrieben. Das Original des an der modernen Eingangstür dargestellten Rupertuskreuzes befindet sich im → Pfarrhof.

Filialkirche Unserer Lieben Frau: In dem einschiffigen gotischen Bau von 1457 mit spitz behelmtem Turm von 1522 verdienen neben der im 17. Jh. entstandenen einheitlichen barocken Ausstattung das gotische Fresko an der Langhauswand (um 1420) und die Darstellung der Gregormesse am Strebepfeiler des Chores (1457) Beachtung.

Georgskirche: Die schlichte romanische Kapelle aus dem 13. Jh. wird häufig als einziges Relikt einer nicht mehr bestehenden Burg der Herren von Pongau angesehen und ist heute Kriegergedächtnisstätte. Apsis und Kirchenraum schmücken romanische Fresken aus der

< Wallfahrtskirche Maria Plain (Bergheim), Hochaltar, Detail

Bischofshofen, St. Maximilian, Fresken

Zeit um 1230, die u.a. die Kreuzigung, die Apostel, Propheten und Heilige zeigen. Das Georgsrelief auf dem Altar entstand um 1500, die modernen Glasfenster schuf Albert Birkle*.

Außerdem sehenswert: *Kastenhof:* Der wuchtige viergeschossige mittelalterliche Wohnturm ist vermutlich einziger Überrest des ehem. Kollegiatsstifts und befindet sich im Privatbesitz. – *Pfarrhof:* In dem im Mittelalter errichteten und später umgebauten Gebäude wird das *Rupertuskreuz* aufbewahrt, eine um das Jahr 700 entstandene kunstvolle irische Metallarbeit.

Umgebung

Buchberg (4 km sö): *Filialkirche der Hll. Primus und Felizian:* Der ursprünglich romanische, einschiffige Bau mit massivem N-Turm und gotischem Chor entstand vermutlich anstelle einer heidnisch-germanischen Kultstätte. Im Inneren befinden sich ein gotisches Fresko (14.Jh.) und eine barocke Ausstattung. Rund um die Kirche fand ab 1421 bis hinein ins 19.Jh. der berühmte Salzburger Markt statt.

Götschenberg (1 km sw): An der Straße nach Mühlbach schützten vermutlich früher eine Wehranlage und eine mittelalterliche Fliehburg den Zugang zum Bergbaugebiet Mitterberg. Der Götschenberg ist Ausgangspunkt der alpinen Bergbauforschung, die wertvollen Ausgrabungsfunde befinden sich im Salzburger Museum (→ Salzburg).

Mühlbach am Hochkönig (10 km sw): *Pfarrkirche St. Sebastian:* Der spätgotische Bau wurde Ende des 19.Jh. erweitert und mit einem Turm versehen. Die Ausstattung ist überwiegend barock. *Heimatmuseum:* Die hochinteressante Sammlung erinnert daran, daß das Gebiet rund um den Ort bereits in prähistorischer Zeit Zentrum eines intensiven

Kupferbergbaus war, und informiert über die Entwicklung dieses Wirtschaftszweiges und der Region.

A-5733 Bramberg am Windkogel

Einw.: 3660 Höhe: 820 m S. 256 □ B 4

Die reizvoll gelegene Gemeinde mit einigen schönen, für den Pinzgau typischen Häusern ist vor allem als Erholungsort beliebt.

Pfarrkirche St. Laurentius und St. Bartholomäus: Die einschiffige spätgotische Wandpfeilerkirche wurde 1505–1511 errichtet und im späten 19. Jh. erweitert. Die Ausstattung ist überwiegend spätbarock, der Hochaltar entstand 1765, die Seitenaltäre kamen rund 16 Jahre später hinzu. Besondere Erwähnung verdienen eine um 1400 entstandene Steingußpieta und die thronende Gottesmutter auf dem Tabernakel aus dem frühen 16. Jh.

Außerdem sehenswert: *Heimatmuseum:* Die im ehem. Wilhelmgut untergebrachte Sammlung zeigt prähistorische Ausgrabungsfunde und Mineralien und informiert über Brauchtum, Kultur und Wirtschaft in der Region. – *Gasthof Sennigerbräu:* Der ehem., 1970 umgebaute Zehenthof ist seit dem MA Gasthof.

Umgebung

Dorf (3 km ö): *Kapelle der Hll. Gregor und Florian:* Von der Ausstattung des schlichten, 1696 errichteten Baus verdient das Benedikt Faistenberger* zugeschriebene Relief eines Geigers auf dem Hochaltar Erwähnung.
Wenns (2 km sö): Vom bereits im MA errichteten ehem. Sitz der Herren von Wenns blieb nur eine eindrucksvolle Ruine.
Weyer (2 km sw): *Filialkirche St. Sebastian:* Ältestes Ausstattungsstück der spätgotischen, später barock umgestalteten und ausgestatteten Kirche ist eine Maria mit Kind aus dem 15. Jh. *Weyerturm:* Der im frühen Mittelalter errichtete Wohnturm ist heute Ruine.

Bischofshofen, St. Maximilian, Rupertuskreuz

A-5671 Bruck an der Großglocknerstraße

Einw.: 3930 Höhe: 758 m S. 257 □ C 4

Der nachweislich bereits in prähistorischer Zeit besiedelte Ort ist Ausgangspunkt der 1935 fertiggestellten Großglockner-Hochalpenstraße.

Pfarrkirche St. Maria: Der bestehende neugotische Bau mit neugotischer Ausstattung wurde 1869 nach Plänen v. Friedrich Schmidt* errichtet. Das um 1500 entstandene Gnadenbild »Maria auf dem Eis« wird heute noch v. Wallfahrern verehrt. Beachtung verdienen außerdem zwei Wappengrabsteine von Pflegern von Schloß Fischhorn (16./17. Jh.).

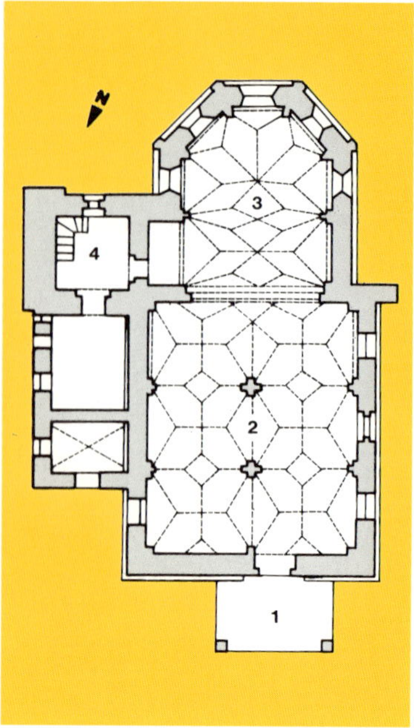

Dienten, Pfarrkirche St. Nikolaus **1** Eingangsportal **2** Langhaus mit Pfeilern **3** Chorraum, Hochaltar **4** Turm

Umgebung

Schloß Fischhorn (1 km w): Die Anlage fiel 1216 an das Bistum Chiemsee und war bis zur Säkularisation Zentrum der Chiemseeischen Verwaltung im Pinzgau. Das 1526 von aufständischen Bauern zerstörte Gebäude wurde im 17. Jh. renoviert und Mitte des 19. Jh. im Stil der Neugotik erneuert. Das bestehende schlichte Gebäude entstand 1921 und befindet sich im Privatbesitz.

Fusch an der Großglocknerstraße (7 km s): Der herrlich gelegene Ferienort war im Mittelalter Zentrum eines blühenden Edelmetallabbaus. *Pfarrkirche der Hll. Ägydius und Martin:* Das bestehende moderne Gebäude wurde 1972 unter Einbeziehung des gotischen Turms und Chors errichtet. Altar und Bilder in der Marienkapelle stammen aus dem späten 17. bzw. frühen 18. Jh.

Schloß Heuberg: Das im Mittelalter errichtete Schloß war einst Verwaltungszentrum des Hochstifs Berchtesgaden für den Pinzgau. Die bestehende Anlage wurde im 15. Jh. errichtet und später mehrmals umgestaltet und ist heute Privatbesitz.

Hundsdorf (2 km ö): *Franziskanerkirche St. Antonius von Padua:* Der Bau wurde 1736 von Pater Benedikt Baur im für seinen Orden typischen Stil errichtet, die einheitliche Ausstattung entstand ein Jahr später.

St. Georgen (4 km ö): *Pfarrkirche St. Georg:* Der neugotische Bau, in dem sich noch romanische Elemente finden, erhielt sein heutiges Gesicht im späten 19. Jh. Besondere Beachtung verdienen die Wandmalereien (16. Jh.), die Deckenmalereien (18. Jh.), der spätgotische Marmoraltar (1518), die Stiftertafel (1520) sowie Grabsteine aus dem 16. und 17. Jh.

D

A-5652 Dienten am Hochkönig

Einw.: 860 Höhe: 1071 m S. 258 □ D 3

Das idyllische Dorf besteht seit dem 11. Jh., war vom Mittelalter bis ins 19. Jh. Zentrum des regionalen Eisenbergbaus und ist heute ein vielbesuchter Ferienort.

Ebenau, Pfarrkirche St. Florian

Eugendorf, Pfarrkirche St. Martin

Pfarrkirche St. Nikolaus: Die zweischiffige gotische Kirche von 1506 mit einjochigem Chor und barockem Turm von 1685 erhebt sich in reizvoller Lage auf einem Hügel hoch über dem Ort. Die Wandmalereien aus dem 17. Jh. zeigen u. a. Heiligenlegenden und Szenen aus dem Marienleben. Der herrliche *Hochaltar* wurde 1660 von den Brüdern Faistenberger geschaffen, die Figuren der Hll. Rupert, Nikolaus und Erasmus in der Mittelnische stammen aus der Zeit um 1480. Die Figur des thronenden *St. Nikolaus* an der s Langhauswand ist ein schönes und typisches Beispiel für die Salzburger Holzschnitzerei um 1460. Beachtung verdienen ferner die Nischenfiguren am r Seitenaltar (um 1520) und Grabsteine aus dem 15. bis 17. Jh.

Außerdem sehenswert: *Pfarrhof* (1786). – **»Zachhof«,** ein n des Ortes gelegener spätgotischer Bau, an dessen Fassade die Jahreszahl 1578 steht.

A-5632 Dorfgastein

Einw.: 1500 Höhe: 835 m S. 258 □ D 4

Der bereits seit dem 14. Jh. bestehende Ort ist heute ein beliebtes Ferienziel.

Pfarrkirche der Hll. Rupert und Virgil: Die einschiffige frühgot. Kirche bildet das Zentrum des Ortes. Die Ausstattung der v. got. Gewölben überspannten Innenräume ist überwiegend barock. Der Hochaltar wurde 1948 aus alten Stücken zusammengesetzt. Die Madonna mit Kind über dem Tabernakel entstand um 1400, die Heiligenfiguren an den Seiten sowie die Seitenaltäre stammen aus dem 17. Jh.

Umgebung

Entrische Kirche (4,5 km nw): Das Wort entrisch bedeutet in der österr. und baye-

rischen Mundart soviel wie unheimlich, nicht geheuer. Bei der sog. entrischen Kirche handelt es sich um eine Tropfsteinhöhle, die nachweislich bereits in prähistorischer Zeit von Menschen aufgesucht wurde, während der Reformation den Protestanten der Region als Versammlungsraum diente und heute im Rahmen von Führungen besichtigt werden kann.
Burg Klammstein (4 km nw): Die im frühen Mittelalter errichtete Anlage war bereits im 16. Jh. stark verfallen und wurde erst 1972 saniert. Im Inneren befindet sich eine Ausstellung.

E

A-5323 Ebenau

Einw.: 1270 Höhe: 650 m S. 255 □ D 2

Der in einem Waldgebiet gelegene Ort, in dem früher die Metallverarbeitung (Eisen, Kupfer und Messing) blühte, ist heute ein vielbesuchtes Ferienziel.

Pfarrkirche St. Florian: Die zwischen 1699 und 1702 errichtete barocke Saalkirche erhebt sich inmitten des von einer Mauer umschlossenen Friedhofs hoch über dem Ort. Die 1857 entstandene Einrichtung ist im Stil des frühen Historismus gehalten. Aus früherer Zeit stammen die Kreuzigungsgruppe mit spätbarocken Holzfiguren, das 1702 aus Salzburg hierher verbrachte Vorhallengitter (17. Jh.) und einige Grabsteine.

Außerdem sehenswert: *Totenkapelle,* ein barocker Bau aus der Zeit um 1700. – *Pfarrhof* (1701/02). – *Heimatmuseum* (ehem. Fürstenstöckl) mit einer Ausstellung über die regionale Metallverarbeitung. – *Waschlmühle,* eine 1976 sanierte Doppelmühle.

A-5301 Eugendorf

Einw.: 4890 Höhe: 570 m S. 255 □ D 2

Pfarrkirche St. Martin: Der bestehende spätbarocke Saalbau mit im unteren Teil gotischem und im oberen Teil barockem Turm entstand 1737 unter Einbeziehung von Teilen des got. Vorgängerbaus. Der barocke Hochaltar (1682–1685) ist ein Werk des Schreiners Wolf Schmidt*. Die Seitenaltäre entstanden 1685, in den linken wurden zwei spätgotische Heiligenstatuen aus der Zeit um 1500 integriert. Beachtung verdienen auch die spätbarokke Kanzel und die Kreuzigungsgruppe mit Figuren aus der Werkstatt von Meinrad Guggenbichler*. Vor der Kirche steht eine Pestsäule aus dem Jahr 1393.

Außerdem sehenswert: *Aufbahrungskapelle* mit gotischen und barocken Elementen. – *»Franzosenkreuze«:* Die drei Steinkreuze an der Bundesstraße 1 erinnern angeblich an in den Napoleonischen Kriegen gefallene Franzosen.

Umgebung

Hofkalham (2 km s). *Burg Kalham:* Die Anlage wurde Mitte des 13. Jh. von den Herren von Kalham erbaut und bereits einige Jahre später von Truppen des Erzbischofs zerstört, weil die Burgherren ihren Lebensunterhalt als Raubritter verdient hatten.
Kirchberg (5 km ö): *Filialkirche St. Georg:* Der einschiffige spätgotische Bau von 1390 mit barockem Turm von 1699 birgt im teilweise barockisierten Inneren einen Hochaltar von Meinrad Guggenbichler* aus dem Jahr 1707. Seitenaltar und Kanzel stammen aus dem späten

Ebenau, Pfarrkirche St. Florian

Eugendorf, Pfarrkirche St. Martin

Eugendorf, St. Martin, Hochaltar

17. Jh., die etwas früher entstandenen Bilder an der Empore zeigen Szenen aus dem Leben des Kirchenpatrons.
Mühlberg (1,5 km n): *Filialkirche St. Leonhard:* Der einschiffige spätgotische Bau (15. Jh.) mit mehrgeschossigem, von einer markanten Zwiebelhaube gekröntem Turm (17./18. Jh.) erhebt sich auf einem Hügel. Der Schlußstein im Sternrippengewölbe des Turmuntergeschosses zeigt ein Relief mit dem Kopf Jesu. Die einst auf dem im 17. Jh. gestalteten Hochaltar befindlichen spätgotischen Heiligenfiguren befinden sich heute im Stiftsmuseum in Seekirchen.
Unzing (5 km ö): *Filialkirche des Hl. Jakobus d. Ä.:* Die Ausstattung der mittelalterlichen, später barockisierten Saalkirche stammt aus dem 17.–19. Jh. Beachtung verdient das restaurierte Fragment einer spätgotischen Schutzmantelmadonna an der S-Wand.

F

A-5324 Faistenau

Einw.: 2390 Höhe: 786 m S. 255 □ D 2

Das reizvoll gelegene, bereits im 12. Jh. urkundlich erwähnte Faistenau ist heute ein vielbesuchter Ferienort.

Pfarrkirche des Hl. Jakobus d. Ä.: Die 1324 errichtete spätgotische Saalkirche mit von einer barocken Zwiebelhaube gekröntem gotischem W-Turm wurde im

Faistenau, Pfarrkirche des Hl. Jakobus d. Ä.

17. Jh. barockisiert und später mehrmals restauriert. Dabei legte man 1949 Wandmalereien aus dem Jahr 1517 frei, die Heilige und Szenen aus der Leidensgeschichte Christi zeigen. Der Hochaltar entstand 1716, die Seitenaltäre stammen aus dem späten 17. Jh., die Kanzel aus der Mitte des 18. Jh. Besondere Beachtung verdienen die 1702 von Meinrad Guggenbichler* geschaffenen Figuren des Schmerzensmanns und der Schmerzhaften Muttergottes sowie die in seiner Werkstatt gefertigte Rosenkranzmadonna und Maria Immaculata.

A-5330 Fuschl am See

Einw.: 1200 Höhe: 669 m S. 255 □ D 2

Der am gleichnamigen See gelegene Ort ist eines der bekanntesten und beliebtesten Ferienziele im Salzkammergut.

Schloßhotel Fuschl

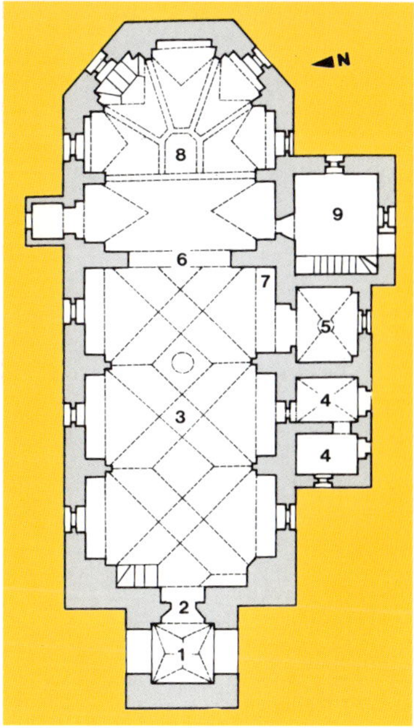

Faistenau, Pfarrkirche des Hl. Jakobus d. Ä. 1 Westturm, Portale **2** Portal ins Kircheninnere **3** Langhaus mit Westempore **4** Anbau mit Beinkammer **5** Kapelle **6** Triumphbogen **7** Kanzel **8** Chorraum mit Hochaltar **9** Sakristei, darüberliegend Oratorium

Pfarrkirche St. Erasmus: Die schlichte nachbarocke Kirche wurde 1806 vollendet und im späten 19. sowie im 20. Jh. wiederholt umgestaltet. Die Ausstattung stammt aus der Mitte des 19. Jh., das Deckengemälde entstand 1952.

Die Grenze zur Gemeinde St. Gilgen markiert eine moderne *Kreuzsäule* mit integrierter spätgotischer Inschrift.

Umgebung

Jagdhof Fuschl (5 km w): In dem barocken Gebäude befindet sich ein *Jagdmuseum* mit Waffen- und eindrucksvoller Trophäensammlung.

Schloßhotel Fuschl (6 km w): Der im 15. Jh. als erzbischöfliches Jagdschloß entstandene Bau mit markantem rechteckigem Wohnturm wurde nach dem 2. Weltkrieg von der populären Schauspielerin Winnie Markus und ihrem Mann, dem »Salzbaron« C. A. Vogel, in ein Luxushotel umgewandelt, das zahlreiche gekrönte Häupter, Staatsmänner und andere Prominente zu seinen Gästen zählte.

Guggenthal (18 km w): *Filialkirche Hl. Kreuz:* Der Mitte des 19. Jh. im Stil der Neugotik errichtete Bau besitzt eine Ausstattung aus der Erbauungszeit. *Ehem. Jagdschloß:* Die im 17. Jh. entstandene Anlage ist heute Privatbesitz.

Hof (8 km w): *Pfarrkirche St. Sebastian:* Der neugotische Bau, in den Teile des spätgotischen Vorgängers einbezogen wurden, besitzt eine neugotische Ausstattung aus dem späten 19. Jh.

Koppl (14 km w): *Pfarrkirche St. Jakob:* Die Anfang des 16. Jh. entstandene Kirche wurde zu Beginn des 19. Jh. erneuert; aus dieser Zeit stammen auch die meisten Ausstattungsstücke.

G

A-5622 Goldegg

Einw.: 1980 Höhe: 852 m S. 258 □ D 4

Bis zum 16. Jh. verlief die einzige Verbindungsstraße zwischen dem Pongau und dem Pinzgau über die Terrasse von Goldegg. Archäologische Funde wie die Überreste eines während der römischen Kaiserzeit entstandenen Gutshofs belegen, daß das Gebiet schon sehr früh besiedelt war. Die Geschichte des reizvollen, an einem kleinen Moorbadesee gelegenen Ortes ist eng verbunden mit der Geschichte von Schloß Goldegg, dem einstigen Sitz der Herren von Goldegg oder Pongau, des bedeutendsten Ministerialengeschlechts des Gebirgslandes.

Pfarrkirche St. Georg: Der einschiffige, im Kern noch gotische Bau wurde nach einem Brand Mitte des 18. Jh. barockisiert, 1864 im Stil des Historismus reromanisiert und 1966 restauriert. Das Gemälde im Tonnengewölbe des Chores stammt aus dem 18. Jh., die frühgotischen Fresken an der Triumphbogenwand entstanden um 1330 und zeigen Szenen aus der Passion. Den klassizistischen marmornen Hochaltar schuf 1790 Wolfgang Hagenauer*, das Altarblatt ist ein Werk von Franz N. Streicher*. Außerdem befinden sich in der Kirche zahlreiche Heiligenstatuen und Bilder aus dem 17. bis 19. Jh.

Schloß Goldegg: Nachdem der Erzbischof 1322 die Stammburg der Herren von Goldegg im nahe gelegenen Althofen zerstört hatte, bauten sie hier 1323 eine neue Anlage. Diese fiel nach dem Aussterben des Geschlechts Mitte des 15. Jh. zunächst an den Erzbischof und später an Wilhelm Graf. 1527 wurde sie Christoph Graf (= Familienname) von Schernberg in Anerkennung der Verdienste, die er sich im Bauernkrieg erworben hatte, übereignet. Anfang des 17. Jh. ging das Schloß erneut in den Besitz des Erzbischofs über und war bis zur Mitte des 19. Jh. Sitz des Pfleggerichts. Heute gehört es der Gemeinde.
Die vierflügelige Anlage mit je einem Zwinger im O und S konnte im wesentlichen ihren mittelalterlichen Charakter bewahren. Unbedingt sehenswert ist der um 1500 entstandene, 1979 restaurierte *Rittersaal* mit fast komplett erhaltenen Malereien (Fresken und Tempera auf Holz oder Leinwand) von 1536, die Szenen aus dem Alten und Neuen Testament sowie aus der Geschichte und zur Verherrlichung der Reichsidee zeigen, und schöner, von Wappen geschmückter Holzdecke. Im S- und W-Trakt der Anlage befindet sich heute das *Pongauer Heimatmuseum,* das über Kultur und Brauchtum der Region informiert.

Umgebung

Judenhof (1 km n): Der ritterliche Ansitz wurde erstmals Mitte des 15. Jh. im Zusammenhang mit der alten Verbindungsstraße zwischen Pongau und Pinzgau erwähnt, der bestehende Bau stammt aus der zweiten Hälfte des 16. Jh.
Weng (2,5 km nw): *Filialkirche St. Anna:* Der kleine gotische Bau entstand 1528. Von der Ausstattung verdienen vor allem der Hochaltar, ein Säulenaufbau

Schloß Goldegg

von 1686 mit gotischen Schnitzfiguren (Anna selbdritt, hll. Katharina und Barbara) aus dem frühen 16. Jh. und der Seitenaltar mit einem um 1500 entstandenen Relief der Kreuzauffindung Beachtung.
In den Ortschaften rund um Goldegg gibt es noch zahlreiche sehr gut erhaltene, für die Region typische *Bauernhöfe.*

A-5440 Golling an der Salzach

Einw.: 3800 Höhe: 476 m S. 255 □ D 3

Archäologische Funde am Rabenstein, auf dem Karlstein und dem Kenderpalven bezeugen, daß das Gebiet bereits während der Bronzezeit besiedelt war. Vermutlich verlief hier auch die Römerstraße. Der Ort selbst entstand im 13. Jh. und entwickelte sich schon bald zu einem Verkehrsknotenpunkt und später zu einem beliebten Ferienziel.

Pfarrkirche der Hll. Johannes d. T. und Johannes Ev.: Das 1384 erstmals urkundlich erwähnte Gotteshaus umfaßt ein von einem Netzrippengewölbe überspanntes gotisches Mittelschiff, zwei barocke Seitenschiffe (1688) und einen im oberen Teil ebenfalls barocken W-Turm. Die Ausstattung stammt überwiegend aus der Zeit des Barock. Aus dem Rahmen fallen ein spätgotisches Kreuz aus dem frühen 16. Jh. sowie mehrere Bilder und plastische Arbeiten aus dem 19. und 20. Jh., beispielsweise das Hochaltarblatt (Marienkrönung) von Josef Rattensperger* (1859) und die Kanzel von Josef Zenzmaier* (1959).

Schloß Golling: In der bereits um ca. 700 erstmals erwähnten Burg residierten nacheinander die Herren von Gutrat und Kuchl, Mitte des 15. Jh. fiel sie an den Erzbischof und war bis zum Anfang des 20. Jh. Sitz eines Pfleg- bzw. Bezirksgerichts. Heute ist in der Anlage, die im wesentlichen ihren mittelalterlichen Cha-

Goldegg, St. Georg, Hochaltar

rakter bewahren konnte, das *Heimatmuseum* untergebracht, in dem archäologische Fundstücke sowie Exponate zu Brauchtum und Kultur zu sehen sind. Die dem hl. Florian geweihte gotische *Schloßkapelle* besitzt eine barocke Ausstattung und einen schönen Rokokoaltar.

Umgebung

Paß Lueg (3 km s): Archäologische Funde beweisen, daß hier bereits während des Mesolithikums (7./8. Jtd. v. Chr.) Jäger und Sammler regelmäßig Rast machten. Schon zur Römerzeit verlief hier eine wichtige N-S-Verbindungsroute. Die im Mittelalter errichteten und später ausgebauten Befestigungsanlagen, einst die bedeutendste Paßsperre im Raum Salzburg, waren während der Napoleonischen Kriege Anfang des 19. Jh. schwer umkämpft, wurden von den Franzosen 1809 teilweise gesprengt und Mitte des 19. Jh. von den Österreichern erneuert. Noch heute erinnert ein Denkmal an den hier beheimateten Wirt Josef Struber, der sich in den Kämpfen gegen die Franzosen besonders ausgezeichnet hat. *Wallfahrtskirche Maria Brunneck:* Die kleine, 1764–1766 errichtete Rokokokirche birgt eine reizvolle Ausstattung, die überwiegend aus der Erbauungszeit stammt, und zahlreiche Votivgaben. Für Naturfreunde lohnt sich ein Spaziergang zu den Salzachöfen, zum Schwarzbachfall, einem bei den Malern der Romantik beliebten Motiv, und zu den Lammeröfen.
Scheffau (4 km sö): *Filialkirche St. Ulrich:* Der wuchtige spätgot. Wandpfeilerbau mit von barocker Haube und Laterne gekröntem Turm wirkt in dem kleinen Ort fast ein wenig fehl am Platze. Die gotischen Türbeschläge und spätgot. Glasmalereien, auf denen Saumrösser zu sehen sind, erinnern daran, daß die Kirche einst Ziel einer Pferdewallfahrt war. Aus der Ausstattung ragt der mächtige frühbarocke Hochaltar von Hans Waldburger* (1629) heraus. Er wurde von der Stiftskirche Nonnberg im Austausch gegen den ursprünglich spätgot. Altar erworben, von dem nur die Lienhart Astl* zugeschriebene Statue des Kirchenpatrons hier verblieb. Beachtung verdient ferner ein Kreuz (15. Jh.).
Torren (2 km nw): *Filialkirche St. Nikolaus:* Die im frühen 16. Jh. errichtete spätgotische Kirche mit von barockem Helm und Laterne gekröntem W-Turm und Außenkanzel erhebt sich malerisch auf einem Konglomeratfelsen am Eingang ins Weißbachtal. Von der barocken Ausstattung verdienen der Hochaltar sowie eine Kreuzigungsgruppe aus der Erbauungszeit Beachtung.

A-5082 Grödig

Einw.: 6070 Höhe: 446 m S. 255 □ D 2

Archäologische Funde bezeugen, daß das Gebiet bereits während der Bronzezeit und der Römerzeit besiedelt war. Der im 8. Jh. erstmals erwähnte Ort erlangte durch den Marmorabbau am na-

Grödig, Pfarrkirche Mariä Himmelfahrt

hen Untersberg wirtschaftliche Bedeutung und ist heute ein beliebtes Touristenziel.

Pfarrkirche Mariä Himmelfahrt: Die um 790 erstmals erwähnte Kirche wurde mehrmals umgebaut und erweitert und vereint daher Elemente verschiedener Stilepochen wie Romanik, Gotik und Neugotik. Die einheitliche Ausstattung entstand zu Beginn des 19. Jh. Beachtung verdient außerdem ein in die Friedhofsmauer eingelassener römischer Weihealtar des Turbonius Fuscinus aus dem 3. Jh.

Umgebung

Schloß Gartenau (2 km sö): Die mittelalterliche Anlage wurde mehrmals erweitert und umgebaut und ist heute Privatbesitz.
Schloß Glanegg (2 km nw): Die im 14. Jh. errichtete Anlage wurde später mehrmals umgestaltet und ist heute ein für die Salzburger Schloßarchitektur des 16. und 17. Jh. typischer Bau, der sich im Privatbesitz befindet.
Niederalm (3 km sö): *Pfarrkirche St. Johannes d. T.:* Die ursprünglich spätgotische Kirche wurde im 17. Jh. umgestaltet und besitzt eine Ausstattung aus dem 17. und 18. Jh. *Schloß Lasseregg:* Die im 16. Jh. errichtete Anlage erhielt ihr heutiges Gesicht im 18. Jh. und befindet sich im Privatbesitz.
St. Leonhard-Gartenau (2 km sö): *Wallfahrtskirche St. Leonhard:* Die schlichte spätgotische Kirche mit barockem Turm besitzt eine überwiegend barocke Ausstattung. Haupt- und Nebenaltäre schuf 1850 Josef Haslauer*.
Untersberg (6 km sw): Der 1972 m hohe Gebirgsstock, auf den eine Seilbahn hinaufführt, ist durch zahlreiche Sagen und Märchen berühmt geworden; angeblich soll Karl d. Gr. in einer der zahlreichen Eishöhlen schlafen. Reelle, d. h. wirtschaftliche Bedeutung verdankt der »Zauberberg« den Marmorbrüchen in der Nähe von Fürstenbrunn.

A-5611 Großarl

Einw.: 3380 Höhe: 920 m S. 258 □ D 4

Der reizvoll gelegene Ort lebt heute vor allem vom Fremdenverkehr.

Pfarrkirche St. Martin und St. Ulrich: Der bestehende einschiffige Saalbau mit von welscher Haube bekröntem Turm wurde 1768/69 errichtet und birgt eine einheitlich im Stil des Rokoko gestaltete Ausstattung.

Umgebung

Au (7 km n). *Alte Wacht:* Ehem. Zollstation aus dem späten 17. Jh. mit hölzernem Torbau und Straßenwärterhaus.
Eben (3 km s): *Kößlerhäusl:* Das Anfang des 17. Jh. errichtete ehem. Bergknappenhaus ist heute Heimatmuseum und

informiert vor allem über das kärgliche Leben der »Häusleleut'«.

Hüttschlag (8 km s): Der Ort, den Naturfreunde heute vor allem wegen der zahlreichen Wasserfälle in der Umgebung besuchen, ist, wie der Name sagt, eine ehem. Berg- und Hüttenarbeitersiedlung. *Pfarrkirche St. Joseph:* Der einschiffige Barockbau entstand 1679 und besitzt eine einheitliche, überwiegend aus der Erbauungszeit stammende Ausstattung.

In der gesamten Gegend haben sich zahlreiche typische Bauernhöfe erhalten.

A-5084 Großgmain

Einw.: 2100 Höhe: 550 m S. 254 □ C 2

Der seit dem frühen 8. Jh. unter dem Namen Mona bekannte, unmittelbar an der bayerischen Grenze gelegene Ort war ursprünglich eine Siedlung von in der Saline von Reichenhall beschäftigten Arbeitern.

Pfarrkirche St. Maria: Die 1144 erstmals als »capella S. Marie Muona« erwähnte Kirche war seit dem Mittelalter ein bedeutender Wallfahrtsort und Filiale des Stifts St. Zeno in Reichenhall. Die Anfang des 16. Jh. neu errichtete spätgotische Hallenkirche wurde 1731 zu einer barocken Saalkirche umgestaltet, lediglich der von einem Barockhelm bekrönte Turm, die Vorhalle und die Portale blieben original. Prunkstück der für eine Wallfahrtskirche jener Zeit typischen Ausstattung ist das *Gnadenbild,* eine um 1400 gegossene Madonna mit Kind, eines der gelungensten Beispiele der sog. »schönen Madonnen« und zugleich die größte erhaltene Gußeisenmadonna des »weichen Stils« in Österreich. Der barocke Hochaltar, in dem sie sich befindet, entstand 1733. Vom ursprünglich spätgotischen Altar, einem Werk des Meisters von Großgmain, blieben die Krönungsgruppe im Aufsatz des Hochaltars, vier Flügeltafeln mit Szenen aus dem Marienleben und zwei Tafeln mit überlebensgroßen Figuren einer Gottesmutter und eines Salvators erhalten. Die beiden Seitenaltäre mit Altarblättern von Jakob Zanusi* entstanden 1734, die reichverzierte Kanzel 1737.

Freilichtmuseum: Am Stadtrand von Großgmain ist das vom Salzburger Museum Carolino Augusteum aus gegrün-

Ruine Plainburg (Großgmain)

dete sehenswerte Freilichtmuseum mit alten Bauernhäusern untergebracht.

Außerdem sehenswert: *Gnadenbrunnen* (Kirchplatz): Brunnenfigur, eine doppelseitige Madonna, deren Brüsten Wasser entspringt, v. Johann Schwaiger* (1639).

Umgebung

Ruine Plainburg (1 km ö): Von der im 12. Jh. erstmals erwähnten ehem. Stammburg der Grafen von Plain, die ab 1260 dem Erzbischof von Salzburg gehörte und bis 1594 Sitz eines Pfleggerichts war, blieben nur Reste des Torturms und der Ringmauern erhalten.
Veitlbruch (7 km ö): Archäologische Funde beweisen, daß hier am Fuße des Untersbergs bereits zur Römerzeit Marmor gebrochen wurde. Die nahe gelegene Steinbrücke aus dem 17. Jh. ist auch als »Römerbrücke« bekannt.

H

A-5400 Hallein

Einw.: 17 300	Höhe: 450–800 m	S. 255 □ D 2

Die nach Salzburg und Laufen drittälteste Stadt des ehem. Erzstifts Salzburg verdankt ihre Entstehung, ihren Aufstieg und ihren Reichtum, von dem noch heute zahlreiche stattliche, im Kern mittelalterliche und später barockisierte Bürgerhäuser in der Altstadt zeugen, dem Salz. Das »weiße Gold« wurde am Dürrnberg abgebaut und bis zum Bau der Eisenbahn 1871 vor allem auf der Salzach transportiert. Die Gründung von Hallein, dessen Name sich von Haellinum, das kleine Hall, ableitet und den Gegensatz zu Reichen-Hall verdeutlichen sollte, erfolgte im letzten Jahrzehnt des 12. Jh., die Erhebung der Stadt um das Jahr 1230. Ab dem Ende des 19. Jh. siedelten sich hier verschiedene Industriebetriebe an, heute ist Hallein einer der wenigen bedeutenden Industriestandorte des Landes Salzburg.
Der wohl berühmteste Bürger von Hallein war der Organist Franz Xaver Gruber (1787–1863), der 1818 Joseph Mohrs »Stille Nacht, heilige Nacht« vertonte, hier als Chorregent wirkte und neben der Dekanatskirche begraben wurde.

Dekanatskirche St. Antonius der Einsiedler: Vom mittelalterlichen Kirchenbau blieb nur der Chor erhalten. Das Langhaus, einen weiträumigen Saalbau, entwarf 1769 Hofbaumeister Wolfgang Hagenauer* im Stil des Frühklassizismus. Der romanische Turm mußte nach

Franz Xaver Gruber

dem verheerenden Stadtbrand von 1943 durch einen modernen ersetzt werden. Die ebenfalls in den Formen des Klassizismus gestalteten Altäre sind einziger Schmuck im kühl und nüchtern wirkenden Inneren. Das Altarbild am 1799 von Anton Högler* geschaffenen Hochaltar ist ein Werk von Andreas Nesselthaler*, dem letzten Salzburger Hofmaler, die den Kirchenpatron und den hl. Hieronymus darstellenden Konsolfiguren stammen von Franz Xaver Nißl*. Ältestes Ausstattungsstück ist der spätgotische Taufstein aus dem späten 15. Jh., außerdem finden sich in der Kirche zahlreiche Epitaphe aus dem 16. und 17. Jh.

Weitere Kirchen: *Peterskapelle:* Der schlichte gotische Bau von 1384 birgt im von einem Kreuzrippengewölbe überspannten Inneren Ausstattungsstücke und Grabsteine aus mehreren Epochen. – *Salinenkapelle:* Der im 17. Jh. errichtete schlichte Bau birgt Ausstattungsstücke aus dem 15.–18. Jh. – *Totenkapelle:* Der im späten 18. Jh. entstandene Bau ist heute Kriegergedächtnisstätte.

Sehenswerte Profanbauten: *Ehem. Chorregentenhaus:* Hier lebte und arbeitete F. X. Gruber. – *Dechanthof:* Das im Mittelalter errichtete Gebäude mit Portal aus dem 15. Jh. wurde später mehrmals umgestaltet. – *Rathaus:* Die Fassade des im 16. Jh. erbauten und mehrmals umgebauten Gebäudes schmückt eine Darstellung der Salzverschiffung. – *Schloß Wiespach:* Das im Mittelalter errichtete, später mehrmals umgebaute Gebäude ist heute Jugendherberge. – *Stadtmauer:* Von den ab dem 13. Jh. errichteten Befestigungsanlagen sind nur noch spärliche Überreste erhalten, zu denen wohl auch das Untere Griestor (14. Jh.) zählt.

Keltenmuseum: Das ehem. Salinenamtsgebäude entstand 1654 und wurde später restauriert. Das *Fürstenzimmer* schmükken 71 Darstellungen zur Geschichte der Salzgewinnung von Benedikt Werstätter (1757). Das *Museum* umfaßt eine beachtliche Sammlung prähistorischer Fundstücke vom Dürrnberg, Ausstellungen zur Geschichte der Salzgewinnung und zu Kunst, Kultur und Gewerbe im Raum Hallein sowie eine Dokumentation über das Lied »Stille Nacht«.

Umgebung

Bad Dürrnberg (2 km s): Der Ort, neben Hallstatt die bedeutendste prähistorische Fundstätte Österreichs, verdankt seine Berühmtheit den salzhaltigen Quellen und den einst reichen Salzlagern im Dürrnberg. Bereits ab der Jungsteinzeit kamen immer wieder Menschen hierher, um das Salz zu nutzen. Während der La-Tène-Zeit (5.–1. Jh. v. Chr.) betrieben die Kelten den Salzabbau fast schon industriell, unter den Römern kam er aus ungeklärten Gründen zum Erliegen und wurde erst im 12. Jh. wiederaufgenommen. Die archäologischen Funde aus allen Kulturepochen von der Jungsteinzeit bis zur La-Tène-Zeit sind im Keltenmuseum in Hallein und im Salzburger Museum Carolino Augusteum (u. a. die bedeutende bronzene Schnabelkanne aus dem 4. Jh. v. Chr.) ausgestellt. Heute ist Dürrnberg ein vielbesuchter Kur- und Ferienort. *Pfarr- und Wallfahrtskirche Mariä Himmelfahrt:* Der bestehende Bau aus rotem Marmor wurde 1554–1612 unter Erzbischof Wolf Dietrich errichtet, dessen Wappen man über dem Portal sieht. Die Umfassungsmauer mit triumphbogenartigem, von Obelisken und dem Wappen des Bauherrn, Erzbischof Markus Sittikus geschmücktem Marmorportal entstand 1618. Die originelle Treppe im Turm windet sich um vier bis zum Glok- kenstuhl reichende Pfeiler. Aus der überwiegend im 18. Jh. geschaffenen Ausstattung ragt der wuchtige, mit üppigem plastischem Schmuck versehene Hochaltar (1749–1751) heraus, der das Gnadenbild, eine thronende Madonna mit Kind (1612), birgt. Im *Freilichtmuseum* sieht man eine nachgebaute Keltensiedlung mit Grabanlage. Ferner sollte man sich die Besichtigung des von Mai bis September geöffneten *Salzbergwerks* nicht entgehen lassen.

Bad Dürrnberg (Hallein), Pfarr- und Wallfahrtskirche Mariä Himmelfahrt, Hochaltar >

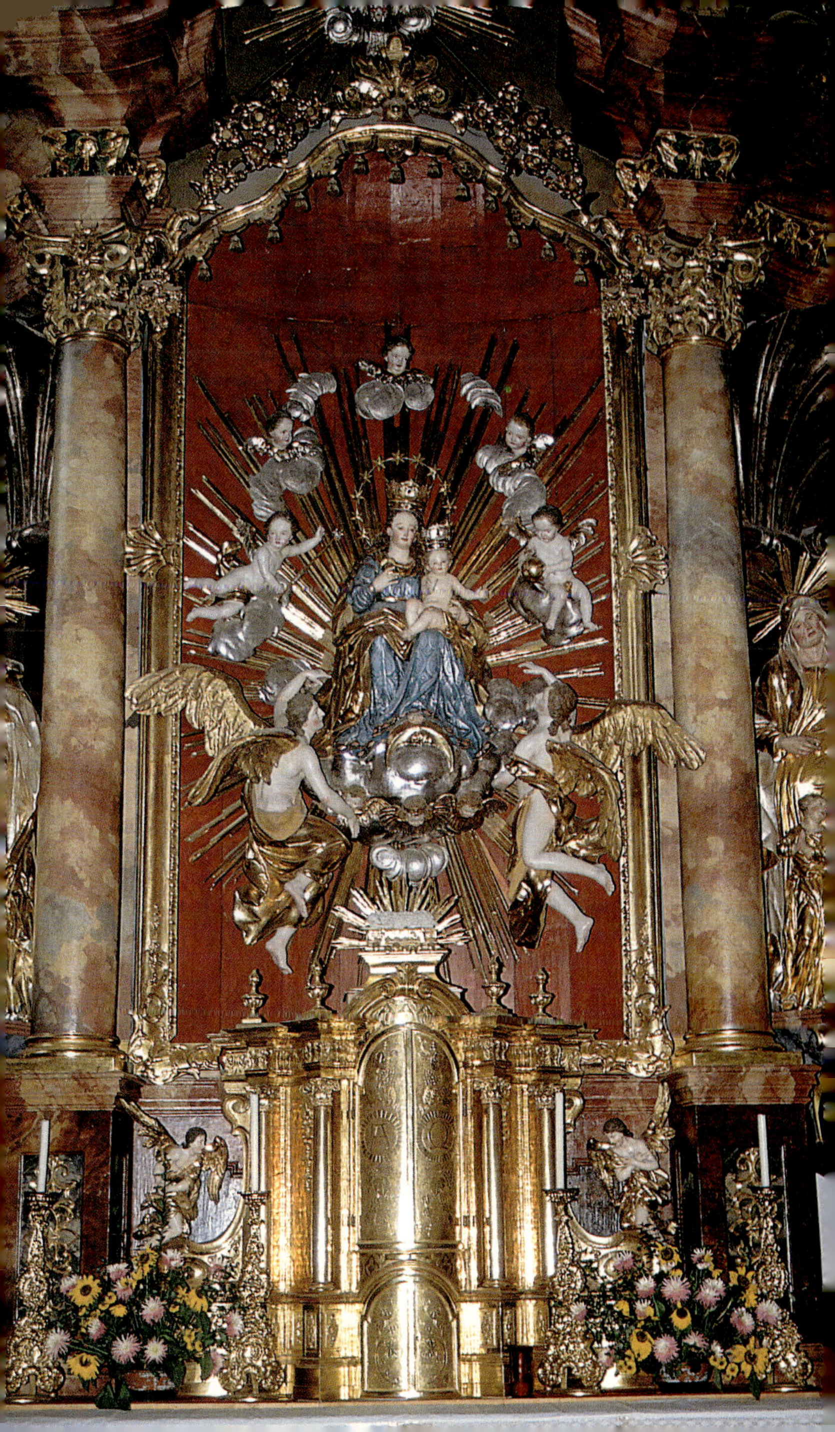

Kaltenhausen (2 km n): *Leprosenhauskapelle:* Das kleine spätgotische Gebäude birgt Schriftfragmente und Malereien aus dem 15. und 17. Jh.

Schloß Rif: Der Mitte des 16. Jh. erbaute ehem. Sommersitz der Salzburger Erzbischöfe wurde später mehrmals tiefgreifend umgestaltet und ist heute Privatbesitz.

A-5020 Hallwang

Einw.: 3000 Höhe: 523 m S. 255 □ D 2

Der um das Jahr 100 erstmals urkundlich erwähnte, aber archäologischen Funden zufolge bereits während der Römerzeit besiedelte Ort liegt unmittelbar vor den Toren der Landeshauptstadt Salzburg.

Pfarrkirche St. Martin: Bei Grabungen stieß man 1974 auf die Überreste eines römischen Bades und einer im 9./10. Jh. errichteten Kirche. Vom romanischen Kirchenbau blieben Chor und Turm, der Mitte des 15. Jh. errichtete gotische Bau wurde Ende des 17. Jh. barockisiert und auf drei Schiffe erweitert und Ende des 18. Jh., als auch der Turm seine heutige Form erhielt, wieder auf ein Schiff verkleinert. Die Ausstattung entstammt dem 18. und 19. Jh.

Umgebung

Söllheim (3 km s): *Filialkirche des hl. Antonius von Padua:* Der ovale Kuppelbau der vielbesuchten Wallfahrtskirche entstand 1685/86. Auf dem Altarblatt des barocken Hochaltars von 1686 ist der Kirchenpatron dargestellt, in den von Stuck gerahmten Bildfeldern der Decke wird seine Lebensgeschichte erzählt. Die Steinerne Statue des *hl. Nepomuk* vor der Kirche entstand 1727. Der barocke Herrensitz *Schloß Söllheim* erhielt sein heutiges Gesicht 1699 und befindet sich im Privatbesitz.

A-5302 Henndorf am Wallersee

Einw.: 3920 Höhe: 551 m S. 255 □ D 2

Der idyllisch gelegene Geburtsort des österreichischen Kammersängers Richard Mayr dürfte vor allem Kennern

Bad Dürrnberg (Hallein), Freilichtmuseum, Keltensiedlung

des Werkes von Carl Zuckmayer ein Begriff sein, der in mehreren Erzählungen und in seiner Autobiographie »Als wär's ein Stück von mir« schwärmerisch über die Zeit berichtete, die er hier verbracht hat.

Pfarrkirche St. Vitus: Ausgrabungen zufolge hatte der bestehende Bau insgesamt drei Vorgänger. Elemente des Romanischen und Gotischen wurden in den im späten 18. Jh. errichteten spätbarokken Bau integriert. Die Ausstattung stammt aus dem 18. und 19. Jh.

Heilig-Grab-Kapelle: Der 1722 entstandene Barockbau besitzt eine Ausstattung aus der Erbauungszeit.

Umgebung

Brayern (3 km nö): *Filialkirche St. Brigitta:* Der spätgotische Bau aus der Mitte des 15. Jh. birgt eine im Stil der Gotik und des Barock gestaltete Ausstattung.
Burgruine Lichtentann (5 km ö): Von der mittelalterlichen Anlage blieben nur noch spärliche Mauerreste erhalten.

A-5324 Hintersee

Einw.: 400 Höhe: 746 m S. 255 □ D 2

Pfarrkirche St. Leonhard und St. Georg: Der schlichte spätbarocke Saalbau aus dem späten 18. und frühen 19. Jh. besitzt eine einheitliche Ausstattung aus der Erbauungszeit.

Ehem. Jagdschloß Langreith: Das einst im Besitz des Erzbischofs von Salzburg befindliche Gebäude wurde im 16. Jh. errichtet und im 18. Jh. tiefgreifend verändert und ist heute Privatbesitz.

A-5630 Bad Hofgastein

Einw.: 6100 Höhe: 870 m S. 258 □ D 4

Der Hauptort des lieblichen Gasteiner Tales trug ursprünglich den Namen Hof, wurde 1297 zusammen mit der das ganze Tal umfassenden »provincia Castuna« von den Bayernherzögen an die Herren von Goldegg verkauft und ging 1327 in den Besitz des Erzstifts Salzburg über. Im 15. und 16. Jh. erlebte der bereits zur

Bad Dürrnberg (Hallein), Salzbergwerk

Bad Hofgastein, Pfarrkirche Mariä Himmelfahrt

Römerzeit einmal begonnene Abbau von Edelmetallen eine Blütezeit. Er machte den Ort zu einem bedeutenden Zentrum des Nord-Süd-Handels und bescherte vor allem den großen Gewerkenfamilien, von denen besonders die der Weitmoser zu nennen ist, »goldene Zeiten« im wahrsten Sinne des Wortes. An diese Epoche erinnern noch zahlreiche stattliche, mit den Wappen ihrer einstigen Bewohner geschmückte Gewerkenhäuser im Zentrum. Seine heutige Bedeutung als Kurort verdankt Bad Hofgastein der 1828–1830 verlegten und später erneuerten Leitung, durch die das heilkräftige Wasser aus den Quellen von Badgastein hierher fließt. Das ganze Jahr über gesellen sich auch zahllose Feriengäste zu den Kurgästen.

Pfarrkirche Mariä Himmelfahrt: Die dreischiffige spätgotische Staffelkirche mit spitz behelmtem W-Turm von 1602 entstand 1498–1507. Das von einem Sternrippengewölbe überspannte Langhaus und der unter einem Netzrippengewölbe liegende Chor bergen eine wunderschöne barocke Ausstattung. Prunkstück ist der prächtige, elegante *Hochaltar*, der 1738 nach einem Entwurf des Malers Josef Andrä Eisl* entstand und von Plastiken des Bildhauers Paul Mödlhammer* geschmückt wird. Das Zentrum des Altars bildet die hervorragend gearbeitete gotische Darstellung einer thronenden Madonna aus der Zeit um 1500. Seitenaltäre und Kanzel entstanden in der ersten Hälfte des 18. Jh. Beachtung verdienen außerdem zahlreiche Wappengrabsteine aus dem 15. bis 17. Jh. An die Gewerkenfamilien Weitmoser und Straßer erinnern neben den von ihnen gestifteten Kapellen zwei Marmorepitaphe an der Außenwand.

Weitmoserschlößl: Das am sw Ortsrand gelegene Gebäude mit markanten runden Ecktürmchen entstand 1554 und ist ein typisches Beispiel für die damaligen Herrensitze im Salzburger Land.

Irrsdorf, Filialkirche Mariä Himmelfahrt, Hochaltar

Außerdem sehenswert: Der im 15. Jh. errichtete *Pfarrhof* mit kleinem Museum. – *Gewerkenhäuser.* – Im späten 19. und frühen 20. Jh. entstandene *Stadthäuser.*

A-5511 Hüttau

Einw.: 1500 Höhe: 719 m S. 258 □ D 3

Der Ort, auf dessen Gebiet archäologischen Funden wie vor dem Gemeindeamt aufgestellten römischen Meilensteinen zufolge die Römerstraße verlief, verdankt Existenz und Namen dem seit dem Mittelalter hier betriebenen Metallabbau.

Pfarrkirche St. Leonhard: Die dreischiffige gotische Hallenkirche wurde 1472 bis 1492 errichtet, der Chor stammt aus dem Jahr 1612. In den Feldern des 1955 erneuerten Langhausgewölbes blieben gotische Malereien erhalten. Von der im 17. und 18. Jh. entstandenen Ausstattung verdienen drei Holzaltäre aus dem frühen 17. Jh. Beachtung, deren Altarblätter aller Wahrscheinlichkeit nach vom Salzburger Dommaler Arsenio Mascagni* gemalt wurden.

Umgebung

Pöham (4 km nw): *Filialkirche Mariä Himmelfahrt:* Die Anfang des 20. Jh. errichtete schlichte Kirche birgt mehrere Ausstattungsstücke (18. Jh.) aus dem Vorgängerbau.

I

A-5204 Irrsdorf (Gemeinde Straßwalchen)

Einw.: 000 Höhe: 560 m S. 255 □ D 2

Das Dorf, in dem zwei reich mit Beigaben ausgestattete Gräber gefunden wurden, erlangte vor allem wegen seiner um das Jahr 1000 erstmals erwähnten, einst zum Stift Mondsee gehörenden Wallfahrtskirche Berühmtheit.

Filialkirche Mariä Himmelfahrt: Die Kirche mit gotischem Turm, in den kleine Konsolköpfe eingemauert sind, erhielt 1408 ihre heutige Gestalt und wurde Ende des 15. Jh. auch im Inneren vollendet.
Die prächtige, künstlerisch wertvolle Ausstattung stammt aus dem 15., dem 16. und dem späten 17. Jh. Im Tympanon des Marmorportals von 1408 sieht man die Halbfigur einer Madonna mit Kind. Die aus Eichenholz geschnitzten *Türflügel* sind ein wunderschönes Beispiel des für die Zeit typischen »weichen Stils«. Dargestellt sind die Schwangeren Maria und Elisabeth, auf deren vorgewölbten Leibern man das Jesuskind und Johannes d. T. erkennt, sowie der Maria anbetende Stifter und sein Wappen. Blickfang im Inneren sind die drei prächtigen, zwischen 1684 und 1691 in der Werkstatt des Bildhauers Meinrad Guggenbichler* gefertigten *Barockaltäre.* Die Schreinfigur des die ganze Rückwand des von einem Sternrippengewölbe überzogenen

Irrsdorf, Filialkirche Mariä Himmelfahrt, Türflügel

Chores ausfüllenden *Hochaltars* (1684), eine stehende Madonna mit Kind (um 1520), ist einziger hier verbliebener Überrest des ehem. gotischen Hochaltars. Die Gemälde, Mariä Himmelfahrt auf dem Altarblatt und Dreifaltigkeit, schuf Johann Friedrich Pereth*. Die Seitenfiguren, die hll. Georg, Martin, Wolfgang und Florian, sind Meisterwerke der barocken Schnitzkunst aus der Hand Guggenbichlers. Von ihm stammen auch die Pieta an der r Chorwand, die Schmerzhafte Muttergottes und der Schmerzensmann im Langhaus, der plastische Schmuck der Kanzel (1690) und der Altar in der Leonhardskapelle (1714). Beachtung verdienen ferner der Marmorgrabstein mit kniendem Geistlichen (1410) an der n Langhauswand, die Verkündigungsgruppe (um 1460) an der Orgelempore, eine stehende Madonna mit Kind aus Kalksandstein (frühes 15. Jh.) und das römische Grabrelief an der s Langhauswand.

K

A-5710 Kaprun

Einw.: 2900	Höhe: 786 m	S. 257 □ C 4

Der nachweislich bereits während der Bronzezeit besiedelte, 981 erstmals urkundlich erwähnte Ort am Eingang ins Kapruner Tal erlebte nach der Fertigstellung der Anlagen des Tauernkraftwerks Glockner-Kaprun (1938–1955) einen ersten wirtschaftlichen Aufschwung. Eine unmittelbare Folge war die Erschließung des Gebiets für den alpinen Tourismus. Heute gehört Kaprun, wo auf den Gletschern des Kitzensteinhorns selbst im Sommer Wintersport möglich ist, zur Eurosportregion Kaprun–Zell am See, einem der meistbesuchten Skigebiete Europas.

Pfarrkirche St. Margaretha: Der schlichte, Anfang des 15. Jh. entstandene Bau wurde im 17. Jh. barockisiert und 1893 im Stil der Neuromanik umgestaltet. Die Ausstattung stammt aus der Zeit des Barock und der Neugotik.

Schloßkapelle St. Jakob: Der schlichte spätgotische Bau aus der Mitte des 16. Jh. wurde im 18. Jh. barock umgestaltet, die Ausstattung entstammt fast ausschließlich dieser Zeit.

Burgruine: Während der letzten Jahre wurde mit der Sanierung der mittelalterlichen Anlage, von der nur der wuchtige romanische Bergfried und das Burgtor mit Resten des Zwingers erhalten waren, begonnen.

Köstendorf, Dekanatskirche Unserer Lieben Frau Geburt

Heimatmuseum: In der ehem. Machlhütte kann sich der Besucher über die Geschichte und die wirtschaftliche Entwicklung der Region informieren.

A-5203 Köstendorf

Einw.: 2190	Höhe: 560 m	S. 255 □ D 2

Archäologische Funde aus mehreren Kulturepochen zeigen, daß das Gebiet seit der Jungsteinzeit kontinuierlich besiedelt war.

Dekanatskirche Unserer Lieben Frau Geburt: Der Mitte des 16. Jh. errichtete gotische Bau wurde zwischen 1710 und 1723 erweitert und im Stil des Barock umgestaltet. Die Wände im Inneren schmücken üppiges Akanthus- und Bandelwerkdekor. Aus der einheitlich auf das 18. Jh. zurückgehenden Ausstattung ragen der 1769 von Wolfgang und Johann Baptist Hagenauer* geschaffene Hochaltar, die mit reichem Rokokodekor geschmückte Kanzel von Johann Georg Hitzl* (1751) sowie mehrere Plastiken von Paul Mödlhammer* heraus. Aus der Zeit der Gotik blieben ein Marmorrelief mit ansprechend gearbeiteter Darstellung der Gregormesse (1510) und das marmorne Taufbecken mit barokkem Deckel erhalten. Beachtung verdienen auch zahlreiche Grabplatten aus dem 16.–18. Jh.

Pfarrhof, Kooperatorstöckl und Maierhof (18. Jh.) bilden ein ansprechendes Bauensemble.

Umgebung

Dödtleinsdorf (5 km sw): *Filialkirche St. Margaretha:* Die gotische Saalkirche wurde Mitte des 18. Jh. barockisiert. Der Hochaltar entstand Mitte des 17. Jh., die übrige Ausstattung stammt aus dem 18. Jh.

St. Johann am Berge (2 km ö): *Filialkirche des hl. Johannes d. T.:* Der spätgotische Saalbau wurde Ende des 18. Jh. barockisiert, die Ausstattung entstand im frühen 18. Jh.

Weng (3 km s): *Filialkirche St. Leonhard:* Der kleine gotische Bau wurde im 18. Jh. barockisiert und besitzt eine einheitliche, im Stil des Barock gestaltete Ausstattung.

A-5743 Krimml

Einw.: 860 Höhe: 1076 m S. 256 □ A 4

Der im Oberpinzgau gelegene Ort verdankt seine Berühmtheit seiner landschaftlich äußerst reizvollen Umgebung und einem von der Natur geschaffenen Monument: Die *Krimmler Wasserfälle,* in deren drei Abschnitten das Wasser über 100–140 m in die Tiefe stürzt, sind die größten Wasserfälle Mitteleuropas.

Pfarrkirche des hl. Jakobus d. Ä.: Die bereits Mitte des 13. Jh. urkundlich erwähnte, ursprünglich gotische Kirche wurde 1835 einschneidend verändert. Bei späteren Restaurierungsarbeiten legte man im Inneren Wandmalereien aus der Mitte des 17. Jh. frei. Der Hochaltar (18./19. Jh.) birgt die gotische Statue einer stehenden Madonna mit Kind aus dem späten 15. Jh. Die übrige Ausstattung entstand im 18. und 19. Jh.

Außerdem sehenswert: *Totenkapelle* (Mitte des 18. Jh.). – *Krimmler Tauernhaus:* In dem 1436 errichteten und Anfang unseres Jh. grundlegend umgestalteten Gebäude blieb eine schöne getäfelte Stube aus der Erbauungszeit erhalten.

A-5421 Krispl

Einw.: 770 Höhe: 927 m S. 255 □ D 2

Die kleine Ortschaft, auf deren Gemeindegebiet sich einige typische alte Bauernhöfe erhalten haben, zieht zunehmend Urlauber an, die fern der Touristenzentren Erholung suchen.

Pfarrkirche der Hll. Petrus und Paulus: Der kleine einschiffige Barockbau entstand im frühen 18. Jh., die Ausstattung stammt aus dem 18. und 19. Jh.

Im Ort sind außerdem mehrere alte *Totenbretter* zu sehen, auf denen die Verstorbenen früher im eigenen Haus aufgebahrt wurden.

A-5431 Kuchl

Einw.: 5930 Höhe: 465 m S. 255 □ D 3

Auf der in der Nationalbibliothek in Wien aufbewahrten Tabula Peutingeriana, der Weltkarte des Römers Castronius, ist ein Ort namens Cucullae verzeichnet, der auch in der von Eugipius verfaßten »Vita Severini« (5. Jh.), der Lebensgeschichte des hl. Severin, als Sitz einer christlichen Gemeinde erwähnt

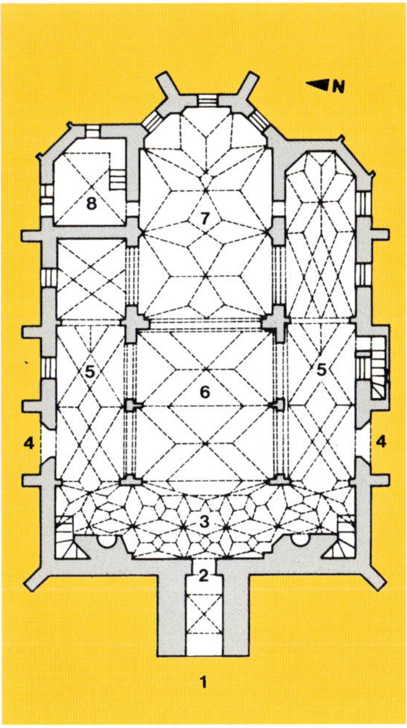

Kuchl, Pfarrkirche der Hll. Maria und Pankraz

Kuchl, Pfarrkirche der Hll. Maria und Pankraz 1 Fassade mit Westturm **2** roman. Portal **3** Orgelempore **4** got. Seitenportale **5** Seitenschiffe **6** Mittelschiff **7** Chorraum, Hochaltar **8** Sakristei

wird und in den folgenden Jh. in weiteren Urkunden auftaucht. Es ist allerdings nicht sicher, ob dieses Cucullae auf dem Gebiet des heutigen Kuchl oder auf dem Georgenberg (siehe Umgebung) lag. Fest steht jedoch, daß im Mittelalter das Salzburger Domkapitel hier ausgedehnte Besitzungen hatte und die Herren von Kuchl zu einem der bedeutendsten und reichsten Adelsgeschlechter des Landes aufstiegen.

Pfarrkirche der Hll. Maria und Pankraz: Vom ursprünglichen romanischen Bau blieb noch ein Portal erhalten. Der bestehende dreischiffige Staffelbau stammt aus spätgotischer Zeit. Im Inneren fallen zunächst die Netzrippengewölbe und der reiche Maßwerkschmuck an der Orgelempore (1492) ins Auge. Die Marmorkanzel mit ihren schönen Reliefs stammt aus dem Jahr 1520, Hochaltar, Seitenaltäre und zahlreiche Skulpturen entstanden während der Zeit des Barock, die 1955 von Josef Widmoser* gemalten Glasfenster runden das Bild ab. Von den zahlreichen Grabsteinen an den Außenwänden und im Kircheninneren verdient der Marmorgrabstein für Wolfgang Panicher (1507), der als besonders schönes Beispiel für die Salzburger Marmorskulptur jener Zeit dient, besondere Erwähnung. Das Kreuzigungsrelief und der kniende Ritter und sein Wappen werden Hans Valkenauer* zugeschrieben.

Heimatmuseum: Es informiert anhand von archäologischen Funden, Gerätschaften aller Art und anderer Ausstellungsstücke über die historische und wirtschaftliche Entwicklung des Ortes.

Umgebung

Georgenberg (2 km nö): Der vom Neolithikum bis zur Römerzeit kontinuierlich besiedelte Felsrücken gilt als eine der bedeutendsten archäologischen Fundstätten des Landes Salzburg. *Filialkirche St. Georg:* Ausgrabungen zufolge hatte der bestehende einschiffige spätgotische Bau mit barockem Turm zwei Vorgängerbauten (5. bzw. 11. Jh.). Die Marmorkanzel an der Außenwand stammt von 1682. Im von einem Netzrippengewölbe überspannten Inneren fallen die reich mit Maßwerk verzierte Empore und der mit Plastiken von Johann Georg Mohr* geschmückte barocke Hochaltar (1716) ins Auge.

L

A-5112 Lamprechtshausen

Einw.: 2890 Höhe: 457 m S. 254 □ C 2

Der ländliche Ferienort liegt in reizvoller, von Wiesen, Wäldern und Mooren durchzogener Landschaft.

Pfarrkirche St. Martin: Der Bau umfaßt einen romanischen Turm, einen spätgotischen Chor und ein Langhaus aus dem frühen 20. Jh. Aus dieser Zeit stammt auch die überwiegend neugotische Ausstattung.

Umgebung

Arnsdorf (2 km s): *Kuratbenefiziums- und Wallfahrtskirche St. Maria:* Der spätgotische Bau wurde Mitte des 18. Jh. barockisiert. Der 1753 geschaffene Hochaltar birgt das Gnadenbild, eine thronende Muttergottes mit Kind aus der Zeit um 1500, die übrige Ausstattung ist barock. Das *Franz-Xaver-Gruber-Museum* im ehem. Schulhaus erinnert an den Komponisten des Weihnachtsliedes »Stille Nacht, heilige Nacht«, der davor befindliche moderne Brunnen entstand 1963.

St. Alban (3 km ö): *Filialkirche St. Alban:* In der einschiffigen gotischen Kirche legte man bei Restaurierungsarbeiten Wandmalereien aus dem 14. und 15. Jh. frei, die Ausstattung stammt aus dem 17. Jh.

A-5651 Lend

Einw.: 1630 Höhe: 639 m S. 258 □ D 4

Von der Mitte des 16. bis weit ins 19. Jh. hinein wurden im Ort, der wegen der waldreichen Umgebung und des Zusammenflusses von Gasteiner Ache und Salzach mühelos mit Holz versorgt werden konnte, alle bei Gastein und Rauris abgebauten Edelmetalle verarbeitet. Dank seiner günstigen Lage und der Nähe zu Badgastein entwickelte sich Lend zu einem bedeutenden Verkehrsknotenpunkt. 1889 entstand hier das erste Aluminiumwerk Österreichs, das auch heute noch ein wichtiger Arbeitgeber ist.

Pfarrkirche St. Rupert: Der bestehende einschiffige Bau wurde 1674 errichtet und 1760 umgestaltet. Aus diesem Jahr stammt auch der Hochaltar, Nebenaltäre und Kanzel (1761) gelten als Arbeiten von Petrus Schmid*.

Außerdem sehenswert: *Soldatenfriedhof:* Er erinnert an im 2. Weltkrieg gefallene Soldaten. – Moderner *Brunnen* mit Statue eines Metallarbeiters. – *Schloß:* Das

Lamprechtshausen, Pfarrkirche St. Martin

um 1600 als Sitz des erzbischöflichen Berg- und Hüttenverwalters errichtete Gebäude ist heute Gemeindeverwaltung.

Umgebung

Embach (5 km sw): Der Ort ist Teil der Gemeinde Lend (1600 Einw.). – *Pfarrkirche St. Laurentius:* Die von einem gotischen Turm überragte, im Kern ebenfalls gotische Kirche aus dem 14. Jh. wurde im späten 18. Jh. erweitert und mit der klassizistischen W-Fassade versehen. Die Bilder an der Decke und den Wänden zeigen Szenen aus dem Marienleben. Der 1903 geschaffene Hochaltar schmückt das ehem. Gnadenbild aus der Wallfahrtskirche Maria Ellend (18. Jh.). Seitenaltäre und Kanzel entstanden im späten 18. Jh.
Winkl (7 km ö): *Wallfahrtskapelle Maria Ellend:* Der ursprüngliche Bau entstand Mitte des 16. Jh., der bestehende Mitte des 18. Jh. Auf dem Altar der von zahlreichen Votivgaben geschmückten Kirche steht heute eine Pieta aus dem 18. Jh. Etwas unterhalb der Kapelle steht die *Ursprungskapelle* (18. Jh.). Auf dem Weg nach Embach kommt man an der *Ölbergkapelle* mit gegeißeltem Christus (19. Jh.) vorbei.

A-5771 Leogang

Einw.: 3030 Höhe: 797 m S. 257 □ C 3

Die Umgebung des idyllisch gelegenen Ferienortes war früher Bergbaugebiet.

Pfarrkirche St. Leonhard: Der bestehende Bau wurde 1745 von Jakob Singer* unter Einbeziehung des original belassenen gotischen Turms errichtet. Die Langhaus und Turm umspannende Eisenkette hat vermutlich etwas mit der Verehrung des hl. Leonhard zu tun. Die schönen, u. a. Szenen aus dem Leben des Kirchenpatrons zeigenden Deckenfresken in Langhaus und Chor malte Christoph Anton Mayr*. Die gute, einheitliche barocke Ausstattung entstand in der zweiten Hälfte des 18. Jh.

Umgebung

Hütten (4 km w): *Knappenkapelle St. Anna:* Der schlichte Bau von 1770 besitzt eine schöne Ausstattung aus der Erbauungszeit.

A-5580 Lessach

Einw.: 600 Höhe: 1208 m S. 259 □ F 4

Das reizvolle, noch recht unberührte Lessachtal zieht immer mehr Feriengäste an.

Pfarrkirche St. Paulus: Der bestehende neugotische Bau wurde 1910 unter Einbeziehung von Teilen des gotischen, später barockisierten Vorgängers errichtet.

Auf den aus der Erbauungszeit stammenden neugotischen Altären sowie im gesamten Kircheninneren wurden mehrere barocke Heiligenstatuen und Skulpturen aufgestellt.
Bei einem Rundgang über den Friedhof kann man zahlreiche schöne und originelle Holzbretter sowie kunstvoll gearbeitete schmiedeeiserne Grabkreuze bewundern.

Burgruine Thurnschall: Von der bereits im 13. Jh. errichteten Wehranlage, um die sich mehrere Volksmärchen ranken, blieben nur Reste des Burgfrieds und verschiedener Mauerteile erhalten.

A-5090 Lofer		
Einw.: 1860	Höhe: 640 m	S. 254 □ C 3

Der reizvoll im Schutz der Loferer Steinberge im Saalachtal gelegene Ort besitzt seit dem 14. Jh. Marktrechte und war lange Zeit Sitz eines Pflegers. Während der Napoleonischen Kriege zu Anfang des 19. Jh. war die umliegende Gebirgsregion Schauplatz von erbitterten Kämpfen. Heute ist Lofer ein vielbesuchter Ferienort.

Pfarrkirche der Hll. Maria und Leonhard: Der im 15. Jh. errichtete gotische Bau wurde 1678 um die beiden barocken Seitenschiffe erweitert. 1732 erhielt der massive quadratische Turm seine markante Doppelzwiebel. Die Schutzmantelmadonna an der Außenwand neben dem Hauptportal malte 1954 Karl Weiser*. In der Turmhalle und im Chor blieben gotische Wandmalereien aus dem frühen 15. Jh. erhalten, die Glasfenster entstanden im späten 19. Jh. Der neugotische Hochaltar stammt aus der Zeit um 1900, die barocken Seitenaltäre und die Kanzel wurden in der ersten Hälfte des 18. Jh. gefertigt.

Außerdem sehenswert: *Kalvarienbergkapelle:* Der außerhalb des Ortes gelegene schlichte Bau wurde im späten 18. Jh. errichtet und ausgestattet. – *Pestsäule* aus dem frühen 16. Jh. – *Marktbrunnen* mit barocker Muttergottesstatue. – *Rathaus:* Der spätgotische Bau aus dem frühen 16. Jh. wurde teilweise modernisiert. – Zahlreiche schöne, teilweise mit Wandmalereien geschmückte *Häuser.*

Lofer, Pfarrkirche der Hll. Maria und Leonhard, gotische Wandmalereien

Umgebung

Au (3 km nö): *Filialkirche St. Antonius:* Der Mitte des 17. Jh. errichtete und in der ersten Hälfte des 18. Jh. erweiterte Bau besitzt eine schöne, einheitliche barocke Ausstattung aus dem späten 17. und dem 18. Jh.
Paß Strub (3 km w): Die mittelalterlichen Befestigungsanlagen wurden Anfang des 17. Jh. ausgebaut und während der Napoleonischen Kriege Anfang des 19. Jh. gesprengt. Das erhalten gebliebene Wachhaus und Mauerreste sind mittlerweile restauriert.

M

A-5751 Maishofen

Einw.: 2540 Höhe: 764 m S. 257 □ C 3

Pfarrkirche St. Maria: Der einfache Kirchenbau aus dem Jahre 1863 besitzt eine überwiegend barocke Ausstattung aus dem 18. Jh. Der Hochaltar aus dem Jahre 1713 wurde aus Schloß Kammer hierher verbracht.

Schloß Kammer: Die bereits im 13. Jh. erwähnte, zu Beginn des 17. Jh. fast völlig erneuerte Anlage erhielt zu Beginn des 19. Jh. unter Einbeziehung älterer Bauteile ihr heutiges Gesicht. Besondere Erwähnung verdient die im frühen 18. Jh. entstandene Kapelle mit überwiegend aus dem 19. Jh. stammender Ausstattung.

Schloß Saalhof: Die bereits im 15. Jh. urkundlich erwähnte Anlage erhielt Anfang des 17. Jh. ihr heutiges, für einen Adelssitz im Salzburger Land der damaligen Zeit typisches Gesicht und befindet sich im Privatbesitz.

Umgebung

Prielau (2 km s): *Filialkirche der Hl. Dreifaltigkeit:* Der schlichte einschiffige Barockbau entstand zu Beginn des 18. Jh., die ebenfalls barocke Ausstattung stammt aus der ersten Hälfte des

Lofer, Hll. Maria und Leonhard, Heiligenfigur

18. Jh. *Schloß Prielau:* Das Gebäude erhielt im ausgehenden 16. Jh. sein heutiges Gesicht.

A-5761 Maria Alm am Steinernen Meer

Einw.: 1970 Höhe: 802 m S. 257 □ C 3

Der kleine Wallfahrts- und Ferienort liegt vor der landschaftlich reizvollen Kulisse des Steinernen Meeres.

Wallfahrtskirche St. Maria: Der fünfgeschossige, in den oberen Geschossen von Wandmalereien geschmückte und von einem spitzen Helm bekrönte W-Turm der spätgotischen Hallenkirche aus der Zeit um 1500 ist mit über 80 m der höchste Turm im Salzburger Land. Die Innenräume wurden im 18. Jh. barockisiert. Aus dieser Zeit stammen auch die

Maishofen, Schloß Saalhof

Maria Alm am Steinernen Meer, Wallfahrtskirche St. Maria, Hochaltar

Wandmalereien und die Ausstattung. Der Hochaltar (1753) birgt das Gnadenbild, eine Madonna mit Kind aus der zweiten Hälfte des 15. Jh. Die Plastiken am r Seitenaltar gelten als Werke von Benedikt Faistenberger*. Außerdem befinden sich in der Kirche zahlreiche Grabsteine aus dem 15.–18. Jh.

Außerdem sehenswert: *Friedhof* mit schmiedeeisernen Grabkreuzen und gotischer Kapelle mit Fresken aus dem 17. Jh. – *Gastegkapelle:* Der achteckige Barockbau aus dem späten 17. Jh. birgt eine beachtliche Sammlung von Votivtafeln und -gaben. – *Palästinakapelle:* Neugotischer Bau aus dem späten 19. Jh.

Umgebung

Hinterthal (10 km ö): *Pfarrkirche der Hl. Dreifaltigkeit:* Der schlichte Barockbau mit von einem Zeltdach gekröntem hölzernen Dachreiter entstand 1610 und wurde 1740 umgestaltet. Aus dieser Zeit stammt auch der Altar.

A-5571 Mariapfarr

Einw.: 2290 Höhe: 1120 m S. 259 □ F 4

Die auf einer Terrasse gelegene Gemeinde gilt als der sonnenreichste Ort Österreichs und lebt deshalb heute vor allem vom Fremdenverkehr. Bereits im Jahre 923 wurde in Urkunden eine »ecclesia ad Lungouve« genannt. Bis heute steht allerdings nicht endgültig fest, ob es sich bei dieser um die Pfarrkirche oder aber um die Filialkirche im nahe gelegenen Althofen handelte. Dennoch gilt Maria-

Maria Alm am Steinernen Meer > *Wallfahrtskirche St. Maria*

Mariapfarr, Pfarrkirche St. Maria

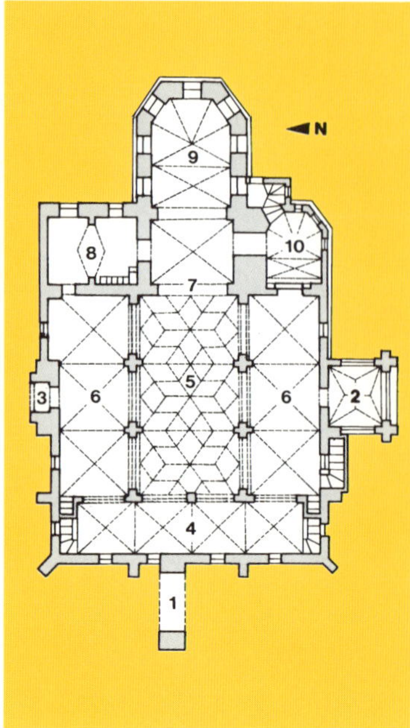

Mariapfarr, Pfarrkirche St. Maria **1** Verbindungsgang zum Pfarrhof **2** s Portalvorhalle **3** n Portalvorbau **4** Westempore **5** Mittelschiff **6** Seitenschiffe **7** Triumphbogen, Durchgang zum Chorjoch **8** Sakristei **9** Chorraum **10** Georgskapelle

pfarr, das 1153–1807 zum Salzburger Domkapitel gehörte, als die älteste Pfarre im Lungau. 1419–1447 arbeitete hier Petrus Grillinger, einer der kunstverständigsten Salzburger Geistlichen des Mittelalters, als Pfarrer. Ihm verdankt die Nachwelt die heute in der Staatsbibliothek von München aufbewahrte Grillinger Bibel und das Grillinger Altärchen, das immer noch bei Fronleichnamsprozessionen mitgeführt wird.

Pfarrkirche St. Maria: Der ursprünglich romanische Bau erhielt in der Zeit der Gotik sein heutiges Gesicht. Älteste Bauteile sind der Turm, der 1854 nach einem Brand seinen Spitzhelm erhielt, und der 1360 errichtete Chor. Um das Jahr 1421 entstand die Georgskapelle als Verlängerung des s Seitenschiffs, um 1446 erfolgte der Ausbau der Kirche zur dreischiffigen gotischen Basilika. 1946 legte man bei Renovierungsarbeiten mittelalterliche Fresken frei. Die ältesten (1220) befinden sich im Turmuntergeschoß und zeigen Szenen aus dem Leben Jesu. Unter den um 1360 entstandenen *Malereien im Chor,* die sich mit der Kindheitsgeschichte Jesu beschäftigen, fällt besonders eine Schutzmantelmadonna auf, die einen kindlichen Schmerzensmann im Arm hält. An den Wänden der *Georgskapelle* wird die Lebensgeschichte des hl. Georg erzählt. Besondere Beachtung verdient hier das um 1430 von Friedrich und Johann von Villach* geschaffene Andachtsbild zum allerheiligsten Leib und Blut Christi. Die Ausstattung der Kirche stammt aus dem 17. und 18. Jh. Bei der Zusammenstellung des neugotischen Hochaltars fanden 1897 Flügeltafeln des ursprünglichen gotischen Altars aus der Zeit um 1500 mit

Mariapfarr, St. Maria, Blick zum Chor

Szenen aus dem Marienleben Verwendung. Beachtung verdienen ferner das spätgotische Kruzifix aus der Zeit um 1430 sowie der Totenschild und der Grabstein von Konrad Thannhauser (1483) in der Georgskapelle. Die unter dem Chor befindliche *Krypta* mit barockem Kruzifix aus dem 17. Jh. und modernen Glasfenstern von Albert Birkle (1955) ist heute Kriegergedächtnisstätte für im 2. Weltkrieg gefallene Soldaten.

Umgebung

Althofen (1 km w): *Filialkirche St. Laurentius:* Die Ausstattung des 1744 errichteten Zentralbaus stammt aus der Zeit des Barock.
Gröbendorf (3 km sw): *Burgruine:* Die bereits im späten 11. Jh. erwähnte und Mitte des 16. Jh. im gotischen Stil errichtete Anlage ist heute verfallen.
Niederrain (2 km nw): *Schloß:* Der 1536 errichtete Bau blieb weitgehend unverändert erhalten.
Pichl (2 km s): *Kapelle:* Der moderne Bau besitzt eine Ausstattung aus dem 17.–19. Jh. *Burgruine:* Von der Anfang des 12. Jh. erbauten Anlage blieben nur Reste des Turms und der Mauern sowie von Einbauten aus dem 19. Jh. erhalten.

A-5163 Mattsee

Einw.: 2550 Höhe: 505 m S. 255 □ D 2

Die idyllisch zwischen dem Obertrumer See und dem Mattsee gelegene Marktgemeinde lebt heute vor allem vom Fremdenverkehr. Archäologische Funde aus der Bronze-, der Hallstatt- und der Römerzeit, die auf den umliegenden Hügeln gemacht wurden und sich großenteils im Museum Carolino Augusteum in → Salzburg befinden, zeugen von einer

Mattsee, Kollegiats- und Pfarrkirche St. Michael

langen kontinuierlichen Besiedelung des Gebiets. Das Kollegiatstift wurde angeblich 777 von Bayernherzog Tassilo III. als Benediktinerkloster gegründet, aber erst 784 urkundlich erwähnt. Nach der folgenschweren Niederlage der Bayern bei Preßburg fiel die königliche Abtei Mathaseo 907 zusammen mit dem Kloster Altötting als eine Art Wiedergutmachung an das Bistum Passau. Dieses übte hier, obwohl das Erzstift Salzburg bereits 1398 die Herrschaft käuflich erworben hatte, bis 1807 die kirchlichen Rechte aus.

Kollegiats- und Pfarrkirche St. Michael: Der massive, 1766/67 von Wolfgang Hagenauer* im Stil des ausklingenden Barock und des Frühklassizismus gestaltete W-Turm ist mit seinen insgesamt fünf unterschiedlich gegliederten Geschossen und dem pyramidenförmigen Helm weithin sichtbar. Das als dreischiffige Basilika mit vorspringendem Querhaus gestaltete Langhaus und der Chor verraten eindeutig ihren gotischen Ursprung. Dieser ist auch noch im architektonischen Aufbau der Innenräume zu erkennen, wo den Besucher heute barocke Pracht aus der Zeit um 1700 erwartet. Die Felder der Gewölbe, deren Kämpfer von Putten getragen werden, schmücken üppiger Akanthusstuck und Gemälde mit Szenen aus dem Alten und Neuen Testament. Die Bögen zieren Kartuschen, um die Wandbilder und in den Arkadenbögen rankt sich Laubwerk. Die Ausstattung entstand im wesentlichen Anfang des 18. Jh. Der Hochaltar wurde 1733 in Anlehnung an den Altar in der Kapelle des Salzburger Schlosses Mirabell gestaltet. Das von Jakob Zanusi* gemalte Altarblatt zeigt den die Dreifaltigkeit anbetenden Kirchenpatron. Die die vier Erzengel darstellenden Hauptfiguren schuf der Bildhauer Paul Mödlhammer*. Die Plastiken an den Seitenaltären werden der Werkstatt von Meinrad Guggenbichler*, die lebensgroßen Statuen der hll. Sebastian und Petrus an den Chor-

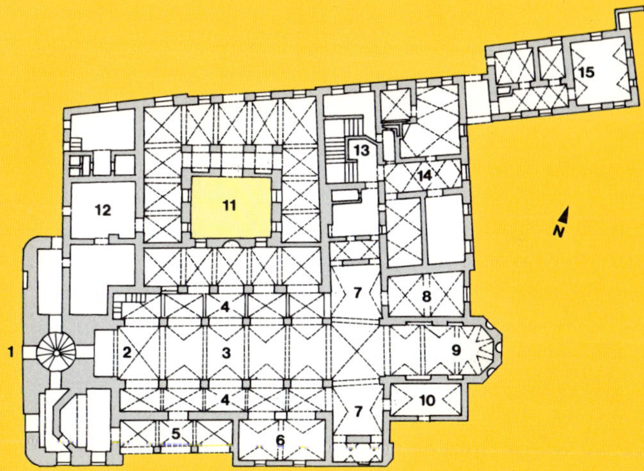

wänden Michael Zürn d. J.* zugeschrieben, die Kanzel ist ein Werk von Ferdinand Oxner*. Erwähnt seien weiterhin ein den hl. Christophorus zeigendes spätgotisches Fresko aus der Zeit um 1500 im n Seitenschiff sowie zahlreiche Grabsteine aus dem 15.–18. Jh.

Pfarrkirche St. Laurentius: Der frühklassizistische Saalbau wurde 1777–1779 von Wolfgang Hagenauer* errichtet. 1926 machte der Einsturz des W-Turms eine Umgestaltung der Fassade notwendig. Die einheitliche Ausstattung entstammt dem späten 18. Jh. Im benachbarten *Mesnerhaus* wurde der Komponist Anton Diabelli (1781–1858) geboren.

Propsteigebäude: Der schlichte, zweigeschossige dreiflügelige Bau erhielt im 18. Jh. sein heutiges Gesicht. Im Kreuzgang befinden sich zahlreiche Marmorgrabsteine aus dem 15.–18. Jh. In den Innenräumen ist heute das *Stiftsmuseum* untergebracht, in dem u. a. sakrale

Mattsee, Kollegiats- und Pfarrkirche St. Michael mit Probstei (Kirche 1–10) **1** Westwerk mit Turm **2** Orgelempore **3** Mittelschiff **4** Seitenschiffe **5** Portalvorhalle **6** Frühmeßkapelle, ehem. Kreuzkapelle **7** Querhaus **8** Sakristei **9** Chorraum mit Hochaltar **10** Antoniuskapelle **(Probstei 11–15)** **11** Kreuzgang **12** Kanonikergruft **13** Stiegenhaus **14** Osttrakt der Probstei mit Kleinem und Großem Kapitelsaal, Bibliothek und Stiftsmuseum **15** Anbau mit Sälen

Kunstwerke aus mehreren Jahrhunderten und eine Sammlung mit Ölbildern von Johann Michael Rottmayr* zu sehen sind.

Schloß: Das Ende des 12. Jh. von den Passauer Bischöfen errichtete und 1398 vom Erzstift Salzburg erworbene Gebäude verfiel bereits ab dem 17. Jh. Im noch erhaltenen S-Trakt informiert heute das *Heimatmuseum* über die Geschichte von Mattsee.

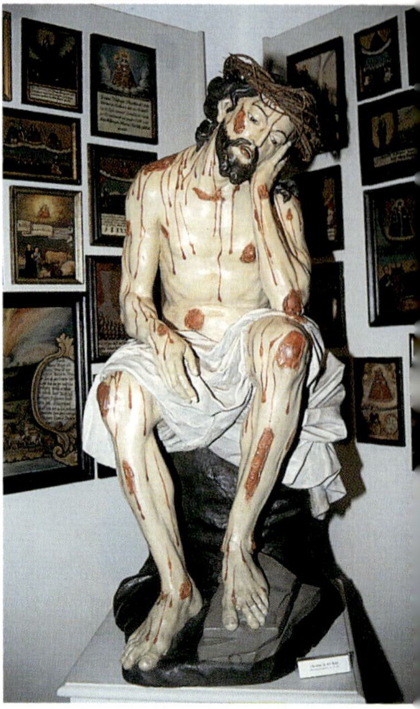

Mattsee, Stiftsmuseum, Exponate (links und rechts)

Umgebung

Schleedorf (5 km sö): *Pfarrkirche St. Stephan:* Der Saalbau wurde im späten 19. Jh. unter Einbeziehung des gotischen, später barockisierten Chores im Stil des Historismus errichtet. Von der Ausstattung sind die von Meinrad Guggenbichler* geschaffenen barocken Skulpturen auf den Hochaltar hervorzuheben.
Seeham (6 km w): *Pfarrkirche hl. Johannes d. T.:* Ein mächtiger Saalbau von 1931. Der W-Turm stammt noch vom Vorgängerbau und stellt den barocken Anbau (1720) eines gotischen Turmes dar. Die Deckenmalerei in der Chorkapelle schuf 1854 Josef Rattensperger. An der Flachdecke der ehem. Sakristei ist ein Deckenbild der Hl. Familie erhalten (1720). Die Altäre entstanden 1931. Der Hochaltar von Jakob Adlhart wahrt die barocke Schnitzgruppe Taufe Christi mit schwebender Gottvaterfigur vom ehem. Hochaltar von 1682 (vielleicht Simeon Frieß zugeschrieben). Die Schnitzfigur Maria Immaculata mit Kind am l Seitenaltar stammt von Wolf Weißenkirchner d. Ä. (1685, ursprünglich am Hochaltar in Obereching).
Zellhof (2 km nw): *Filialkirche St. Maria:* Die im 17. Jh. enstandene barocke Saalkirche besitzt eine Ausstattung aus dem 19. Jh.

A-5570 Mauterndorf

Einw.: 1660 Höhe: 1122 m S. 259 □ F 4

Bereits zur Römerzeit verlief hier eine wichtige Nord-Süd-Verbindung. Vermutlich existierte damals auch bereits eine Zollstation, der der Ort auch seinen Namen verdankt: In Österreich bezeichnet das Wort Maut die Gebühren für die Benutzung von Verkehrswegen. 1002 schenkte König Heinrich II. das predium Lungove dem damaligen Salzburger

Mauterndorf, Burg

Erzbischof; nach desen Tod fiel das Gebiet an das Domkapitel, in dessen Besitz es bis zur Säkularisation 1803 blieb. 1143 erhielt der Ort Mautrecht, und seine Eigentümer verpflichteten sich im Gegenzug zur Instandhaltung der Tauernstraßen. 1217 verlieh Kaiser Friedrich II. Marktrechte. Ab dem 16. Jh. sorgten neben dem Handel ein Schmelzofen und ein Drahthammer für wirtschaftlichen Wohlstand, heute ist der Fremdenverkehr wichtigste Einnahmequelle.

Pfarrkirche St. Bartholomäus: Der im 14. Jh. errichtete gotische Bau erhielt durch Veränderungen und Erweiterungen im 17. und 18. Jh. sein heutiges Gesicht. Von der großenteils aus Tamsweg hierher verbrachten Ausstattung verdienen der 1702 von Gregor Sapser* geschaffene Hochaltar mit Altarblatt von Johann Friedrich Pereth* und die Seitenaltäre (1667) mit angefügten spätgotischen Reliefs bzw. Figuren vom Anfang des 16. Jh. Beachtung.

Filialkirche St. Gertraud: Der schön gelegene romanische Bau mit rechteckigem Langhaus, eingezogenem Chor und halbrunder Apsis erfuhr zur Zeit der Gotik und des Barock geringfügige Veränderungen, der Turm entstammt dem 17. Jh. Der von einer gotischen Flachdecke überspannte Innenraum birgt einen barocken Hochaltar und mit den beiden Seitenaltären (1601 bzw. 1607) die ältesten Renaissancealtäre im Salzburger Land. Beachtung verdienen ferner die reich bemalte Holzempore (1513) und die Epitaphe (17. Jh.), die sich in Form und Gestaltung an den Seitenaltären orientieren. In der Turm- oder *Ambthoferkapelle* blieb die Tympanonnische des ursprünglichen Kirchenportals mit gemaltem schachbrettartigem Textil und einem das Lamm Gottes zeigenden Fresko erhalten. Der Altar mit Plastiken aus dem 18. Jh. entstand 1629.
Von Interesse ist auch der *Friedhof*. Ein Gitter unter dem Eingang, ein sog.

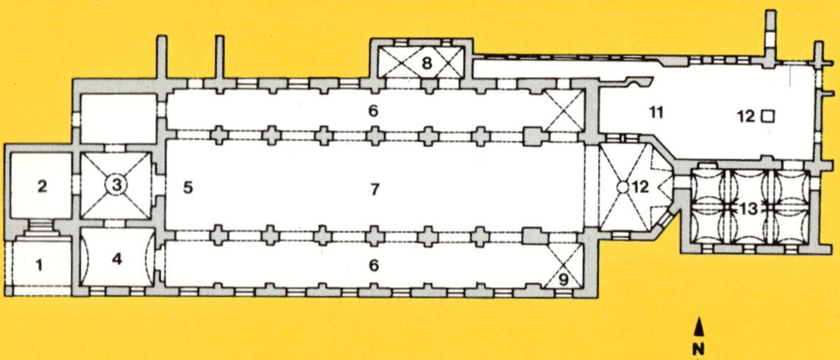

Michaelbeuern, Stiftskirche St. Michael
1 äußere Vorhalle mit roman. Portal **2** innere Vorhalle **3** ehem. Prälatengruftkapelle **4** Abtgruft **5** Orgelempore **6** Seitenschiffe **7** Mittelschiff **8** Mezgergruftkapelle, darüberliegend Winterchor **9** Turmerdgeschoß **10** Chorraum **11** Marienkapelle **12** Chorkapelle **13** Sakristei

»Beinbrecher«, soll Hunde und Katzen fernhalten. Ein Teil der Anlage ist durch eine Mauer abgetrennt und das einzige im Raum Salzburg erhaltene Beispiel für einen »Friedhof der unschuldigen Kinder«, der einst als Begräbnisstätte für Kinder diente, die ohne das Sakrament der Taufe verstorben waren.

Burg: Die herrlich auf einem Hügel gelegene Anlage besticht durch die Verbindung der markanten, wohlproportionierten einzelnen Bauteile zu einem harmonischen Ganzen und gilt als eine der schönsten mittelalterlichen Burgen Österreichs. Sie wurde 1253 vom Salzburger Domkapitel als regionales Verwaltungszentrum errichtet, nachdem Papst Innozenz II. den Bau von Burgen zum Schutz des eigenen Territoriums genehmigt hatte. Mitte des 14. Jh. kam der Kapellentrakt hinzu, ab der Mitte des 15. und Anfang des 16. Jh. wurden vor allem die Innenräume neu gestaltet. Nach der Säkularisation verfiel die Anlage und wurde erst zu Beginn unseres Jh. durchgreifend restauriert. Unbedingt sehenswert ist die gotische *Kapelle,* ein rechteckiger Raum mit kleinem Chor. Die Mitte des 14. Jh. entstandenen Wandmalereien zeigen im Chor Szenen aus dem Alten Testament und am Chorbogen den Thron Salomons, eine Marienkrönung, personifizierte Tugenden und Medaillons mit Heiligenporträts. Der vom späteren Erzbischof Burkhart von Weißpriach gestiftete gotische Dreiflügelaltar (1452) zählt mit seinen drei Schreinfiguren zu den Meisterwerken der Salzburger Holzschnitzkunst jener Zeit. In den über der Kapelle gelegenen *Keutschach-*

Michaelbeuern, Stiftskirche St. Michael, Hochaltar

zimmern gefallen vor allem die mit Rankenmalereien (15./16. Jh.) verzierten Wände. In den oberen Stockwerken des Palas ist heute das *Lungauer Landschaftsmuseum* untergebracht.

Außerdem sehenswert: *Wolfgangskapelle:* Der 1642 errichtete Barockbau birgt einen schönen frühbarocken Hochaltar. – Zahlreiche gut erhaltene *Bürgerhäuser* mit für das Salzburger Land ungewöhnlichen Treppengiebeln.

Umgebung

Tweng (10 km nw): *Pfarrkirche Hl. Kreuz:* Das kleine kapellenartige Gotteshaus von 1665 wurde 1729 erweitert und nach dem Brand von 1921 im Jahre 1947 restauriert. Der Hochaltar sowie die Kanzel und die Seitenaltäre entstanden im 18. Jh. An der r Langhauswand Kruzifix mit Maria von Altötting aus dem 16. Jh. – Außerdem sehenswert: *Gasthof zur Post,* altes Tauernhaus, am Durchfahrtsflur die Jahreszahl 1549.

In der *Umgebung:* An der Katschbergbundesstraße stehen 1,5 km nw von Tweng zwei *römische Meilensteine* des Kaisers Philippus Arabs und seines Sohnes Philippus junior (244–249 n. Chr.).

A-5152 Michaelbeuern

Einw.: 1200 Höhe: 470 m S. 255 □ D 1

Wann genau die Geschichte der neben St. Peter einzigen Benediktinerabtei im Land Salzburg und einzigen mittelalterlichen Klostergründung außerhalb der Landeshauptstadt ihren Anfang nahm, liegt bis heute im dunkeln. Gesichert ist, daß sie 817 im Aachener Klosterkatalog aufgeführt wurde und daß das Kloster St. Michael in Biwern in einer Schenkungsurkunde des Jahres 977 genannt wird. Weiterhin steht fest, daß der Aufstieg des Klosters 1072 mit der Weihe der Kirche durch Sieghart Graf von Peilstein, Patriarch von Aquileia, begann und die Folgen politischer Wirren in den nachfolgenden Jahrhunderten ihm eine recht wechselvolle Geschichte mit Höhen und Tiefen bescherten. Dies mag wohl auch ein Grund dafür sein, daß sich die bestehenden Bauten neben der barocken Pracht anderer Klöster recht schlicht ausnehmen. Im 17. und 18. Jh. stellte St. Michael der von einer Benediktinerkongregation geleiteten Salzburger Universität mehrere bedeutende Professoren wie beispielsweise den Geographen Pater Odilo von Gutrath (gest. 1731) und den Historiker Pater Michael Filz (gest. 1854).

Stiftskirche St. Michael: Die ursprünglich romanische dreischiffige Basilika wurde im 15. Jh. gotisiert und im 17. Jh. barockisiert. Als man 1938 mit der Restaurierung begann, stellte sich heraus, daß das Langhaus so baufällig war, daß es knapp 10 Jahre später im neuromanischen Stil erneuert werden mußte. Von der originalen Pfeilerbasilika blieben nur der Turm, das mit neuem Tympanon versehene und versetzte S-Portal (13. Jh.), Ansätze eines W-Werks und Bauteile beim ehem. Mönchschor erhalten. Prunkstück der im 17. und 18. Jh. entstandenen Ausstattung ist der prächtige *Hochaltar* von 1691 im gotisierten und zur Zeit des Barock mit Stukkaturen geschmückten Chor. Die ausdrucksvollen barocken Plastiken (die hll. Rupert und Ulrich in den Seitennischen, die hll. Benedikt und Scholastika im Aufsatz) schuf Meinrad Guggenbichler*. Das Altarblatt (Auferstehung) und das von zwei Engeln flankierte Oberbild (Erzengel Michael) malte Johann Michael Rottmayr*, der als Sängerknabe in der Klosterschule erzogen worden war. Erwähnt seien ferner die zahlreichen Grabsteine aus dem 14. bis 17. Jh. für Äbte und Mitglieder der Adelsfamilien aus der Umgebung. Die Ausstattung der überwiegend während des Kirchenneubaus neu gestalteten Kapellen stammt ebenfalls aus dem 17. und 18. Jh.

Klostergebäude: Die durch einen Torturm zugängliche Anlage mit weitläufigem Innenhof setzt sich aus unregelmäßig um diesen angeordneten Bauten aus mehreren Stilepochen zusammen (romanisches Refektorium, Klostergebäude aus dem 17. und 18. Jh.). Das Modell für eine 1768 geplante, aber nie durchgeführte einheitliche Erneuerung kann heute noch in der *Bibliothek* besichtigt werden. Dieser im 1779 neu gebauten Trakt befindliche Raum wirkt im Vergleich zu anderen Klosterbibliotheken mehr als schlicht, birgt aber mit der sog. *Waltherbibel* ein Hauptwerk der romanischen Buchmalerei in Salzburg. Der prächtigste Raum der Anlage ist der *Abteisaal* in der ehem. Prälatur mit Stukkaturen aus dem Jahre 1720 und mit 1771 von Franz Nikolaus Streicher* gemaltem Deckenfresko und Wandbildern (Abraham bewirtet Engel, Allegorien, Landschaften).
Sehenswert ist die Sammlung des *Stiftsmuseums,* die neben volkstümlichen Kunstwerken auch einige beachtliche Beispiele für die spätmittelalterliche Schnitzkunst aus dem Raum Salzburg umfaßt.

Umgebung

Dorfbeuern (1 km w): *Pfarrkirche der Hll. Nikolaus und Johannes d. T.:* In den einschiffigen spätgotischen Bau wurden Teile des romanischen Vorgängers einbezogen. Eine Holztür mit reichen spätgotischen Eisenbeschlägen führt ins Innere, wo vor allem die prächtigen Netzrippengewölbe mit Malereien aus dem 16. und 17. Jh. ins Auge fallen. Die Architekturmalerei an der Emporenbrüstung entstammt dem frühen 16. Jh. Die Ausstattung entstand in verschiedenen Jahrhunderten und umfaßt Hochaltar und Seitenaltäre aus dem 17. Jh., eine Kanzel aus dem 19. Jh. sowie mehrere gotische und barocke Skulpturen.

Mittersill, Blick vom Schloß >

Mittersill, Schloß

A-5730 Mittersill		
Einw.: 5430	Höhe: 789 m	S. 256 □ B 4

Die im 12. Jh. von den Bayernherzögen mit dem Oberpinzgau belehnten Grafen von Matrei-Lechsgemünd nannten sich ab 1180 Grafen von Mittersill und errichteten vermutlich um diese Zeit hier auch die Burg. 1228 fiel die Grafschaft an das Erzbistum Salzburg. Der zentrale Ort des Oberpinzgaus wurde 1338 erstmals als Markt erwähnt und kam in der Folgezeit als Zentrum des Nord-Süd-Handels zu Wohlstand. Heute ist er dank der von hier ausgehenden Felbertauernstraße ein wichtiger Verkehrsknotenpunkt, in dem auch der Fremdenverkehr eine bedeutende Rolle spielt.

Dekanatskirche St. Leonhard: Der einschiffige barocke Saalbau mit von einer Zwiebel bekröntem Turm wurde 1747 bis 1749 nach Plänen von Johann Kleber* anstelle eines abgebrannten Vorgängerbaus aus dem 14. Jh. errichtet. Die Ausstattung ist im Stil des Barock und des Rokoko gehalten. Der Hochaltar mit Altarblatt von Arsenio Mascagni* und die Seitenaltäre stammen aus der zweiten Hälfte des 18. Jh., die Rokokokanzel schuf 1763 Petrus Schmid*. Ältestes Ausstattungsstück ist die steinerne Figur des hl. Leonhard aus der Zeit um 1420. Die Glasfenster mit Heiligendarstellungen malten 1840 Hans Hauer* und Franz Streißenberger*.

Annakirche: Der einschiffige Bau mit von einer Zwiebel gekröntem Turm und schönem geschwungenen W-Giebel aus dem Jahre 1751 ist für das Salzburger Land, in dem die Barockbauten jener Zeit vorwiegend klar und elegant gestaltet wurden, recht untypisch und erinnert eher an Kirchen in Tirol oder Schwaben. Dies liegt wohl daran, daß der Tiroler Jakob Singer* als Architekt fungierte und sein Landsmann Christoph Anton Mayr*

1753 die von Stukkaturen gerahmten Deckenbilder mit Szenen aus dem Leben der Kirchenpatronin malte. Der Hochaltar stammt aus der Mitte des 18. Jh.

Schloß: Die erhöht an der Paßstraße nach Kitzbühel gelegene mittelalterliche Anlage mit gut erhaltenen Ecktürmen und Wehrgängen, als deren Gründungsdatum 1180 gilt, war nach der Übernahme der Grafschaft Pinzgau durch Salzburg Sitz eines Pflegers. 1525/26 wurde sie, ebenso wie der Ort, von den aufständischen Bauern zerstört und ab 1532 auf deren Kosten in ihrer heutigen Form wiederaufgebaut; seit 1880 befindet sie sich im Privatbesitz. Interessantester Raum ist die 1553 entstandene got. Kapelle mit schönem spätgot. Flügelaltar aus der Zeit um 1450, der dem »Meister des Ausseer Altars« zugeschrieben wird.

Umgebung

Felben (1 km ö): *Filialkirche St. Nikolaus:* Im Inneren der im späten 15. Jh. errichteten Kirche sind der spätgotische Raum und die im 17. Jh. entstandene barocke Ausstattung eine interessante, durchaus harmonische Verbindung eingegangen. Den ebenso wie die Kanzel 1631 geschaffenen Hochaltar schmücken Holzstatuen der 14 Nothelfer aus dem 15. Jh. Im *Felberturm,* einem für das Mittelalter typischen, schlichten Wohnturm, informiert heute das *Heimatmuseum* über Geschichte, Brauchtum und wirtschaftliche Entwicklung der Region.
Rettenbach (4 km w): *Schloß Einödberg:* Das kleine, von einem Wehrturm überragte Schloß entstand im 13. Jh. und wurde später mehrmals umgestaltet.

A-5310 Mondsee
Oberösterreich

Einw.: 2600 Höhe: 481 m S. 255 □ E 2

Die Bezeichnung »Mondsee-Kultur« für die Ostalpine Pfahlbaukultur geht auf die zahlreichen hier gemachten Pfahlbaufunde aus dem letzten Abschnitt des Neolithikums (ca. 2500–1800 v. Chr.) zurück. Mehrere römische Grabsteine in der Vorhalle der Kirche bezeugen, daß die Region auch zur Römerzeit besiedelt war. 748 gründete Bayernherzog Odilo II. hier ein Kloster, das später von den Benediktinern übernommen wurde und bis 1791 bestand.

Mondsee, Ehem. Stiftskirche St. Michael, Altar

Ehem. Stiftskirche St. Michael: Die dreigeschossige gelbe, durch Wandpilaster gegliederte barocke Doppelturmfassade mit leicht nach innen geschwungenem zweiteiligem Mittelrisalit wurde nach 1730 der Kirche vorgebaut und ist nicht direkt mit dieser verbunden und auch etwas schmäler. Das r der beiden mittleren Tore liegt jedoch genau in der Mittelachse der Kirche, einem 1487 geweihten spätgotischen dreischiffigen Staffelbau mit von Kapellen gerahmtem Vorchor und aus dem normalen Chor und der Sakristei bestehendem »Doppelchor«. Das

MUSEUM

von gotischen Rippengewölben überspannte Innere wird durch das durch die einzigen Fenster an der S-Seite und im Chor einfallende Licht nur spärlich erleuchtet. Aus gotischer Zeit stammt das *Sakristeiportal,* in dessen Kielbogen unter Baldachinen sieben gotische Schnitzfiguren stehen. An der schmiedeeisernen Tür mit hervorragend gearbeitetem Schlüsselschild und Zugring steht die Jahreszahl 1487. Die künstlerisch wertvolle Ausstattung ist barock.

Die insgesamt 13 *Altäre* der Kirche können als eine Art Reise durch die Entwicklungsgeschichte des Barock angesehen werden. Den Anfang macht der noch Züge der Renaissance zeigende Hochaltar (1626) von Hans Waldburger*. Die fünf von Meinrad Guggenbichler* geschaffenen Altäre (Hl.-Geist-, Wolfgang-, Corpus-Christi-, Sebastian- oder Florian- und Allerseelenaltar) symbolisieren den von üppigen Formen und kraftvollen Farben geprägten Hochbarock (die Altäre in den beiden Kapellen entstammen der Werkstatt Guggenbichlers), wobei die pausbäckigen »Kindl«, Weinranken tragende Putten, am Corpus-Christi-Altar besonders viele Bewunderer haben. An den 1742 von Anton Koch* gefertigten Altären (Annen-, Antonius-, Johannes-d. T.- und Josefaltar) mit von Jakob Zanusi* gemalten Altarblättern klingt bereits die Leichtigkeit des Rokoko an, die ihre Vollendung im Kreuzaltar (1776) findet. Die Kanzel ist wiederum ein Werk Guggenbichlers, die Kreuzwegbilder stammen von J. Zanusi.

Außerdem sehenswert: *Filialkirche Maria Hilf:* Die Anfang des 18. Jh. barockisierte Kirche birgt Altäre von M. Guggenbichler*. – *Heimatmuseum:* In der ehem. Klosterbibliothek sind urgeschichtliche Keramiken (Mondsee-Kultur), Einbäume, Einzelwerke Guggenbichlers sowie Trachten und Handwerksgerät zu sehen. – *Mondseer Rauchhaus* (Freilichtmuseum): Original erhaltener »Einhof« mit Hausrat und Nebengebäude wie Getreidekasten, Mühle und Dörrhaus.

< Mondsee, Ehem. Stiftskirche St. Michael

Umgebung

Oberhofen (12 km n): *Pfarrkirche der 14 Nothelfer:* Die gotische Kirche besitzt eine von Meinrad Guggenbichler* und seiner Werkstatt im Stil des Spätbarock gestaltete Ausstattung.

Oberwang (12 km ö): *Pfarrkirche St. Kilian:* Die Anfang des 18. Jh. barockisierte Kirche birgt einen herrlichen Hochaltar von Meinrad Guggenbichler* (1708) und Nebenaltäre aus seiner Werkstatt.

N

A-5741 Neukirchen am Großvenediger

Einw.: 2480 Höhe: 856 m S. 256 □ A 4

Dank seiner Lage in der Nähe des mit 3676 m höchsten Gipfels der Venedigergruppe in den w Hohen Tauern lebt der Ort vor allem vom Fremdenverkehr.

Pfarrkirche des hl. Johannes d. T.: Die einschiffige gotische Wandpfeilerkirche wurde, wie so viele andere Gotteshäuser in der Region auch, im 18. Jh. im Inneren barockisiert. Die Ausstattung entstammt der zweiten Hälfte des 18. Jh. Den Hochaltar schmückt die Statue einer Madonna mit Kind vom Anfang des 16. Jh., Dekkengemälde und Glasfenster kamen im 20. Jh. hinzu.

Neumarkt am Wallersee, Pfarrkirche St. Nikolaus

A-5202 Neumarkt am Wallersee

Einw.: 4460 Höhe: 550 m S. 255 □ D 2

Die landschaftlich reizvolle Umgebung und der als Badesee beliebte Wallersee machen die Marktgemeinde zu einem vielbesuchten Ferienort.

Pfarrkirche St. Nikolaus: Die bestehende Hallenkirche mit barockem Turm entstand 1887 nach einem Brand unter Einbeziehung von Teilen des gotischen, im 18. Jh. barockisierten Vorgängers im Stil des Historismus. Die Neorenaissancealtäre entstammen der Bauzeit. Bemerkenswert ist die Kirche und Friedhof umschließende Wallanlage mit aus der Mitte des 17. Jh. stammendem Torturm.

Schloß Sieghartstein: Die 1455 errichtete Anlage erhielt durch die barocke Neugestaltung und teilweise Erweiterung zu Beginn des 18. Jh. ihr heutiges Gesicht. Aus dieser Zeit stammen auch die Kapelle und deren Ausstattung. Das Schloß befindet sich noch immer im Besitz seiner Gründer, der Grafen von Überacker, und ist deshalb nicht zugänglich.

Schloß Hochneukirchen: Die bereits im 12. Jh. als Stammsitz der Herren von Neukirchen entstandene Anlage wurde mehrmals umgebaut und beherbergt heute das Krankenhaus und das Altersheim.

Umgebung

Neufahrn (3 km s): *Filialkirche St. Maria Magdalena:* Das Innere des einschiffigen spätgotischen Kirchleins wurde im 18. Jh. barockisiert und ausgestattet.
Pfongau (3 km ö): *Filialkirche St. Martin:* Die spätgotische Saalkirche erfuhr in der Zeit der Neugotik mehrere einschneidende Veränderungen. Auch die Ausstattung ist mit Ausnahme einer holzgeschnitzten Marienkrönung und einer Statue des hl. Michael (18. Jh.) neugotisch. *Schloß:* Der schöne Barockbau stammt aus dem frühen 18. Jh.
Sommerholz (5 km sö): *Filialkirche St. Georg:* Der kleine spätgotische Saalbau wurde im 18. Jh. barock umgestaltet und ausgestattet.

Umgebung

Ruine Hieburg (3 km sw): Von der im 13. Jh. errichteten Anlage blieben Teile des Bergfrieds und Mauerreste erhalten.
Ruine Sulzau (4 km sw): Von der im 12. Jh. entstandenen Anlage blieben nur spärliche Mauerreste erhalten.
Für Naturfreunde lohnt sich in jedem Fall ein Ausflug in den **Nationalpark Hohe Tauern** und zum **Untersulzbach-Wasserfall.**

O

A-5411 Oberalm

Einw.: 3550 Höhe: 540 m S. 255 □ D 2

Die landschaftlich reizvoll gelegene Marktgemeinde ist ein beliebter Ferienort.

Pfarrkirche St. Stephan: Der im Kern romanische Bau wurde zur Zeit der Gotik zu einer Wandpfeilerkirche ausgebaut. Im 18. Jh. kamen der obere Teil des Turms mit barocker Zwiebelhaube und das n Seitenschiff hinzu. Die Ausstattung der von gotischen Gewölben überspannten Innenräume stammt im wesentlichen aus dem späten 17. und dem 18. Jh., die zahlreichen Grabplatten entstanden im 15.–18. Jh. Prunkstück ist der prachtvolle, üppig mit Akanthus und Girlanden geschmückte barocke *Hochaltar* (1707). Das Alterblatt zeigt das Martyrium des Kirchenpatrons, die Heiligenfiguren in den Seitennischen und im Aufsatz sind ein Werk von Johann Georg Mohr*.

Außerdem sehenswert: *Schloß Haunsperg:* Der Bau, zu dem auch eine Kapelle mit barocker Ausstattung gehört, erhielt im 17. Jh. sein heutiges Gesicht. – *Schloß Kalsperg:* Der reizvolle Barockkbau ist heute Altenheim. – *Schloß Winkl:* Der im 17./18. Jh. in seine heutige Form gebrachte Bau beherbergt die Landwirtschaftsschule des Landes Salzburg. – *Schrannen- und Thingstätte:* An diesem unter einer Linde stehenden Tisch wurde früher Recht gesprochen.

Oberndorf bei Salzburg, Pfarrkirche St. Nikolaus, Kanzel

A-5110 Oberndorf bei Salzburg

Einw.: 4790 Höhe: 394 m S. 254 □ C 2

Ursprünglich war Altoberndorf, mit seiner bedeutenden Anlegestelle für Salzschiffe und Wohnort zahlreicher Schiffsleute, Teil der altsalzburgischen, heute bayerischen Stadt Laufen am gegenüberliegenden Salzachufer. Durch den 1816 zwischen Bayern und Österreich in München geschlossenen Grenzvertrag fiel der Ort an Österreich. Zwei Jahre später, in der Christmette des Jahres 1818, erklang in der Altoberndorfer Pfarrkirche zum ersten Mal das mittlerweile weltberühmte Lied »Stille Nacht, heilige Nacht« mit Text von Josef Mohr und Melodie von Franz Xaver Gruber. Zwischen 1900 und 1906 wurde, da Altoberndorf wegen seiner Lage beständig von Hochwasser bedroht war, das heutige Oberndorf angelegt. Berühmt sind die Fronleichnamsprozes-

Neumarkt am Wallersee, Pfarrkirche St. Nikolaus

sionen, bei der alte Trachten und Uniformen der Schiffergilde bewundert werden können, sowie die »Piratenschlacht«.

Sakralbauten: *Pfarrkirche St. Nikolaus:* Die klassizistische Ausstattung der 1906 errichteten Kirche entstammt der Altoberndorfer Pfarrkirche. – *Stille-Nacht-Gedächtniskapelle:* Der kleine Bau wurde 1936 anstelle der alten Pfarrkirche errichtet. – *Schifferkapelle:* Neuromanischer Bau aus der Mitte des 19. Jh.

Außerdem sehenswert: *Heimatmuseum:* Die im ehem. Krankenhaus untergebrachte Sammlung informiert über die Ortsgeschichte, die Salzachschiffahrt und das Lied »Stille Nacht«. – *Schiffervorstadt.*

Umgebung

Wallfahrtskirche Maria Bühel (1 km nw): Die 1722 fertiggestellte Kirche mit einschiffigem Langhaus, überkuppeltem Querhaus und klar durch Pilaster, Kranzgesims und Figurennischen gegliederter Fassade erhebt sich malerisch auf einer alten Salzachterrasse. Die fast ein wenig zu monumental wirkenden, 1960 erneuerten Doppelzwiebelhauben der beiden Fassadentürme verleihen dem Bau ein eigenwilliges, etwas verspieltes Gepräge. Am Anfang der zur Kirche führenden Monumentaltreppe steht eine 1720 von Josef Anton Pfaffinger* geschaffene Johann-Nepomuk-Statue, den Endpunkt bildet eine markante Kalvarienberggruppe. Die einheitliche Kirchenausstattung entstand 1721/22. Der Hochaltar wurde Ende des 19. Jh. nach dem Originalentwurf des kaiserlichen Hofarchitekten Antonio Berduzzi* (1721) neu gestaltet. Die Altarblätter an den Seitenaltären malte Johann Michael Rottmayr*, die vier überlebensgroßen Heiligenstatuen an den Langhauswänden schnitzte J. A. Pfaffinger*.

Lauterbach (13 km nö): *Filialkirche der*

14 Nothelfer: Der einschiffige Barockbau entstand 1629. Im Inneren fallen die Deckenbilder (1767) und der barocke Hochaltar (1769) ins Auge.
Nußdorf am Haunsberg (8 km nö): *Pfarrkirche St. Georg:* Turm und Mittelschiff stammen aus der Zeit der Gotik, die Seitenschiffe sind barock. Die einheitliche neugotische Ausstattung entstand zu Beginn des 20. Jh. *Schloß Weitwörth:* Der Barockbau erhielt Ende des 18. Jh. sein heutiges Gesicht und befindet sich im Privatbesitz.
Schlößl (4 km sö): *Filialkirche St. Pankraz:* Der barocke Bau und die ebenfalls barocke Ausstattung entstammen dem ersten Viertel des 18. Jh. *Burgruine Haunsberg:* Von der mittelalterlichen Anlage blieb nur das ehem. Tor erhalten.

Oberndorf bei Salzburg, Stille-Nacht-Gedächtniskapelle

P

A-5452 Pfarrwerfen

Einw.: 2040 Höhe: 553 m S. 258 □ D 3

An dieser Stelle lag vermutlich die in der Tabula Peutingeriana genannte römische Poststation Vocario. Der bereits 1074 urkundlich erwähnte Ort trug bis ins 19. Jh. den Namen St. Cyriak und ist heute dank seiner herrlichen Lage über der Salzach vor der imposanten Kulisse des Tennengebirges ein vielbesuchter Ferienort.

Pfarrkirche St. Cyriak: Die zu Beginn des 16. Jh. fertiggestellte spätgotische dreischiffige Staffelkirche mit von einem Spitzhelm bekröntem Turm gilt als eine der harmonischsten gotischen Kirchen im Raum Salzburg. Zu Beginn des 18. Jh. wurde sie durch einen gewölbten Gang mit dem Pfarrhof verbunden, wodurch ein eindrucksvolles, an eine Wehranlage erinnerndes Bauensemble entstand.
In den von gotischen Rippengewölben überspannten Innenräumen blieben ornamentale Malereien und Fresken aus dem 16. Jh. erhalten. Die Glasfenster im Chor malte Alfred Birkle* in den Jahren 1952–1959. Die drei Altäre wurden Mitte des 19. Jh. unter Verwendung spätgotischer Figuren und Teile neu zusammengesetzt und gefaßt. Besondere Erwähnung verdienen die gotischen Figuren am s Seitenaltar aus der Zeit um 1520. Etwa gleichzeitig entstand der reizvolle, gut erhaltene gotische Flügelaltar in der Nothelferkapelle, der dem Laufener Meister Gordian Gugg* zugeschrieben wird.

Außerdem sehenswert: *Heimatmuseum* im Pfarrhof. – *Mühlbachl* mit mehreren gut erhaltenen Mühlen aus dem 16. bis 18. Jh.

Umgebung

Werfenweng (4 km ö): *Pfarrkirche Mariä Geburt:* Die Anfang des 16. Jh. errichtete spätgotische Kirche birgt eine Ausstattung aus der zweiten Hälfte des 18. Jh.

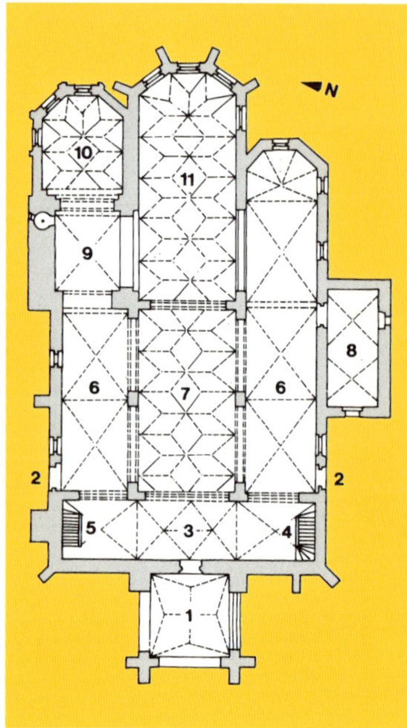

Pfarrwerfen, Pfarrkirche St. Cyriak
1 Vorhalle **2** Seitenportale **3** Empore **4** ehem. Kryptazugang **5** Verbindung zum Pfarrhof **6** Seitenschiffe **7** Mittelschiff **8** Sakristei **9** Nordturm **10** Nothelferkapelle **11** Chorraum

Walchen (2 km w): *Filialkirche der Hll. Ulrich und Elisabeth:* Der zu Beginn des 17. Jh. errichtete und Mitte des 18. Jh. erweiterte Barockbau besitzt eine einheitliche Ausstattung aus der zweiten Hälfte des 18. Jh.

A-5721 Piesendorf

Einw.: 3000	Höhe: 782 m	S. 257 □ C 4

Der vielbesuchte Urlaubsort liegt auf einem Schwemmkegel im Tal der Salzach.

Pfarrkirche St. Laurentius: Die vermutlich bereits im 14. Jh. errichtete Kirche wurde im 16. Jh. erweitert, im 18. Jh. barockisiert und Mitte des 19. Jh. regotisiert. Aus dieser Zeit stammt auch der von barocken Heiligenstatuen geschmückte Hochaltar. Die Seitenaltäre, für den Pinzgau typische Baldachinkonstruktionen, entstammen der ersten Hälfte des 18. Jh.

Gasthof Mitterwirt: Die ehem. Poststation, in deren Bischofszimmer eine Stuckdecke aus dem 18. Jh. erhalten blieb, entstand nachweislich Ende des 14. Jh. und ist somit das älteste Gebäude im Ort.

Umgebung

Aufhausen (3 km ö): *Filialkirche St. Leonhard:* Der schlichte 1716–1718 errichtete Barockbau besitzt eine einheitliche Ausstattung aus der Erbauungszeit. Besondere Beachtung verdient der Hochaltar (1718) mit den Kirchenpatron darstellendem Altarblatt und Oberbild von Jakob Zanusi*.

A-5412 Puch bei Hallein

Einw.: 3430	Höhe: 446 m	S. 255 □ D 2

Archäologische Funde zeigen, daß das Gebiet bereits ab der Bronzezeit besiedelt war. Der zu Füßen des Mühlsteins in der Nähe des Salzachkraftwerks Urstein gelegene vielbesuchte Urlaubsort wurde

Pfarrwerfen, Pfarrkirche St. Cyriak

Pfarrwerfen, St. Cyriak, Blick zum Chor

erstmals 930 unter dem Namen »Puoche« erwähnt.

Pfarrkirche Mariä Geburt: Die schöne spätgotische Saalkirche mit spitz behelmtem Turm wurde Mitte des 18. Jh. um die Seitenschiffe erweitert. Von der im späten 17. und im 18. Jh. entstandenen Ausstattung verdienen der barocke Hochaltar (1687) und die ebenfalls barocken Seitenaltäre mit guten spätgotischen Figuren aus dem späten 15. Jh. Beachtung. Außerdem befinden sich in der Kirche mehrere Grabsteine aus dem 14.–18. Jh.

Außerdem sehenswert: *Schloß Puchstein:* Die schlichte Anlage erhielt Ende des 17. Jh. ihr heutiges Gesicht und befindet sich im Privatbesitz. – *Schloß Urstein:* Die 1701 von Alfons Dückher, Freiherr von Haslau zu Urstein, errichtete Anlage befindet sich heute im Privatbesitz, das etwas unterhalb gelegene, um 1461 erbaute *alte Schloß* wurde mehrmals umgestaltet und ist heute Meierei. – Das *Steinkreuz* für Michael Lambacher gegenüber dem Schloß erinnert an eine Tragödie, die sich hier 1446 abgespielt hat.

Umgebung

St. Jakob am Thurn (4 km n): *Pfarr- und Wallfahrtskirche St. Jakob:* Die bereits im 13. Jh. erwähnte Kirche erhielt Mitte des 18. Jh. ihr heutiges Gesicht und wurde 1962 erneut umgestaltet. Die Ausstattung stammt im wesentlichen aus dem späten 17. Jh., der Hochaltar (1698) birgt eine Elfenbeinstatuette des Kirchenpatrons. 1753 ließ Feldherr Josef Anton Platz die reich ausgestaltete Loretokapelle mit reizvollem Rokokoaltar (1754) errichten. Der *Schloßturm* entstand bereits im 12. Jh. und wurde im 16. und 17. Jh. verändert. Die marmorne *Johann-Nepomuk-Statue* auf dem Dorfplatz schuf 1744 Josef Anton Pfaffinger*.

Weithin bekannt ist auch das an jedem letzten Julisonntag stattfindende Jakobischützenfest.

R

A-5550 Radstadt		
Einw.: 4190	Höhe: 856 m	S. 259 □ E 3

Der Ort wurde zwischen 1270 und 1286 am Schnittpunkt einer alten Nord-Süd- und Ost-West-Verbindung zur besseren Sicherung der salzburgisch-österr. Grenze angelegt und erhielt bereits 1289 das Salzburger Stadtrecht. Der ihr zugedachten strategischen Rolle wurde die Stadt erstmals 1296 gerecht, als sie der Belagerung durch die Truppen Herzog Albrechts standhielt, der die Grundbesitzansprüche des Klosters Admont in diesem Gebiet gegen die Salzburger Bischöfe durchsetzen wollte. Zwischen dem 14.4. und 2.7. 1536 versuchten die aufständischen Bauern, Radstadt einzunehmen. Nachdem dies mißlungen war, mußten sie sich am 11.7. 1526 vor einem großen, in Radstadt abgehaltenen Strafgericht verantworten. Berühmtester Sohn Radstadts, das bis heute den Charakter und den Charme einer Kleinstadt bewahren konnte, ist Paul Hofhaimer (1459–1537), Komponist und größter Organist seiner Zeit, der u.a. auch in der Hofkapelle Maximilians I. wirkte.

Stadtpfarrkirche Mariä Himmelfahrt: Der markante N-Turm mit pyramidenförmigem Helm überragt nicht nur die im Kern romanisch-frühgotische dreischiffige Basilika mit um ca. 1417 angebautem Chor, sondern prägt auch das Stadtbild. Durch die 1857 nach einem Brand durchgeführte historisierende Re-

Blick auf Radstadt

staurierung, deren Folgen man 1959, als auch die Paul-Hofhaimer-Gedächtnisorgel eingebaut wurde, nur zum Teil rückgängig machen konnte, haben die Innenräume viel von ihrem ursprünglichen Charakter verloren. Die Ausstattung stammt großenteils aus dem 19. Jh., die Glasfenster malte 1962 Josef Widmoser*. Auf dem Friedhof verdient die sog. *Schustersäule,* eine 1513 aus Tuff gefertigte spätgotische Lichtsäule, Beachtung.

Filialkirche zur Unbefleckten Empfängnis Mariä: Die ehem. Kirche des Kapuzinerklosters wurde 1629 als schlichter, einschiffiger, für den Orden typischer Bau errichtet und birgt eine schöne barocke Ausstattung aus der zweiten Hälfte des 18. Jh., von der der r Seitenaltar und der Altar in der Franziskuskapelle mit Altarblättern von Jacob Zanusi* besonders hervorzuheben sind.

Stadtmauer: Die in Form eines langgestreckten, an den Längsseiten ausgeknickten Gevierts angelegte mittelalterliche Befestigungsanlage blieb zum großen Teil recht gut erhalten. Die drei markanten runden Ecktürme entstanden um 1530. Das an der O-Seite befindliche Steyrer Tor ist heute Teil eines Wohnhauses, das gegenüberliegende Obere oder Salzburger Tor wurde im 19. Jh. abgetragen. 1629 entstand anstelle der damals bereits verfallenen ehem. Burg das heute als Pfarrhaus dienende Kapuzinerkloster. Obwohl der Baubestand nach Bränden mehrmals erneuert werden mußte, ist innerhalb der Mauern der Verlauf des im 13. Jh. angelegten Straßennetzes mit zentral gelegenem Marktplatz noch gut zu erkennen.

Umgebung

Forstau (8 km ö): *Pfarrkirche St. Leonhard:* Der schlichte einschiffige Bau entstand 1909 unter Einbeziehung der bei einem Brand verschont gebliebenen barocken Bausubstanz. Die aus der zweiten Hälfte des 18. Jh. stammende Ausstattung wurde beim Neubau ergänzt.
Lerchen: *Filialkirche Maria Loreto:* Die barocke Ausstattung der Ende des 17. Jh. errichteten und in der ersten Hälfte des 18. Jh. ausgebauten Kirche entstammt dem 18. Jh.
Schloß Lerchen: Der nach dem Bauernaufstand errichtete und im 18. und 20. Jh. umgestaltete Bau ist heute Krankenhaus.

Radstadt, Denkmal für Paul Hofhaimer

Radstadt, Stadtmauer, Ecktürme

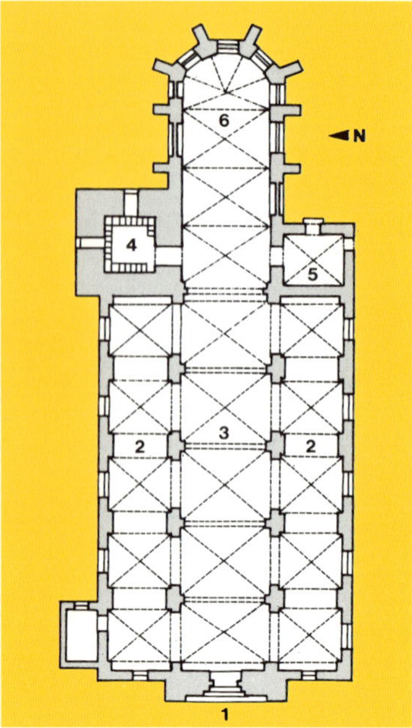

Radstadt, Stadtpfarrkirche Mariä Himmelfahrt **1** Westfassade mir Rundbogenportal **2** Seitenschiffe **3** Mittelschiff **4** Nordturm **5** Sakristei **6** Chorraum

Mandling (9 km ö): Von der Ende des 13. Jh. aufgeführten ehem. Paßbefestigung an der ehem. Grenze zwischen Salzburg und Österreich blieben nur noch spärliche Mauerreste erhalten.
Schloß Mauer (1 km n): Der reizvolle kleine Bau erhielt Mitte des 16. Jh. sein heutiges Gesicht.
Obertauern (20 km s): *Filialkirche des Hl. Petrus in Banden:* Die in der Nähe des Tauernhauses an der Paßstraße gelegene Kirche entstand 1619 nach einem Entwurf des Salzburger Dombaumeisters Santino Solari* und wurde 1963 modern erweitert. Von der Ausstattung (17. Jh.) ist das 1620 von Arsenio Mascagni* gemalte ehem. Hochaltarblatt mit der Befreiung des hl. Petrus aus dem Kerker beachtenswert. Mehrere *römische Meilensteine* belegen vor Ort die Existenz der in der Tabula Peutingeriana genannten Straßenstation In Alpe. Auf dem *Tauernfriedhof* finden sich Grabsteine aus dem 16. und 17. Jh.
Schloß Tandalier (2 km w): Dieses von Ecktürmen überragte schöne Beispiel für einen für den Raum Salzburg typischen ländlichen Ansitz des 16. Jh. erhielt 1569 sein heutiges Gesicht.
Untertauern (11 km s): Pfarrkirche St. Josef: Die Ausstattung der Mitte des 18. Jh. errichteten Kirche stammt aus dem 18. und 19. Jh.

A-5591 Ramingstein

Einw.: 1510 Höhe: 974 m S. 259 □ F 4

Der in landschaftlich reizvoller Umgebung gelegene Ort war früher Zentrum eines intensiven Edelmetallabbaus. Mitte des 19. Jh. vernichtete ein Waldbrand zahlreiche Gebäude.

Pfarrkirche St. Achatius: Der neugotische Bau entstand 1894, nachdem der bereits im 14. Jh. erwähnte, später barockisierte Vorgänger mehrmals durch Brände in Mitleidenschaft gezogen worden war. Die neugotische Ausstattung stammt aus der Zeit des Kirchenneubaus.

Umgebung

Burg Finstergrün (0,5 km ö): Von der bereits im 12. Jh. genannten ehem. landesfürstlichen Anlage blieben nur spärliche Mauerreste erhalten. Die sog. Neue Burg wurde 1901 dem damaligen Zeitgeschmack entsprechend in Form eines mittelalterlichen Schlößchens errichtet.
Kendlbruck (4 km ö): Die gut erhaltene *Hochofenanlage* aus dem 18. Jh. wurde Mitte des 19. Jh. stillgelegt.
Wallfahrtskirche Maria Hollenstein (5 km sö): Der kleine Barockbau aus der Mitte des 18. Jh. wurde 1953 modern erweitert und birgt eine Ausstattung aus

Radstadt, Stadtpfarrkirche > Mariä Himmelfahrt

Ramingstein, Pfarrkirche St. Achatius

Rauris, Pfarrkirche der Hll. Jakobus d. Ä. und Martin

dem späten 18. Jh. sowie zahlreiche Votivtafeln und -gaben.

Schloß Wintergrün: Der ehem. Sitz der Bergwerksverwaltung aus dem 16./17. Jh. wurde nach dem Waldbrand Mitte des 19. Jh. nicht mehr vollständig aufgebaut.

A-5661 Rauris		
Einw.: 2960	Höhe: 950 m	S. 257 □ C 4

Das Rauriser Tal, ein Tal ohne Ausgang, umschlossen vom über 3000 m hohen Tauerngebirge, wurde erst spät für den Fremdenverkehr erschlossen und konnte so noch viel Unverfälschtes von seiner ursprünglichen Natur und Kultur erhalten, so auch Brauchtum wie das »Perchtenlaufen« an Nikolaus und am Vorabend von Dreikönig z. B. mit furchterregenden »schiachen« Masken. Im Rauriser Tal wurde seit jeher Gold gefunden. So gab es hier schon 2000 v. Chr. Bewohner, die Gegenstände aus Gold herstellten. Über einen schwindelerregenden Paß, der vom Seidlwinkl aus nach Kärnten führt, kamen 15 v. Chr. die Römer ins Tal, die aus dem Tauerngold Münzen prägten; im Mittelalter wurde er zu einem Handelspfad. Im 8. Jh. n. Chr. waren Slawen wegen der Goldfunde eingewandert und hatten den Knappenort Kolm-Saigurn gegründet. Im 13. Jh. gehörte das Tal Rauris zur Grafschaft und Pfarre Taxenbach. Der heutige Ort Rauris hieß ursprünglich Gaisbach und wurde als solcher im 14. Jh. Sitz eines eigenen Landgerichts. Die Blüte des Goldbergbaus in den Tauern im 15. und 16. Jh. bedeutete auch kulturellen Aufschwung. Gewerkenhäuser, wie das heute als Verkehrsverein genutzte mächtige *Voglmayrhaus,* ein Steinhaus mit 4 Erkern, oder die typischen schönen Einhöfe mit Glockentürmchen auf dem breit gelagerten schindelgedeckten Holzbau prägen den Ort mit der schmalen Durchfahrtsstraße, der erst 1884 als Markt anerkannt wurde, bis heute. Seit einigen Jahren spielt Rauris auch als Ort kultureller Veranstaltungen, die in direktem Kon-

Burg Finstergrün (Ramingstein) >

Burg Finstergrün (Ramingstein)

Rauris, Voglmayrhaus

takt zu der ländlichen Bevölkerung gestaltet werden sollen, eine Rolle (Rauriser Literaturtage im Frühling, Musiktage im Sommer und Malertage im Herbst).

Pfarrkirche der Hll. Jakobus d. Ä. und Martin: Eine erste Kirche wurde in Rauris (Gaisbach) ursprünglich 1203, vermutlich anstelle der heutigen Michaelskapelle, errichtet. Die heutige Pfarrkirche entstand 1510–1515 unter dem Baumeister Peter Unzinger*. Der Turm über der Eingangshalle sowie der Chor stammen im wesentlichen noch aus der Erbauungszeit. 1522 wurde ein gotischer Flügelaltar von Johann Burckhmayer* und Sebastian Löscher* in der Kirche aufgestellt, der leider verlorenging. Nur eine Beweinungsgruppe und 2 Figuren sind noch im Besitz der Kirche. Der Taufstein von 1497 trägt einen Aufsatz von 1731. Die Kanzel stammt von 1745. 1780 wurde die Pfarrkirche umgebaut. Im Augenblick wird das Innere vollkommen renoviert.

Michaelskapelle: 1497 wurde die Kapelle mit Kreuzrippengewölbe vermutlich über dem Grundriß der ursprünglichen Kirche errichtet. Im Chor finden sich Fresken aus dem 15. Jh. (Schutzmantelmadonna und Gnadenstuhl). An der W-Wand zwei Rotmarmorepitaphe aus der Erbauungszeit. Der Anbau, Karner und Nachtwächterwohnung, stammt von 1519. Beachtlich sind die gotischen Portale an den Eingängen zur Kapelle und zum Beinhaus sowie die Relieftafeln neben dem Karner-Portal mit Totenkopf und drei Schlangen.

Friedhof: Auf dem für ein Bergdorf typischen Friedhof mit schönen schmiedeeisernen Kreuzen findet sich ein originelles Kreuz mit naiver Bauernmalerei, wobei der Engelskopf ein Medaillon mit einer Madonna trägt, sowie eine Serpentin-Lichtsäule von 1499.

Rauriser-Tal-Museum: In einem aus dem 16. Jh. stammenden Gewerkenhaus ist das Heimatmuseum untergebracht.

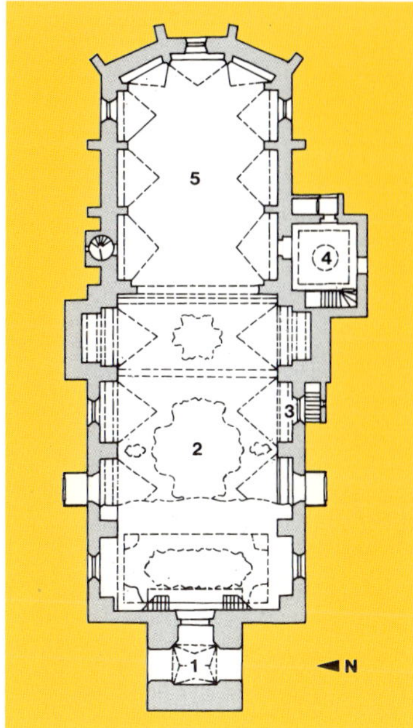

Rauris, Pfarrkirche der Hll. Jakobus d. Ä. und Martin **1** Westturm mit Eingangshalle **2** Langhaus **3** Gruftzugang **4** Sakristei **5** Chorraum

Umgebung

Bucheben (9 km s): *Pfarrkirche der Hll. Hieronymus und Leonhard:* Der Ende des 18. Jh. errichtete einfache Barockbau bildet mit dem gleichzeitig entstandenen Pfarrhof und mehreren Wirtschaftsgebäuden ein homogenes Bauensemble. Die ansprechende barocke Ausstattung entstammt der Erbauungszeit.
Kolm Saigurn (20 km s): Hier erinnern eine Kapelle aus dem 18. Jh. sowie einige wenige erhaltene ehem. Knappenhäuser und Ruinen an die große Zeit des Rauriser Tals als Zentrum des Goldbergbaus.

S

A-5753 Saalbach

Einw.: 2780 Höhe: 1003 m S. 256 □ B 3

Der im reizvollen Glemmtal gelegene Ort, der im 15. und 16. Jh. eine erste Blüte durch den Erzabbau in der Umgebung erlebte, ist heute vor allem als Wintersportzentrum bekannt und stark vom Tourismus geprägt.

Pfarrkirche der Hll. Bartholomäus und Nikolaus: Der schlichte barocke Saalbau mit von einer Zwiebel bekröntem massiven gotischen Turm vom bereits im 15. Jh. errichteten Vorgänger entstand Anfang des 18. Jh. Mit Ausnahme von mehreren gotischen Heiligenstatuen aus dem späten 15. Jh. ist die Ausstattung (18. Jh.) barock.

Außerdem sehenswert: *Kreuzkapelle:* Der kleine Barockbau aus der ersten Hälfte des 18. Jh. birgt neben seiner barocken Ausstattung ebenfalls mehrere gotische Heiligenskulpturen. – *Wartturm:* Der viergeschossige Bau ist das letzte verbliebene Beispiel für die im 16. Jh. als Vorratslager und Verteidigungsbauten errichteten Anlagen. – *Gasthof zur Post:* Der in der ersten Hälfte des 15. Jh. entstandene Bau erhielt im 17. Jh. sein heutiges Gesicht.

St. Georgen, Dekanatskirche St. Georg

A-5760 Saalfelden am Steinernen Meer

Einw.: 12400 Höhe: 744 m S. 257 □ C 3

Archäologische Funde beweisen, daß der Biberg schon in prähistorischer Zeit besiedelt war. Der bereits im 1. Jtd. erwähnte Ort selbst war einst Zentrum der Grafschaft Unterpinzgau und fiel 1228 zusammen mit dieser an das Erzstift Salzburg, dessen Pfleger Schloß Lichtenberg als seinen Sitz wählte. Die historische Bausubstanz von Saalfelden, das heute sehr stark vom Fremdenverkehr geprägt ist, wurde durch mehrere Großfeuer weitgehend zerstört.

Dekanatspfarrkirche der Hll. Johannes d. T. und Johannes Ev.: Die bereits um das Jahr 1000 erwähnte Kirche wurde 1861 zu einer neuromanischen Basilika umgebaut. Die Ausstattung, an der u. a. Jakob Adlhart* (Skulpturen) und Josef Widmoser* (Glasmalereien) beteiligt waren, entstand nach der Restaurierung von 1959. Lediglich die gotische Krypta mit einem kleinen, ebenfalls gotischen Flügelaltar erinnert noch an frühere Zeiten.

St. Gilgen, Pfarrkirche St. Ägyd >

Umgebung

Bachwinkl (3 km n): *Klausnerei:* Die dem hl. Georg geweihte Kapelle und die dazugehörige Einsiedelei entstanden in der zweiten Hälfte des 18. Jh. *Schloß Lichtenberg:* Der ehem. Sitz des erzbischöflichen Pflegers wurde im 14. Jh. errichtet, nach der Zerstörung durch die aufständischen Bauern 1526 Ende des 16. Jh. wiederaufgebaut und nach starkem Verfall im späten 19. Jh. im historisierenden Stil erneuert.
Schloß Farmach: Der ursprünglich spätgotische Bau wurde im 18. Jh. barockisiert und Anfang des 20. Jh. zum Altenheim umgebaut.
Gerling (6 km s): *Filialkirche St. Gotthard:* Der einschiffige spätgotische Bau wurde Mitte des 18. Jh. barockisiert und besitzt eine barocke Ausstattung.
Lenzing (4 km nw): *Filialkirche St. Benno:* Der schlichte gotische Bau besitzt eine barocke Ausstattung, aus der der den Brüdern Faistenberger* zugeschriebene Hochaltar (1668) herausragt. *Filialkirche St. Laurentius:* Der moderne Bau und seine Ausstattung stammen aus den 70er Jahren des 20. Jh.
Ritzenschloß (1 km s): Das bereits im 14. Jh. erwähnte ehem. Gut Grub beherbergt heute das **Heimatmuseum** mit einer Sammlung sakraler und profaner Kleinkunstwerke und einer sehenswerten Krippensammlung.

A-5110 St. Georgen bei Salzburg

Einw.: 2270 Höhe: 410 m S. 254 □ C 2

Archäologische Funde in Ober- und Untereching beweisen, daß das Gebiet bereits ab dem 2. Jtd. v. Chr. besiedelt war.

Dekanatskirche St. Georg: Der einschiffige Barockbau mit im oberen Teil barockem, von einer Zwiebel bekröntem gotischem Turm entstand 1754 und hatte Ausgrabungen zufolge insgesamt drei Vorgänger (1., 13. und 15. Jh.). Das Kreuz an der Langhauswand (1667) stammt von Wolf Weißenkirchner*, den Deckenstuck schuf Benedikt Zöpf*. Mit Ausnahme des spätgotischen Taufsteins und des 1843 aufgestellten Hochaltars mit Heiligenstatuen von Georg Itzlfeldner* (1755) ist die Ausstattung barock und entstammt der Erbauungszeit.

Umgebung

Holzhausen (5 km nö): *Pfarrkirche St. Nikolaus:* Die kleine spätgotische Kirche entstand Mitte des 15. Jh. und wurde um einen modernen Anbau erweitert. Die Ausstattung entstammt im wesentlichen dem 17. Jh.
Obereching (3 km s): *Filialkirche St. Maria:* Der einschiffige spätgotische Bau mit barockem Turm besitzt eine Ausstattung aus dem späten 17. und dem 18. Jh., von der die die Altäre schmückenden Skulpturen von Wolf Weißenkirchner* besondere Erwähnung verdienen.
Untereching (2 km s): *Filialkirche St. Emmeram:* Auch diese spätgotische Kirche besitzt einen barocken Turm und einen modernen Kapellenanbau. Die barocke Ausstattung, an der u. a. Georg Itzlfeldner* und Wolf Weißenkirchner* mitwirkten, entstammt dem späten 17. und dem 18. Jh.

A-5340 St. Gilgen

Einw.: 3380 Höhe: 546 m S. 255 □ E 2

Das am Aber- oder Wolfgangsee gelegene Gebiet ging in der 1. Hälfte des 8. Jh. durch Schenkung von den Agilolfingern an Salzburg über. Ob das heutige St. Gilgen auf eine im 8. Jh. hier befindliche Mönchszelle zurückgeht, blieb bisher ungeklärt. Fest steht dagegen, daß der Ort 1376 erstmals urkundlich erwähnt wurde und zu dieser Zeit wegen der beständigen Besitzstreitigkeiten mit dem Kloster Mondsee eine Festung (Alt-Hüttenstein) errichtet wurde, in deren Schutz ein Pfleggericht (heute Bezirksgericht) ein-

St. Gilgen, Rathaus >

Rathaus St. Gilgen

St. Gilgen, Mozart-Brunnen

St. Johann im Pongau, Dekanatskirche des Hl. Johannes d. T.

gerichtet wurde. Dank dieser Institution ist St. Gilgen, heute ein vielbesuchter Ferienort, eng mit der Familiengeschichte des Komponisten Wolfgang Amadeus Mozart verbunden: Mozarts Mutter Anna Maria wurde hier 1720 als Tochter des Pfleggerichtskommissärs Nikolaus Pertl geboren, Mozarts Schwester Marianne, genannt Nannerl, lebte 1784–1801 als Frau des Pflegers Johann B. Berchtold von Sonnenburg in St. Gilgen.

Pfarrkirche St. Ägyd: Der von einer mächtigen Doppelzwiebelhaube (1727) gekrönte, im Kern gotische Turm der 1376 erstmals erwähnten Kirche bestimmt das Ortsbild. Aus der Zeit der Gotik stammt auch die Vorhalle, das schlichte Langhaus entstand 1767. Von der spätbarocken Ausstattung verdienen vor allem die drei *Altäre* mit Bildern von Peter A. Lorenzoni* (1768) Beachtung, an denen sich deutlich der Übergang vom Rokoko zum Frühklassizismus ablesen läßt. Die barocke Statue einer Madonna mit Kind im Chor entstammt dem späten 18. Jh. und wurde in der Werkstatt Meinrad Guggenbichlers* gefertigt.

Außerdem sehenswert: *Friedhofskapelle,* erbaut und ausgestattet im späten 18. Jh. – *Bezirksgericht:* Der 1719/20 errichtete Bau ist das Geburtshaus der Mutter W. A. Mozarts und Mozart-Gedächtnisstätte. – *Heimatmuseum* mit Ausstellung zur Geschichte und wirtschaftlichen Entwicklung des Ortes. – *Gasthof Post,* ehem. Gewerkenhaus aus dem 17. Jh. mit schöner Fassadenmalerei.

Umgebung

Falkenstein (4 km ö): *Wallfahrtskirche Unserer Lieben Frau und St. Wolfgang:* Das Kirchlein wurde in der ersten Hälfte des 17. Jh. erbaut und ausgestattet. Den

Wallfahrtsweg säumen insgesamt sechs im Kern barocke *Wegkapellen.*
Schloß Hüttenstein (3 km nö): Der im 16. Jh. errichtete ehem. Sitz des Pflegers wurde nach seinem Verfall Ende des 19. Jh. im neugotischen Stil wiederaufgebaut und ist heute Privatbesitz.

A-5600 St. Johann im Pongau

Einw.: 8860 Höhe: 616 m S. 258 □ D 3

Das Verwaltungszentrum des Bezirks Pongau wurde möglicherweise bereits 924 als einer der »loca« im Pongau erwähnt, besitzt seit 1290 Marktrecht, wurde 1885 durch ein Großfeuer fast völlig zerstört und ist heute ein vielbesuchter Ferienort.

Dekanatspfarrkirche des Hl. Johannes d. T.: Die 1855–1861 nach Plänen des Münchner Architekten Georg Schneider* errichtete dreischiffige neugotische Basilika mit weithin sichtbarer majestätischer Doppelturmfassade des Salzburgers Josef Wessiler* (1873–1876) gilt als eines der bedeutendsten Beispiele für die sakrale Baukunst des Historismus im Raum Salzburg und wird häufig auch als »Pongauer Dom« bezeichnet. Die Ausstattung ist ebenfalls neugotisch, bei der Zusammenstellung der Altäre fanden mehrere spätgotische Skulpturen Verwendung.

Annakapelle: Der frühgotische ehem. Karner birgt in seinem von schönen Rippengewölben überspannten Inneren mit den thronenden *Heiligen Heinrich II. und Kunigunde* ein bedeutendes Werk der süddeutschen Schnitzkunst aus der Zeit um 1530.

Umgebung

Liechtensteinklamm (5 km s): Sie gilt als eine der schönsten Klammen in den gesamten Alpen.
Burgstall Plankenau (3 km s): Von der Mitte des 12. Jh. errichteten Wehranlage blieben nur noch spärliche Mauerreste und ein System von stark verfallenen, in den Fels gehauenen Gängen erhalten.

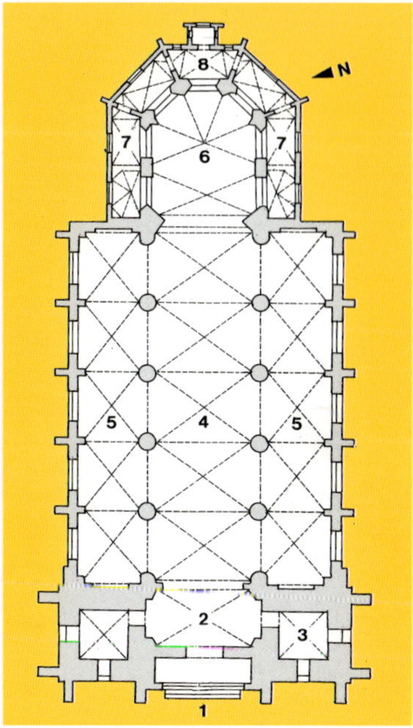

St. Johann im Pongau, Dekanatskirche des Hl. Johannes d. T. **1** Doppelturmfassade **2** Vorhalle **3** Lourdeskapelle **4** Mittelschiff **5** Seitenschiffe **6** Chor **7** Chorumgang mit Kapellen **8** Sakristei

A-5582 St. Margarethen im Lungau

Einw.: 690 Höhe: 1064 m S. 259 □ F 4

Archäologische Funde zeigen, daß es hier bereits zur Zeit der Römer eine Straße und eine Siedlung gab.

Pfarrkirche St. Margaretha: Der spätgotische Bau erhielt 1586 seine heutige Form. Von der barocken Ausstattung verdienen der Hochaltar (1687) mit ei-

Blick auf St. Margarethen im Lungau

St. Martin bei Lofer > Pfarrkirche St. Martin

nem die Kirchenpatronin zeigenden Altarblatt von Jakob Zanusi* (1732) und Heiligenstatuen von Wolf Weißenkirchner* sowie mehrere Grabsteine aus dem 16. – 18. Jh. Beachtung.

Außerdem sehenswert: *Filialkirche St. Augustin:* Die Kirche erhielt 1765 ihr heutiges barockes Gesicht. Die Malereien schuf Gregor Lederwasch*, die barocke Ausstattung entstammt der zweiten Hälfte des 18. Jh. – Fragment eines *römischen Reliefs* und mehrere *römische Meilensteine.*

A-5092 St. Martin bei Lofer

Einw.: 1025 Höhe: 634 m S. 254 □ CB

Der von den Loferer, den Leoganger und den Reither Steinbergen gerahmte reizvolle Ort wurde vor allem durch die Wallfahrtskirche Maria Kirchenthal (siehe Umgebung), einen seit dem 17. Jh. bedeutenden Marienwallfahrtsort, bekannt.

Pfarrkirche St. Martin: Der im Kern gotische, barock erweiterte und umgestaltete Bau besitzt eine schöne, überwiegend barocke Ausstattung. Die Bilder am Hochaltar (1670) malte Wilhelm Faistenberger*. Die Gemälde am l Seitenaltar (1688), der einen Reliquienschrein mit sterblichen Überresten des Hl. Gaudentius birgt, stammen von Johann Friedrich Pereth*, die Bilder am r Seitenaltar sind ein Werk von Jakob Zanusi*.

Umgebung

Schloß Grubhof (2 km n): Die im 14. Jh. errichtete und 1892 im Stil der Gründerzeit umgestaltete Anlage ist heute Hotel.

St. Martin bei Lofer, Pfarrkirche St. Martin, Grabmal

St. Michael im Lungau Pfarrkirche St. Michael

Wallfahrtskirche Maria Kirchenthal (3 km w): Der 1694–1701 nach Plänen des großen Barockarchitekten Johann Bernhard Fischer von Erlach* errichtete Bau zählt zu den schlichtesten Werken des Meisters. Die dreigeschossige Fassade mit durch Pilaster abgehobenen, von Laternen bekrönten Seitentürmen und Kranzgesims erinnert an den Salzburger Dom. Über dem Portal sieht man das Wappen des Bauherrn, Erzbischof Ernst Graf von Thun, im Giebelfeld eine gemalte Gottesmutter. Auch das Innere, dessen einziger plastischer Wandschmuck die korinthischen Kapitelle der Wandpilaster sind, wirkt betont schlicht und kühl. Der neubarocke Hochaltar (1857) birgt das von fünf Engeln umgebene Gnadenbild, eine thronende Muttergottes aus dem frühen 15. Jh. Die beiden eleganten Seitenaltäre wurden um 1700 aus rotem Marmor gefertigt, das die Hl. Sippe zeigende Altarblatt am linken schuf 1719 Jakob Zanusi*. Die Kanzel entstand 1709. In der s Sakristei sind zahlreiche Votivbilder und -gaben aus dem 17.–19. Jh. zu sehen.

Paß Luftenstein (2 km s): Die im 13. Jh. entstandene, im 16. Jh. erneuerte und im 17. Jh. verstärkte Wehranlage wurde während der Napoleonischen Kriege zu Beginn des 19. Jh. von den Franzosen gesprengt.

Burgruine Saaleck (5 km s): Von der bereits im 12. Jh. errichteten Burg blieben nur spärliche Mauerreste erhalten.

Weißbach bei Lofer (7 km s): *Pfarrkirche der Hl. Dreifaltigkeit:* Der spätbarocke Saalbau von 1791 birgt eine schöne barocke Ausstattung aus dem 18. Jh. Hauptattraktion des Ortes sind die Naturdenkmäler in der Umgebung: *Lamprechtsofen,* eine im Rahmen von Führungen zugängliche Kalksteinhöhle, um die sich zahlreiche Geschichten ranken; die herrliche *Seisenbergklamm;* der malerisch gelegene *Dießbachstausee.*

St. Martin bei Lofer, Pfarrkirche St. Martin, Blick zum Chor

A-5582 St. Michael im Lungau

Einw.: 3390 Höhe: 1075 m S. 259 □ E 4

Der in der Vorhalle der Pfarrkirche angebrachte römische Grabstein könnte zu der Annahme verleiten, daß sich hier bereits zur Zeit der Römer eine Siedlung befand. Diese Hypothese wird jedoch durch die Tatsache widerlegt, daß die alte Römerstraße über die Laßnitzhöhe verlief und die Nord-Süd-Verbindung über den Katschberg, der der Ort später seine wirtschaftliche Bedeutung verdankte, erst im Mittelalter angelegt wurde. Fest steht, daß zwischen 1179 und 1225 die Übertragung des Pfarrechts von St. Martin auf St. Michael erfolgte, im Mittelalter in der Umgebung Erzvorkommen erschlossen und abgebaut wurden und St. Michael seit 1416 Markt und seit 1790 Sitz eines Pfleggerichts (seit 1854 Bezirksgericht) war. Heute lebt der Ort in erster Linie vom Fremdenverkehr.

Pfarrkirche St. Michael: Die zweischiffige Kirche wurde 1147 erstmals erwähnt und erhielt ihr heutiges Gesicht in mehreren Bauphasen. Der im Kern noch romanische Chor wurde im Stil der Frühgotik ausgebaut, Anfang des 16. Jh. kamen das spätgotische Langhaus mit Netzgewölbe und das n Seitenschiff mit Sternrippengewölbe hinzu, Anfang des 17. Jh. wurde die Kirche barockisiert, Ende des 17. Jh. der Turm erneuert. Hauptattraktion sind die erhalten gebliebenen mittelalterlichen *Fresken.* An der s Chorwand sieht man einen Höllensturz, das thronende Kaiserpaar Heinrich II. und Kunigunde und ein auf eine Darstellung Karls d. Gr. hinweisendes Schriftfragment aus der ersten Hälfte des 13. Jh. In der Laibung des danebenliegenden Fensters erkennt man die Hll. Leonhard und Ulrich. Die Darstel-

Pfarrkirche St. Michael, Blick zum Chor

Pfarrkirche St. Michael, Fresken

lung aus der Dorotheenlegende entstammt dem späten 14. Jh. Die Hll. Dorothea und Agnes mit dem Jesuskind an der s Langhauswand entstanden um 1430, das barocke Wandgemälde mit der Darstellung der sieben Todsünden kam im frühen 17. Jh. hinzu.
Beachtung verdienen ferner die beiden von Andrä Eisl* entworfenen und mit Skulpturen von Paul Mödlhammer* (1731) geschmückten Seitenaltäre, die vom ehem. Hochaltar stammenden, ebenfalls von Mödlhammer* geschaffenen Figuren an der Triumphbogenwand sowie der bereits erwähnte römische Grabstein in der Vorhalle mit drei Bildnisbüsten.

Außerdem sehenswert: Friedhof mit *Wolfgangskapelle,* einem achteckigen, zweigeschossigen, überkuppelten Karner mit oktogonaler Laterne und Ausstattung aus dem 18. Jh.

Umgebung

Filialkirche St. Egid (2 km w): Die schlichte Kirche mit einschiffigem Langhaus, niedrigem Chor und im Kern romanischem Turm erhebt sich auf einem Berghang außerhalb des Ortes, wo vermutlich früher das 1244 genannte Castrum ad sanctum Michaelem lag, und erhielt ihr heutiges Aussehen in der 2. Hälfte des 17. Jh. Aus dieser Zeit stammt im wesentlichen auch die Ausstattung.
St. Martin im Lungau (2 km ö): *Filialkirche St. Martin:* Der bestehende Bau entstand im Jahre 1513 unter Einbeziehung von Elementen des romanischen Vorgängers. Die restaurierten Wandmalereien an der Langhausnordwand (Heilige, Kreuzigung) stammen aus dem späten 14. Jh. Das in die s Turmwand eingelassene Fragment einer römischen Grabstele aus dem 2. Jh. n. Chr. zeigt einen Mann in Toga und eine Frau mit sog. norischer Haube und wird als Beweis für den römischen Ursprung des Ortes gewertet. Die barocke Ausstattung entstand 1738 unter Mitwirkung von Andrä Eisl*, der den Hochaltar, die Seitenaltäre und die Kanzel schuf. Das älteste Stück, ein schöner gotischer Flügelaltar (Martinsaltar), stammt aus dem späten 15. Jh.

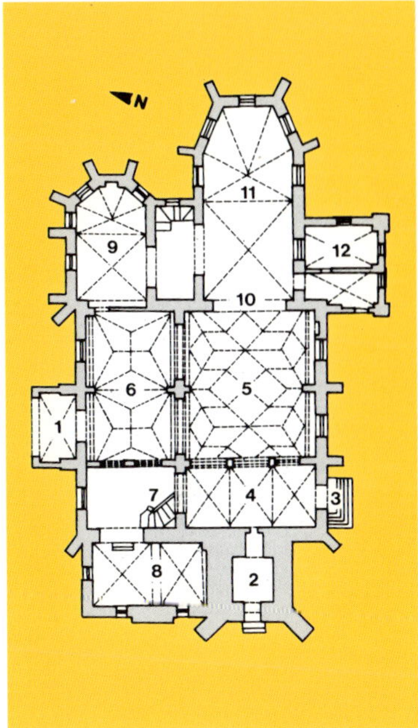

St. Michael im Lungau, Pfarrkirche St. Michael **1** Portal mit Vorbau **2** Westturm **3** Spitzbogenportal **4** Empore **5** Langhaus **6** Seitenschiff **7** Aufgang zur Empore **8** Krippenkapelle **9** Nothelferkapelle **10** Triumphbogen **11** Chorraum **12** Sakristei

A-5621 St. Veit im Pongau

Einw.: 3020 Höhe: 730 m S. 258 □ D 4

Die historische Bausubstanz des beliebten Ferienortes wurde im 18. und 19. Jh. durch schwere Brände stark in Mitleidenschaft gezogen.

Pfarrkirche St. Vitus: Die vierschiffige spätgotische Basilika mit von einer Doppelzwiebel gekröntem barockem Turm

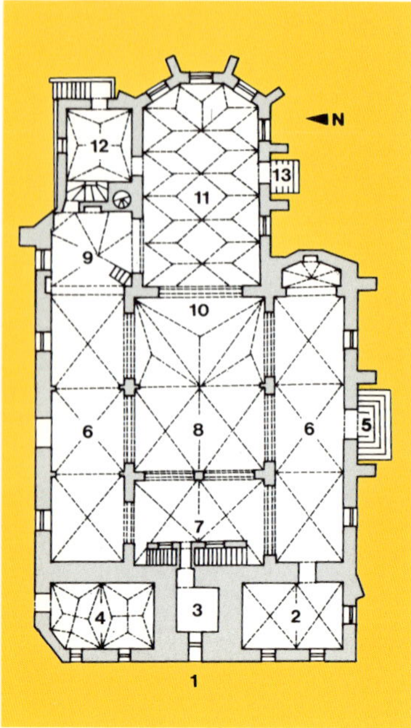

St. Veit im Pongau, Pfarrkirche St. Vitus
1 Fassade **2** Schernbergkapelle **3** Westturm **4** Totenkapelle **5** Portal **6** Seitenschiffe **7** Westempore **8** Mittelschiff **9** Werktagskapelle **10** Triumphbogen **11** Chor **12** Sakristei **13** Zugang zur Krypta

aus dem frühen 18. Jh. entstand in ihrer heutigen Form im 14. und 15. Jh. unter Einbeziehung von Mauerteilen des romanischen Vorgängers. In den von schönen gotischen Rippengewölben überspannten Innenräumen blieben Teile gotischer Fresken aus dem 15. Jh. (u.a. Heiligendarstellungen) erhalten. Die Altäre entstanden im 17. und 18. Jh. im Stil des Früh- und des Spätbarock, der plastische Schmuck der Kirche umfaßt gotische und barocke Figuren. In der an das s Seitenschiff angebauten Schernbergkapelle finden sich ein barocker Altar und zahlreiche Grabsteine aus dem 16. bis 18. Jh.

Pfarrhof: Der markante dreigeschossige Bau erhielt im späten 18. Jh. sein heutiges Gesicht und birgt neben mehreren sakralen Gegenständen ein Zimmer mit von Benedikt Zöpf* stuckierter Decke.

A-5360 St. Wolfgang im Salzkammergut (Oberösterreich)

Einw.: 2700 Höhe: 550 m S. 255 □ E 3

Der idyllisch am Fuß des Schafbergs direkt am Aber- oder Wolfgangsee gelegene Ort, Schauplatz von Ralph Benatzkys berühmter Operette »Im weißen Rößl« (1930), ist einer der beliebtesten Urlaubsorte im Salzkammergut. Dennoch konnte er viel von seinem ursprünglichen, von reizvollen Gassen und für die Region typischen Bürgerhäusern geprägten Charakter bewahren. Die herrlich direkt am Seeufer gelegene Pfarrkirche St. Wolfgang, deren Geschichte untrennbar mit der Ortsgeschichte verbunden ist, war früher Ziel zahlloser frommer Wallfahrer, die dem Hl. Wolfgang, einst Bischof von Regensburg und bereits 1052 heiliggesprochen, ihre Bitten und Wünsche vortrugen, und ist heute eine Pilgerstätte für Millionen Kunstfreunde. Denn sie birgt eines der bedeutendsten Werke des Malers und Bildschnitzers Michael Pacher* (um 1435–1498), eines hervorragenden Vertreters der Spätgotik, sowie Altäre des Bildhauers Johann Meinrad Guggenbichler* (1649–1723) und des Bildhauers Thomas Schwanthaler* (1634–1707), beide hervorragende Vertreter des Barock. Diese Werke sind nicht nur jedes für sich ein Kunstwerk von hohem Rang, sondern auch herausragende Beispiele für zwei Stilepochen, die den Raum Salzburg geprägt haben.

Pfarrkirche St. Wolfgang: Angeblich soll Bischof Wolfgang, der sich wegen einer Auseinandersetzung mit dem Bayernherzog Heinrich dem Zänker nach Mondsee zurückgezogen hatte, hier ein Johannes d. T. geweihtes Heiligtum begründet haben, das später ihm selbst geweiht wurde. Der Wolfgangskult war im 16. und 17. Jh. so weit verbreitet, daß

St. Wolfgang im Salzkammergut >

St. Wolfgang, Das weiße Rößl

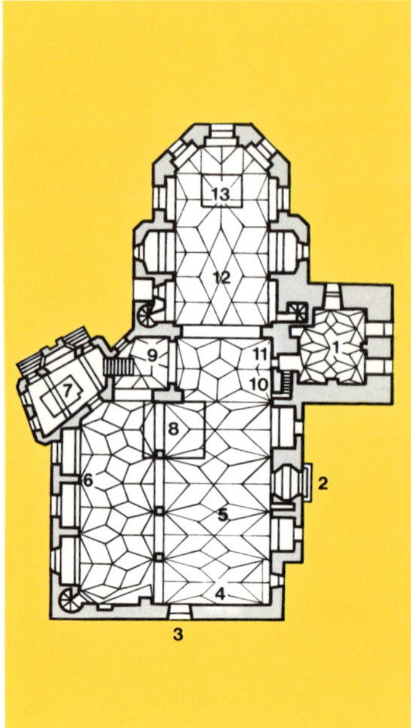

St. Wolfgang, Pfarrkirche St. Wolfgang
1 Turm **2** Südportal **3** Westportal **4** Orgel **5** Langhaus **6** Schmerzensmann **7** Wolfgangskapelle **8** Doppelaltar **9** Rosenkranzaltar **10** Kanzel **11** Zugang zur Sakristei **12** Chorraum **13** Pacher-Altar

St. Wolfgang nach Rom, Aachen und Einsiedeln zum bedeutendsten Wallfahrtsort wurde. Von der in der ersten Hälfte des 12. Jh. erbauten romanischen Kirche blieben nach einem verheerenden Brand 1429 nur der massive, ungegliederte, heute von einer Glockenhaube bekrönte Turm und die frühgotischen Plastiken an den Portalen (Antlitz Christi, Lamm Gottes, St. Wolfgang) erhalten. Die bestehende Kirche, eine zweischiffige Halle mit an das S-Schiff angrenzendem dreischiffigem Chor, ist vom Stil der Spätgotik geprägt und wurde im Inneren 1625 mit frühbarocken Wandmalereien versehen. 1713 kam als letzter Bauteil die barocke *Wolfgangskapelle* hinzu, die angeblich die früher im Freien befindliche Zelle des Heiligen sowie den sog. Bußfelsen umschließt. Das nur von einer Seite her einfallende sanfte Licht läßt die wertvolle Ausstattung besonders gut zur Wirkung kommen. Prunkstück ist der gemäß eines 1471 mit dem Abt von Mondsee geschlossenen Vertrages entstandene

Pacher-Altar, mit dem Meister Michael und seinem Bruder Friedrich ein Meisterwerk der Spätgotik gelang, in dem sich Schnitzerei, Malerei und architektonischer Aufbau zu einem vollendet harmonischen Ganzen verbinden. Der Altar ist ein sog. Wandelaltar und hat deshalb verschiedene Gesichter. *Werktagsansicht:* Bei geschlossenen Flügeln erinnert der über 11 m hohe Aufbau mit seinen Filigrantürmchen und dem zarten, mit Heiligenfiguren besetzten Gesprenge an eine gotische Monstranz. Auf den geschlossenen Flügeln sieht man vier Szenen aus dem Leben des Hl. Wolfgang, die

St. Wolfgang, Pfarrkirche >
St. Wolfgang, Pacher-Altar

St. Wolfgang, Pfarrkirche St. Wolfgang, Pacher-Altar

Hll. Georg und Florian flankieren als Wächter den Schrein, in der Predella sind die vier Kirchenväter dargestellt. *Sonntagsansicht:* Hier herrscht die Malerei vor. Vier in zwei Streifen angeordnete Bilder zeigen Szenen aus dem Leben Jesu, wobei die bewundernswerte Lösung des perspektivischen Problems auf die Kenntnis der Werke der Italiener Bellini und Mantegna schließen läßt und die stark bewegten Figuren eine virtuose Beherrschung der Anatomie des menschlichen Körpers verraten. In fünf der acht Darstellungen reichen Räume mit kunstvollen Gewölben weit in die Tiefe, den Hintergrund der drei restlichen bildet eine romantische Landschaft. Bei der Versuchung Christi fällt neben den Hörnern des Teufels eine Darstellung von Pachers Heimatort Bruneck auf. In der Predella bleiben die vier Kirchenväter. *Festtagsansicht:* Nur an den höchsten Feiertagen wird der Schrein geöffnet und gibt den Blick frei auf das goldschimmernde Schnitzwerk und die im gleichen Ton gehaltenen Bilder. Die Marienkrönung im Schrein, die von den Hll. Wolfgang und Benedikt beobachtet und von insgesamt 14 den Vorhang tragenden, singenden und musizierenden Engelchen begleitet wird, ist ein Meisterwerk gotischer Schnitzkunst, an dem die ausdrucksvollen Gesichter und Gesten ebenso bestechen wie die vollendet ausgearbeiteten Details bis hin zu dem naturgetreu nachgebildeten Kirchlein in Wolfgangs Hand. In der Predella eine vollplastische Anbetung der Könige, gerahmt von Mariä Heimsuchung und der Flucht nach Ägypten. Die Figürchen der Propheten und Patriarchen im durchbrochenen Rahmenwerk sind zwar klein, aber dennoch vollendet gearbeitet. Den sechs Bildern mit Szenen aus dem Marienleben an den *innersten Flügeln* verleiht der damals nur noch selten verwendete Goldhintergrund eine große Feierlichkeit, bei der Darstellung im Tempel fällt die naturgetreue Raumdarstellung auf. Auf der *Rückseite* Heiligenbilder verschiedener Meister.

Abschließend noch ein Wort zur vieldiskutierten Frage: Michael oder Friedrich? Michael werden einhellig die Figuren im Hauptschrein, die Schreinwächter, die Plastiken im Rahmenwerk und die Bilder der innersten Flügel zugeschrieben, Friedrich gilt als Schöpfer der Wolfgangslegende, die Urheberschaft der Szenen aus dem Leben Jesu bleibt umstritten.

Ein Meisterwerk des wuchtige Formen, üppiges Dekor und kräftige Farbgebung (hier Schwarz und Gold) schätzenden Hochbarock ist der **Schwanthaler-Altar** (1675/76). Er verarbeitet dieselbe Thematik wie der Pacheraltar, aber gekennzeichnet von einem anderen Zeitgeist und -geschmack: In den Bogennischen der beiden von gedrehten, von üppigem Akanthus umrankten Säulen flankierten Schreine sieht man die Hl. Familie und den Hl. Wolfgang, Schreinwächter sind die Hll. Benedikt und Scholastika. Im mit zahlreichen Engelsfiguren besetzten Aufsatz ist ebenfalls die Marienkrönung dargestellt, flankiert von den Hll. Georg

St. Wolfgang, Pfarrkirche >
St. Wolfgang, Pacher-Altar

und Christophorus. – Der eng mit Mondsee verbundene Bildhauer **M. Guggenbichler***, ein Meister der zarten, virtuos verspielten Formen des Spätbarock, hatte hier wohl das Unglück, als letzter zu kommen, und konnte »nur« die drei *n Seitenaltäre,* aus denen der *Rosenkranzaltar* mit einem Kranz lieblicher Engelchen herausragt, die durch eine Fülle minutiös ausgearbeiteter Details bestechende *Kanzel* und einen in seinem Ausdruck ergreifenden *Schmerzensmann* beisteuern.

Außerdem sehenswert: Spätgotischer *Wallfahrtsbrunnen* (1515) aus Glockenmetall, umgeben von einem barocken Brunnenhaus, durch dessen korbbogenförmige Öffnungen sich ein herrlicher Seeblick eröffnet.

A-5620 Schwarzach im Pongau

Einw.: 3490 Höhe: 591 m S. 258 □ D 4

Der bedeutende Eisenbahnknotenpunkt liegt in landschaftlich äußerst reizvoller Umgebung und ist deshalb ein vielbesuchtes Ferienziel.

St. Wolfgang, Pfarrkirche St. Wolfgang, Schmerzensmann

Vikariatskirche zur Unbefleckten Empfängnis Mariä: Der schlichte einschiffige Rokokobau mit schöner geschwungener Fassade und von einer Zwiebel bekröntem Turm wurde 1736 von dem aus Schottland stammenden Benediktiner Pater Bernhard Stuart*, der auch die Pläne für Schloß Leopoldskron bei Salzburg lieferte, errichtet, später mehrmals renoviert und nach einem Brand 1983 restauriert und erweitert. Zu diesem Zeitpunkt restaurierte und ergänzte man auch die ursprünglich barocke Ausstattung.

Außerdem sehenswert: Gemeindeamt mit sog. Salzleckertisch (1729), auf dessen Platte lutherische Bauern dargestellt sind.

Umgebung

Schloß Schernberg (1 km nw): Der ursprünglich gotische Bau aus dem späten 12. Jh. erhielt beim letzten Umbau Mitte des 18. Jh. sein heutiges Gesicht und ist Krankenhaus. Besondere Erwähnung verdient die *Filialkirche Mariä Heimsuchung,* eine ursprünglich gotische, im späten 19. Jh. leicht veränderte Kapelle mit überwiegend neugotischer Ausstattung.

A-5201 Seekirchen am Wallersee

Einw.: 8270 Höhe: 510 m S. 255 □ D 2

Der Ort, der seit dem Anfang des 15. Jh. Marktrecht besitzt, ist wegen seiner schönen Lage am vor allem als Badesee beliebten Wallersee ein vielbesuchtes Ferienziel.

Kollegiatstiftkirche St. Petrus: Das barocke Langhaus wurde nach einem Brand 1669 unter Leitung des Hofbaumeisters Antonio Dario* errichtet, der Chor ist spätgotisch, der im Kern ebenfalls spätgotische Turm trägt eine barokke Zwiebelhaube. Die Ausstattung (17./18. Jh.) ist ebenfalls barock. Die Seitenaltäre (1767) entstanden nach Entwürfen von Wolfgang Hagenauer*, die Kanzel schuf 1739 Jakob Hitzl*. In der spätgotischen Krypta befinden sich mehrere Skulpturen aus der ersten Hälfte des 15. Jh.

Umgebung

Seewalchen (1,5 km nö): *Schloß Seeburg:* Das im 15. Jh. errichtete Gebäude erhielt durch Umbauten Mitte des 18. Jh. und Mitte des 19. Jh. sein heutiges Gesicht. In der Mitte des 18. Jh. eingerichteten Rokokokapelle fallen das Deckenfresko und das Altarblatt mit Szenen aus dem Leben des Hl. Rupert von Genario Basile* auf. Das in den Schloßräumen untergebrachte *Heimatmuseum* zeigt sakrale und volkstümliche Kunstwerke und Gebrauchsgegenstände.
Waldprechting (1 km nw): *Filialkirche St. Nikolaus:* Die ursprünglich spätgotische, später barockisierte Kirche birgt eine Ausstattung aus dem 17. und 18. Jh.
Wallersee-Zell (4 km nö): *Filialkirche der Hl. Maria Magdalena:* Der kleine, einschiffige gotische Bau mit spätgotischem Chor wurde im 17. und 18. Jh. barockisiert und barock ausgestattet.

A-5204 Straßwalchen

Einw.: 5870 Höhe: 542 m S. 255 □ D 2

Der von Wäldern umgebene Verkehrsknotenpunkt ist ein beliebter Ferienort.

Pfarrkirche St. Marin: Die dreischiffige spätgotische gestaffelte Hallenkirche aus der ersten Hälfte des 15. Jh. wurde in der ersten Hälfte des 18. Jh. um die barocken Seitenschiffe erweitert, der im Kern spätgotische Turm erhielt Anfang des 18. Jh. seinen Zwiebelhelm. Im Chor blieben spätgotische Fresken und Malereien aus dem späten 15. und frühen 16. Jh. erhalten. Von der barocken Ausstattung verdient vor allem der *Hochaltar* (1675), ein Frühwerk von Meinrad Guggenbichler*, Beachtung. An den Anfang des 18. Jh. aufgestellten Seitenaltären soll Paul Mödlhammer* mitgearbeitet haben, die Kanzel (spätes 17. Jh.) wird Wolf Weißenkirchner* zugeschrieben.

Seekirchen am Wallersee, Kollegiatsstiftskirche St. Petrus

Straßwalchen, Pfarrkirche St. Martin, rechter Seitenaltar

Strobl, Pfarrkirche St. Sigismund

Wallfahrtskirche St. Leonhard (Tamsweg)

A-5350 Strobl

Einw.: 3140 | Höhe: 543 m | S. 255 □ E 2

In dem vielbesuchten Badeort am Wolfgangsee fallen für das Salzkammergut typische Villen aus dem späten 19. Jh. und traditionelle Bauernhäuser und -höfe auf.

Pfarrkirche St. Sigismund: Die spätbarocke Saalkirche mit von einer Zwiebel bekröntem Turm wurde 1759 errichtet. Die gefällige, im Stil des Rokoko gestaltete Ausstattung entstammt der Erbauungszeit.

Aberseer Heimathaus: Auch unter dem Namen »Lipphäusl« bekannt. Es entstand Anfang des 16. Jh. Das hier untergebrachte Museum informiert über Brauchtum und Handwerk in der Region.

A-5724 Stuhlfelden

Einw.: 1390 | Höhe: 789 m | S. 256 □ B 4

Der bereits 963 erwähnte Ort gilt als die älteste namentlich genannte Ortschaft im Oberpinzgau und lebt heute dank der eisen- und schwefelhaltigen Mineralquelle von Bad Burgwies vor allem vom Kurbetrieb, aber auch vom Fremdenverkehr.

Dekanatskirche Mariä Himmelfahrt: Der im Kern romanische einschiffige Bau mit gotischem Chor und spitz behelmtem gotischem Turm wurde im 15. Jh. um die Toten- und die Michaelskapelle und Ende des 17. Jh. um die Antoniuskapelle erweitert. Das romanische S-Portal stammt aus dem 13. Jh. Die von schönen gotischen Rippengewölben überspannten Innenräume bergen eine schöne, überwiegend barocke Ausstattung. Neben zahlreichen Einzelskulpturen und Bildern lohnen vor allem die Altäre genaueres Hinsehen. Der marmorne Hochaltar wurde 1783 von Johann Högler* nach einem Entwurf von Wolfgang Hagenauer* gestaltet, das Gnadenbild »Maria auf dem Stein« entstammt dem Ende des 15. Jh. Die beiden Seitenaltäre ka-

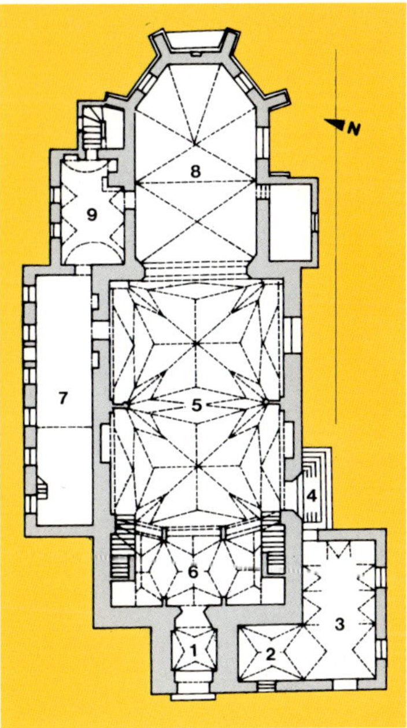

Stuhlfelden, Dekanatskirche Mariä Himmelfahrt 1 Westturm **2** Totenkapelle **3** Michaelskapelle **4** roman. Südportal **5** Langhaus **6** Westempore, darunter roman. Portal **7** Antoniuskapelle **8** Chor, Hochaltar mit Gnadenbild **9** Sakristei

men Anfang des 20. Jh. hinzu. Die Antonius- und die Michaelskapelle bergen neben schönen barocken Einzelwerken ebenfalls beachtenswerte Barockaltäre aus der ersten Hälfte des 18. Jh.

Schloß Lichtenau: Der viereckige, von insgesamt sechs Türmchen bekrönte Bau (1506) ist ein typisches Beispiel für einen ländlichen Ansitz aus dem frühen 16. Jh. und heute Sonderschule.

Umgebung

Wilhelmsdorf (2 km s): *Schloß Labach:* Der langgezogene rechteckige Bau erhielt 1591 sein heutiges Gesicht.

T

A-5580 Tamsweg

Einw.: 5585 Höhe: 1024 m S. 251 □ F 4

Der im Zentrum des Lungaus gelegene Ort wird häufig mit der in der Tabula Peutingeriana genannten römischen Statio Tamasicis in Verbindung gebracht. Der Ortsname selbst wird 1160 erstmals als Gutsname Tamswich genannt. Mitte des 13. Jh. ging der Ort in den Besitz des Salzburger Domkapitels über, 1480 wurde er im Ungarischen Krieg von den kaiserlichen Truppen niedergebrannt. Salz- und Eisenhandel und die Wallfahrt zum Hl. Leonhard führten zu einem wirtschaftlichen Aufschwung, 1790 wurde Tamsweg Sitz eines Pfleggerichts.

Dekanatspfarrkirche St. Jakobus d. Ä.: Die dreijochige, tonnengewölbte barokke Saalkirche mit halbrundem Chor, Seitenkapellen und im Kern auf den 1246 erwähnten Vorgänger zurückgehendem, von einer Zwiebel bekröntem Turm wurde 1738–1741 von Fidelius Hainzl* errichtet. Die anmutigen Rokokostukkaturen im Inneren schuf der Grazer Kajetan d'Androy*. Die Ausstattung entstammt überwiegend der Mitte des 18. Jh. Den wuchtigen Hochaltar und die zierlicher wirkenden Rokokoseitenaltäre schmükken Skulpturen von Johann Pult* und J. G. Mohr* und Altarblätter von Gregor (IV.) Lederwasch*.

Außerdem sehenswert: *Marktplatz* mit

Tamsweg, Rathaus

dem im 16. Jh. errichteten und im 19. Jh. veränderten *Rathaus* mit schöner Fassadenmalerei sowie einigen schönen alten *Bürgerhäusern.* – *Dechantshof* aus der zweiten Hälfte des 18. Jh. – *Schloß Kuenburg:* Der ehem. Sitz der Herren von Kuenburg erhielt Mitte des 18. Jh. durch Friedrich Hainzl*, der mehrere Häuser zusammenlegte, sein heutiges Gesicht und ist Sitz mehrerer Ämter. – *Lungauer Heimatmuseum* (ehem. Barbaraspital): Es zeigt archäologische Fundstücke und informiert über die bäuerliche Kultur und Lebensweise.

Umgebung

Wallfahrtskirche St. Leonhard (1 km sw): Eine Legende berichtet, daß eine Statue des Heiligen insgesamt dreimal aus der Tamsweger Pfarrkirche verschwand und wenig später auf einem Baum in der Nähe der heutigen Kirche wiederaufgefunden wurde. Ab 1421 begannen fromme Pilger zu diesem auf einem Vorberg des Schwarzberges gelegenen Ort zu pilgern, und Tamsweg entwickelte sich zum neben Maria Zell und St. Wolfgang bedeutendsten Wallfahrtsort Österreichs. Den bestehenden spätgotischen Kirchenbau mit zwischen die Strebepfeiler eingezogenen Kapellen, leicht eingezogenem Chor und elegantem, von einem Spitzhelm bekröntem Turm errichtete 1430 bis 1433 der Salzburger Peter Harperger*. Die Befestigungsmauer mit kleinen Rundtürmen kam während des Ungarischen Krieges 1480–1490 hinzu. Die Portale in der n und s Vorhalle weisen reichen Gewändeschmuck auf, am S-Portal fällt ein prächtiger bronzener Löwenkopf (um 1440) ins Auge. Das Innere wirkt durch die klar abgesetzten Rippen der Gewölbe elegant. Ein 1443 datiertes Fresko an der n Chorwand zeigt den Erbauer der Kirche zusammen mit dem Weihbischof, die nur noch zum Teil erhaltenen Apostel-

medaillons an den Wänden entstanden etwa gleichzeitig. Größter Schatz der Kirche sind die zwischen 1430 und 1450 geschaffenen, hervorragend erhaltenen *Glasfenster*. Das berühmte *Goldfenster* aus goldbraunen und goldgelben Scheiben mit nur sparsam gesetzten blauen und roten Farbakzenten wurde von Erzbischof Johann II. (1431–1442) gestiftet und zeigt Wappen, unter Baldachinen stehende Engel, Heilige, Apostel, Stifter und Landespatrone sowie eine Kreuzigung und eine Verkündigung. Von den in leuchtenden Farben gehaltenen übrigen Fenstern ist das 1443 datierte Fenster mit der sog. *Apostelmühle*, einer symbolischen Darstellung der Verbreitung des Wortes Gottes, von ganz besonderem Interesse. Die barocken Altäre entstanden Mitte des 17. bzw. in der ersten Hälfte des 18. Jh. unter Mitwirkung von Künstlern wie Johann Pult*, Georg Haim*, Jakob Gerold* und Gregor (II., III.) Lederwasch*. Vom ehem. Hochaltar (Marienaltar) blieben die Flügel mit Reliefs und Tafelbildern mit Szenen aus dem Marienleben, eine Madonna mit Kind an der n Langhauswand und die Statuen der Hll. Leonhard und Jakobus im Aufsatz des Hochaltars erhalten. Vom ehem. Leonhardsaltar stammen Tafeln mit Szenen aus dem Leben des Kirchenpatrons und Kirchenvätern und die heute an der Orgelempore befindliche Leonhardsstatue. Beachtung verdient ferner der dreisitzige *Chorstuhl* mit reichgeschnitzten Wangen (1445 bis 1450), der Petrus Pistator zugeschrieben wird und als eine der frühesten Intarsienarbeiten n der Alpen gilt.
Den Weg zur Wallfahrtskapelle säumen schöne Bildstöcke mit Kreuzwegbildern und einer Pieta aus dem 15. Jh.
St. Andrä im Lungau (3 km nw): *Filialkirche St. Andreas:* In der gotischen, im 17. Jh. barockisierten Kirche verdienen das 1435 entstandene Chorfenster mit Darstellung des Kirchenpatrons, der Hochaltar (frühes 18. Jh.) und die Seitenaltäre (1615, 1616) Beachtung.
Sauerfeld (4 km ö): *Filialkirche der Hl. Familie:* Die Kirche wurde Anfang des 20. Jh. errichtet und ausgestattet.
Seetal (12 km nö): *Pfarrkirche St. Johannes d. T.:* Die Kirche erhielt im

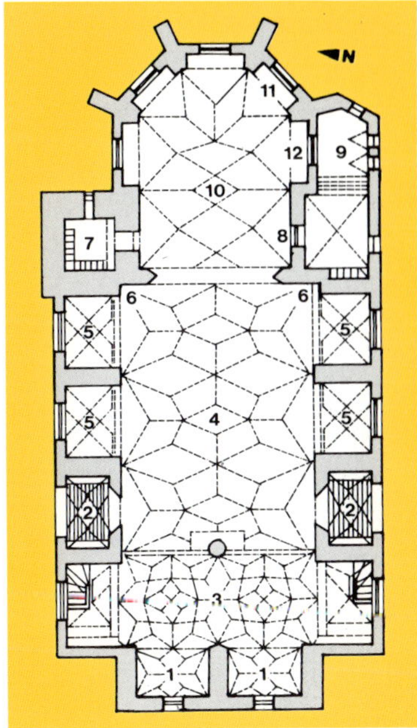

Wallfahrtskirche St. Leonhard (Tamsweg) **1** Vorbau **2** Vorhalle mit Portalen **3** zweigeschossige Empore **4** Langhaus **5** Seitenkapellen mit Altären **6** Seitenaltäre **7** Nordturm **8** Zugang zur Sakristei, darüber Tafelbilder vom Meister von St. Leonhard **9** Anbau **10** Chorraum mit Hochaltar **11** Oberndorffer Fenster **12** Goldfenster

18. Jh. ihr heutiges Gesicht und ihre Ausstattung.
Burgruine Klausegg: Neben den Überresten der bereits im 13. Jh. erbauten Wehranlage blieben auch noch eine Klause, eine Kapelle und mehrere Gebäude erhalten.

A-5660 Taxenbach

Einw.: 3000 Höhe: 779 m S. 257 □ C 4

Der reizvoll gelegene Ort erhielt zu Beginn des 15. Jh. Marktrecht und lebt heute vor allem vom Fremdenverkehr.

Wallfahrtskirche St. Leonhard (Tamsweg), Hochaltar (oben), Goldfenster (rechte Seite)

Dekanatskirche St. Andreas: Die im Kern gotische Hallenkirche mit gotischem Turm erhielt durch Umbauten Mitte des 17. Jh. ihr heutiges Gesicht. Im Inneren bilden die gotischen Gewölbe und die zur Zeit des Barock und zu Beginn des 19. Jh. entstandenen Wandmalereien einen nicht reizlosen Kontrast. Die Ausstattung entstammt mit Ausnahme des Hochaltarbildes (17. Jh.) dem 18. Jh.

Außerdem sehenswert: *Frauenkapelle,* errichtet und ausgestattet zu Beginn des 18. Jh. – *Bahnhöfe* Taxenbach und Kitzlochklamm (1895).

Umgebung

Eschenau (5 km nö): *Pfarrkirche St. Margaretha:* In der im späten 14. Jh. errrichteten schlichten gotischen Kirche wurden interessante Wandmalereien aus der Erbauungszeit freigelegt, die u. a. Szenen aus dem Leben der Kirchenpatronin und aus dem Marienleben zeigen.

Kitzlochklamm (1,5 km sö): Für Naturfreunde lohnt sich ein Ausflug zum Kitzlochfall und zur Tropfsteinhöhle.

A-5503 Thalgau

Einw.: 4560 Höhe: 550 m S. 255 □ D 2

Der alte Ort, auf dessen Gebiet man Reste einer römischen Villa entdeckte, wurde bereits 788 erwähnt und ist heute durch seine schöne und verkehrsgünstige Lage ein vielbesuchtes Ferienziel.

Dekanatskirche St. Martin: Eine erste Kirche fand bereits 730 in einer Schenkungsurkunde Erwähnung. Der bestehende Saalbau mit von einer Zwiebel bekröntem Turm entstand 1747–1749 nach Plänen des Hofbaumeisters Tobias Kendler* und hatte Grabungen zufolge insgesamt drei Vorgänger. Das mit seinen von ionischen Pilastern gegliederten Wänden hell und weiträumig wirkende Innere bildet einen schönen Rahmen für die gefällige Rokokoausstattung aus den 50er Jahren des 18. Jh. Der Hochaltar entstand nach einem Entwurf von Johann Ernst Baron von Keutschach*, den plastischen Schmuck hier und an den Seitenaltären schuf Sebastian Eberl*, die Altarblätter malte Benedikt Werkstätter*.

Außerdem sehenswert: *Bezirksgericht:* Zweigeschossiger Bau aus der Mitte des 18. Jh. – *Amönenburg,* Villa aus dem späten 19. Jh. – *Spaur-Schlößchen,* reizvoller frühklassizistischer Bau aus dem späten 18. Jh.

Umgebung

Dechantshof: Der dreigeschossige Bau erhielt im späten 18. Jh. sein heutiges Gesicht und birgt das Pfarrarchiv und mehrere Ölgemälde aus dem 18. Jh. Die *Kreuz- oder Pfarrhofkapelle* wurde 1754 von Tobias Kendler* errichtet und besitzt eine überwiegend aus der Erbauungszeit stammende Ausstattung.
Burgruine Wartenfels (7 km sö): Von der im 13. Jh. entstandenen und nach der Zerstörung im Bauernkrieg 1526 erneuerten Anlage blieben nur spärliche Mauerreste erhalten.

A-5591 Thomatal

Einw.: 380 Höhe: 1050 m S. 250 □ F 1

Das in einem idyllischen Waldgebiet gelegene Dorf profitierte früher vom Abbau und der Weiterverarbeitung von Eisenerz im nahen Bundschuhtal und lebt heute in erster Linie vom Fremdenverkehr.

Pfarrkirche St. Georg: Die einschiffige Kirche mit von einer welschen Haube abgeschlossenem Turm erhielt ihr heutiges Gesicht in der ersten Hälfte des 18. Jh., die gefällige Ausstattung entstammt ebenfalls dem 18. Jh.

Umgebung

Bundschuh (5 km sw): Die ehem. Hochofenanlage stammt im wesentlichen aus dem 19. Jh.

U

A-5091 Unken

Einw.: 1920 Höhe: 564 m S. 254 □ C 3

In der Umgebung des reizvoll im Saalachtal gelegenen, vielbesuchten Ferienortes wurden prähistorische Siedlungsspuren entdeckt, die nahe gelegenen Pässe Kniepaß und Steinpaß waren während der Napoleonischen Kriege zu Beginn des 19. Jh. wiederholt umkämpft.

Pfarrkirche des Hl. Jakobus d. Ä.: Der barocke Saalbau entstand nach einem Brand 1758 unter Einbeziehung des heute von einer barocken Zwiebelhaube abgeschlossenen gotischen Turms. Die Ausstattung im mit üppigen Rokokostukkaturen geschmückten Inneren stammt aus der Zeit um 1760.

Außerdem sehenswert: *Heimatmuseum* im Kalchofengut mit archäologischen Fundstücken und einer Ausstellung über bäuerliches Brauchtum und Leben. – *Kramerwirt:* Massiver mehrgeschossiger Bau von 1832.

Umgebung

Steinpaß (3 km nö): Von der 1646 zum Schutz gegen das benachbarte Bayern errichteten und in den Napoleonischen Kriegen umkämpften Befestigungsanlage blieben nur noch Mauerreste und eine Gedenktafel erhalten.
Reit (4 km s): *Filialkirche St. Heinrich:* Die kleine Barockkirche entstand Ende des 17. Jh., die Ausstattung stammt aus dem 18. Jh.
Unkenberg (3 km sw): *Festung Kniepaß:* Die Anlage wurde 1648 utner Einbeziehung mittelalterlicher Bausubstanz in ihre heutige Form gebracht.

A-5580 Unternberg

Einw.: 950 Höhe: 1025 m S. 259 □ F 4

Pfarrkirche St. Ulrich: Die barocke Kirche mit modernem Turm entstand im späten 17. Jh., die Ausstattung stammt aus dem 18. Jh.

Umgebung

Schloß Moosham (3 km sw): Die Anlage, die zu den bedeutendsten Burgen im Salzburger Land gehört, wurde 1256 erstmals urkundlich erwähnt, ging 1285 in den Besitz der Salzburger Erzbischöfe über und war bis 1788 Sitz des Pfleggerichts. Danach verfiel sie zusehens und wurde 1886 von Hans Graf Wilczek erworben und vor allem im Bereich des Unteren Schlosses behutsam im Stil des Historismus erneuert. Im Rahmen von Führungen kann man die auf alle Schloßräume verteilte reichhaltige *Sammlung sakraler, bäuerlicher und bürgerlicher Kunstwerke und Gebrauchsgegenstände* mit teilweise sehr wertvollen Einzelstükken besichtigen, die der Hausherr ab 1900 zusammentrug. Die hoch über dem Murtal aufragende Anlage besteht aus dem Oberen (neuen) und dem Unteren Schloß. Das *Obere Schloß* wurde 1516 bis 1522 ausgebaut und ist weitgehend original erhalten. Man betritt den Schloßhof durch ein dreigeschossiges Torhaus. An der W- und der S-Seite liegen die ehem. Wohngebäude, in der SO-Ecke befindet sich die ursprünglich gotische, später barockisierte *Kapelle* mit spätgotischem Flügelaltar, gotischem Glasfenster aus der Zeit um 1440 im Chor und Wandmalereien von Gregor Lederwasch* (1780). Der wuchtige, mehrgeschossige *Schüttkasten,* in dem sich neben der Küche auch das von einer schönen Holzdecke überspannte Fürstenzimmer befindet, in dem Erzbischof Wolf Dietrich seine letzte Nacht in Freiheit verbrachte, bevor er durch die Bayern ergriffen wurde, leitet über zum *Unteren Schloß.* Hier erinnern die Folterkammer und die Bilder im sog. Sagenzimmer an die mit dem Schloß verbundenen Volkssagen und an jene dunklen Tage im Mittelalter, als der erzbischöfliche Pfleger hier über angebliche Hexen und Zauberer zu Gericht saß.

A-5723 Uttendorf

Einw.: 2750 Höhe: 807 m S. 256 □ B 4

Die in dem in der Nähe des Ortszentrums aufgedeckten Gräberfeld aus der Hallstattzeit ergrabenen archäologischen Fundstücke sind im Salzburger Museum Carolino Augusteum ausgestellt.

Pfarrkirche St. Rupertus: Der schlichte einschiffige spätgotische Bau entstand im 15. Jh. und wurde später mehrmals umgestaltet. Im Chor blieben Malereien vom Anfang des 17. Jh. erhalten. Die Ausstattung wurde Ende des 19. Jh. neu zusammengestellt, wobei man in den Hochaltar Plastiken aus dem späten 15. und dem frühen 16. Jh. integrierte.

Umgebung

Niedernsill (6 km ö): *Pfarrkirche hl. Luzia:* Das 1409 erstmals genannte einschiffige Gotteshaus wurde 1865/66 neu gebaut und nach dem Brand im Jahre 1877 bis 1882 wiederaufgebaut. Die Innenraumgestaltung entstand 1959. Hochaltarbild Abendmahl sowie Konsolfiguren hl. Luzia und Erzengel Michael im Langhaus stammen aus dem 18. Jh. Konsolfiguren 4 Evangelisten an der unteren Empore entstanden Anfang des 19. Jh. – **Sehenswert** die neuroman. *Seelenkapelle* von 1881.

Schwarzenbach (2 km sö): *Filialkirche St. Margaretha:* Der kleine, im Kern noch romanische gotische Bau erfuhr im 18. Jh. Veränderungen. Die Wandmalereien entstammen dem frühen 15. Jh., den Hochaltar schuf Ende des 17. Jh. Benedikt Faistenberger*, die übrige Ausstattung entstammt im wesentlichen dem 18. Jh.

V

A-5400 Vigaun

Einw.: 1850 Höhe: 468 m S. 255 □ D 3

Pfarrkirche St. Dionysius: An dieser Stelle wurde bereits 790 eine Kirche erwähnt. Die bestehende, behäbig und breit wirkende dreischiffige spätgotische Hallenkirche mit vom übrigen Bau abgetrenntem, von einem Spitzhelm bekröntem W-Turm entstand 1488–1516, die Ausstattung entstammt dem 17. und dem 18. Jh. Ältestes und schönstes Stück ist der l Seitenaltar von 1597 mit die Taufe Christi zeigendem Altarblatt des Münchner Malers Georg Beham*.

Außerdem sehenswert: *Heimatmuseum* im ehem. Mesnerhäusl. – *Teufelsbrücke* aus dem frühen 17. Jh.

Umgebung

St. Koloman (7 km sö): *Pfarrkirche St. Koloman:* Der bestehende einschiffige Barockbau entstand im späten 18. Jh., die Ausstattung entstammt dem 17. und 18. Jh.

St. Margarethen (2 km n): *Filialkirche St. Margaretha:* Der spätgotische Bau entstand im frühen 15. Jh. Den Tympanon des Portals schmückt ein die Kirchenpatronin zeigendes Relief. Die barocken Altäre entstammen dem frühen 18. Jh.

Filialkirche St. Augustin: Der Mitte des 18. Jh. entstandene Barockbau birgt Malereien von Gregor Lederwasch* und eine Ausstattung aus der Erbauungszeit.

A-5602 Wagrain

Einw.: 2940 Höhe: 900 m S. 258 □ D 4

Der reizvoll gelegene, idyllische Ort ist heute ein beliebtes und vielbesuchtes Touristenziel und eng mit der Volksdichtung verbunden. Hier lebten und arbeiteten Pfarrer Josef Mohr, der Textdichter des Weihnachtsliedes »Stille Nacht, heilige Nacht« und Karl Heinrich Waggerl (1897–1973), einer der bedeutendsten deutschsprachigen Volksschriftsteller des 20. Jh.

Pfarrkirche St. Rupert: Der Bau besitzt einen etwas unorthodoxen Grundriß und setzt sich aus einem einschiffigen Langhaus mit dreiseitig geschlossenem Chor und schlichtem S-Turm (14. Jh.) mit Sakristeianbau, einer massiven, als Einsäulenraum gestalteten W-Vorhalle (15. Jh.) und einem ebenfalls wuchtig wirkenden Seitenschiff aus dem frühen 18. Jh. an der N-Seite zusammen. Die Ausstattung entstand im späten 19. und im 20. Jh. unter Einbeziehung gotischer und barocker Skulpturen.

Auf dem *Friedhof* befinden sich das Grab von Josef Mohr (gest. 1848) mit schönem schmiedeeisernem Kreuz und die Grabstätte für Karl Heinrich Waggerl.

Außerdem sehenswert: *Filialkirche St. Franziskus:* Der kleine Barockbau entstand 1616 nach Plänen des Hofbaumeisters Santino Solari* und birgt eine barocke Ausstattung.

Pfarrhof mit Gedenktafel für Josef Mohr.

Burghügel: Von der bereits Anfang des 14. Jh. zerstörten Anlage blieben nur spärliche Mauerreste erhalten.

Karl-Heinrich-Waggerl-Haus (Karl-Heinrich-Waggerl-Str. 1): Geburtshaus des Dichters, seit 1994 als Museum öffentlich zugänglich.

Umgebung

Kleinarl (8 km s): *Pfarrkirche St. Laurentius:* In den modernen Bau wurden Teile des spätgotischen Vorgängers einbezogen, die Ausstattung wurde Anfang des 20. Jh. unter Einbeziehung barocker und neugotischer Werke neu gestaltet.

Vigaun, Pfarrkirche St. Dionysius > Seitenaltar von 1597 mit Taufe Christi

ALTARE
ST. IOANNES.

A-5742 Wald im Pinzgau

Einw.: 1020 Höhe: 884 m S. 256 □ A 4

Pfarrkirche St. Nikolaus: Die ursprünglich got. Saalkirche aus dem 14. Jh. wurde Mitte des 18. Jh. verändert. Die Wandmalereien im Langhaus, die u. a. Szenen aus dem Leben des Kirchenpatrons zeigen, entstammen dem 16. Jh., die Deckenmalereien mit gleicher Thematik entstanden Anfang des 19. Jh., die barocke Ausstattung stammt aus dem 17. und 18. Jh.

Sixtuskapelle: Der schlichte Bau aus dem späten 16. Jh. besitzt eine Ausstattung aus dem späten 17. und dem 18. Jh.

A-5571 Weißpriach

Einw.: 340 Höhe: 1114 m S. 259 □ F 4

Das im reizvollen Weißpriachtal gelegene Dorf lebt in erster Linie vom Fremdenverkehr.

Filialkirche St. Rupert: Der kleine romanische Bau war früher vermutlich die Burgkapelle und wurde Mitte des 18. Jh., als auch der Zwiebelturm entstand, barockisiert. Im Inneren haben sich romanische Wandmalereien mit Heiligenlegenden und biblischen Szenen aus dem frühen 13. Jh. erhalten. Die barocke Ausstattung entstammt dem 17. und dem 18. Jh.

Burgruine: Von der mittelalterlichen Anlage blieben rund um die Kirche nur noch wenige Mauerreste erhalten.

A-5450 Werfen

Einw.: 3180 Höhe: 620 m S. 258 □ D 3

Der Ort wurde im 12./13. Jh. gegründet und erhielt bereits 1242 Marktrechte. Heute lebt er infolge seiner schönen und für Ausflüge in die Eisriesenwelt (siehe Umgebung) günstigen Lage vor allem vom Fremdenverkehr.

Pfarrkirche des Hl. Jakobus d. Ä.: Der einschiffige, flachgedeckte Saalbau mit eigenartigem, durch zwei Einbauten gebildetem Presbyterium entstand 1652 bis 1662 und wirkt für einen Barockbau sei-

Werfen, Burg Hohenwerfen

Werfen, Pfarrkirche des Hl. Jakobus d. Ä. >

ner Zeit ungewöhnlich wuchtig und nüchtern. Der frei stehende, im Kern gotische, von einer barocken Zwiebel bekrönte Turm ist einziger Überrest des gotischen Vorgängerbaus. Hauptaltäre und Kanzel entstanden in der Zeit von 1622 bis 1663, und auch die übrige Ausstattung ist barock (17./18. Jh.). Erwähnung verdienen auch mehrere Grabsteine aus demselben Zeitraum.

Burg Hohenwerfen: Die majestätisch und weithin sichtbar auf einem Felskegel thronende Anlage wurde 1077 im Zusammenhang mit dem Investiturstreit zum Schutz des nahe gelegenen Passes Lueg als Provisorium errichtet und ab 1122 sowie nach den Bauernkriegen 1525/26 erweitert und erhielt ihr heutiges Gesicht ab 1563 unter Erzbischof J. J. Kuen-Belasi. 1824 veranlaßte Kaiser Franz I. zur Erhaltung des »pitoresquen Altertums« erstmals umfangreiche Instandsetzungsmaßnahmen, nach einem Brand 1931 mußte erneut renoviert werden. Den Kern und zugleich höchsten Punkt der Anlage bildet die sog. innere Burg mit Palas und beherrschendem Glockenturm, der 1563 den ehem. Bergfried ersetzte und eine schöne Renaissanceglocke des Innsbruckers Christoph Löffler (1565) birgt. Die hübsche Burgkapelle wurde ebenfalls 1565 in ihre heutige Form gebracht und besitzt eine schlichte Barockausstattung aus dem 17. und 18. Jh. Unterhalb der Kapelle leitet der auch als »finstere Stiege« bekannte Riemergang über zum Persen- oder Wallerturm. Die massiven Vorwerke mit weiteren vier Türmen und der 1585 angelegte untere Bering mit malerischem Torbau (sog. Pfauenschweifzwinger und -turm) ziehen sich den Berghang hinunter. Heute befinden sich in der Burg eine Gendarmerieschule und eine Jugendherberge.

Außerdem sehenswert: *Kapuzinerkirche Maria Hilf:* In der 1736 im Rahmen einer Kapuzinermission gegen das Luthertum im für den Orden typischen schlichten Stil errichteten Kirche mit einheitlicher Ausstattung aus der Erbauungszeit verdienen die von Jakob Zanusi* gemalten Altarblätter besondere Aufmerksamkeit.
Marktplatz, u. a. mit dem *ehem. Pfleggericht* (16. Jh., heute Bezirksgericht), Geburtshaus des Dichters Ferdinand Sauter, und *Brennhof,* einem stattlichen Bau von 1561 bis 1565.

Umgebung

Blühnbach (9 km w): *Schloß Blühnbach:* Der heute dreigeschossige, zweiachsige, symmetrisch angelegte Bau mit turmartigen Aufbauten wurde 1603–1607 als erzbischöfliches Jagdschloß errichtet, war im 18. Jh. Gestüt und erhielt zu Beginn des 20. Jh. durch den leidenschaftlichen Jäger und Thronfolger Franz Ferdinand sein heutiges Gesicht. In den Innenräumen befindet sich eine umfangreiche, vom Erzherzog selbst zusammengetragene Sammlung von Jagdtrophäen, Gemälden, Möbeln und Gebrauchsgegenständen aller Art. *Blühnbachkapelle:* Das etwas abseits vom Schloß stehende Gebäude stammt ebenfalls vom Beginn des 17. Jh. und erhielt zu Anfang des 20. sein heutiges Aussehen. Die eher museal wirkende Ausstattung, mehrere Altäre, Bilder und Skulpturen aus dem 15. und 16. Jh., geht ebenfalls auf Franz Ferdinand zurück.
Eisriesenwelt (4 km n): Das spektakulärste Naturdenkmal im Raum Salzburg mit 800 m langem Eingangsteil und einem insgesamt 47 km langen Höhlensystem gilt als das zur Zeit bekannteste eisführende Höhlensystem der Welt. Es liegt im Tennengebirge und ist über eine Privatstraße und mit einer Seilbahn erreichbar und von Mai bis September zugänglich.

Z

A-5584 Zederhaus

Einw.: 1230	Höhe: 1215 m	S. 259 □ E 4

Hauptattraktion der kleinen, im reizvollen gleichnamigen Tal gelegenen Gemeinde, die vor allem vom Fremdenverkehr lebt, ist das alljährlich am 24. Juni stattfindende Prangstangenfest. Dabei werden bis zu 10 m hohe, phantasievoll mit bunten Blumen aller Art geschmückte Stangen in einer festlichen Prozession durch den Ort getragen und anschließend in der Kirche aufgestellt. Dieser Brauch geht angeblich auf ein Gelübde zurück, das die Menschen vor langer Zeit zum Dank für die Erlösung von einer verheerenden Heuschreckenplage und darauffolgender schwerer Hungersnot abgelegt haben sollen.

Pfarrkirche der Hll. Johannes d. T. und Johannes Ev.: Der kleine einschiffige Bau erhielt Ende des 17. und im 18. Jh. sein heutiges spätbarockes Aussehen, die Ausstattung ist ebenfalls spätbarock.

A-5700 Zell am See

Einw.: 8760	Höhe: 758 m	S. 257 □ C 4

Die idyllisch am gleichnamigen See gelegene Stadt ist Zentrum der weltweit bekannten und vielbesuchten Eurosportregion Zell-Kaprun-Saalbach und deshalb sehr stark vom Fremdenverkehr geprägt. Der Ort wurde 743 erstmals als Bisontium genannt und in der um 790 von Erzbischof Arno angefertigten Notitia Arnonis, einem Güterverzeichnis der Salzburger Kirche, aufgeführt und verdankt seinen heutigen Namen einer

Zederhaus, Pfarrkirche der Hll. Johannes d. T. und Johannes Ev.

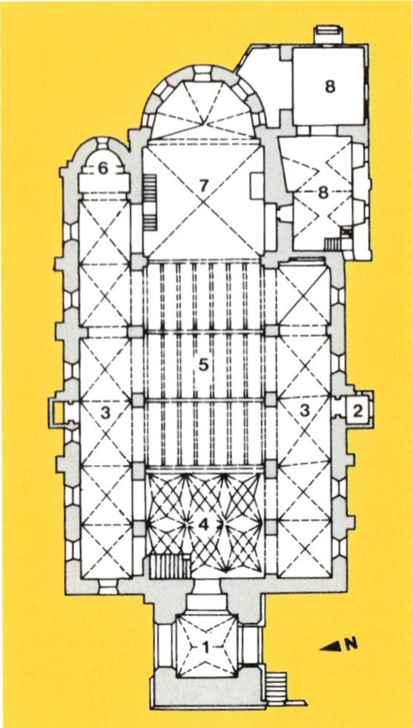

Zell am See, Pfarrkirche St. Hippolyt
1 Westturm **2** Portal **3** Seitenschiffe **4** Westempore **5** Mittelschiff **6** n Seitenschiffapsis, Fresko »Thronende Madonna mit Kind« **7** Chorraum **8** Sakristeianbauten

Zell am See, Kaprunhaus mit Vogtturm

einst hier bestehenden Mönchszelle. Um 1350 erhielt der Ort Marktrechte, die 1357 bestätigt wurden, 1875 führte die Eröffnung der Giselabahn zu einem ersten Aufschwung des Fremdenverkehrs, und 1928 erfolgte die Erhebung zur Stadt.

Pfarrkirche St. Hippolyt: Um die Mitte des 10. Jh. entstand ein einschiffiger ottonischer Kirchenbau, der zwischen 1121 und 1125 durch eine dreischiffige Pfeilerbasilika mit angrenzendem Augustiner-Chorherrenstift ersetzt wurde. Nach dessen Aufhebung wurde die Kirche 1217 Pfarrkirche. Um das Jahr 1230 erfolgte die Einwölbung des im Kern romanischen Mittelschiffs, zwischen 1300 und 1400 wurden auch die Seitenschiffe eingewölbt. 1325 schüttete man im Zuge der Neuerrichtungen des Chors die Krypta zu, Mitte des 15. Jh. entstand der massive Wehrturm. 1514/15 wurde die herrliche dreischiffige *W-Empore* mit von gedrehten Säulen getragenem Netzrippengewölbe und Maßwerkbrüstung eingezogen. Die unter Maßwerkbaldachinen stehenden Statuen der Hll. Georg und Florian sind hervorragende Beispiele für die Skulptur der Donauschule in Salzburg in der Zeit um 1520. Im Kircheninneren blieben *Freskenfragmente* aus verschiedenen Epochen erhalten. Dazu gehören: die thronende Madonna mit Kind in der Apsis des n Seitenschiffs (13. Jh.), das Martyrium der hl. Katharina im Apsisvorraum (spätes 14. Jh.) und die Aposteldarstellung im Presbyterium (frühes 16. Jh.). Die neugotischen Altäre entstanden Anfang des 20. Jh. unter Einbeziehung gotischer und barocker Skulpturen, die in der Kirche befindli-

Zell am See, Pfarrkirche St. Hippolyt >

chen Grabsteine entstammen dem 14. bis 18. Jh.

Außerdem sehenswert: *Vogtturm:* Der sechsgeschossige Bau entstand im 13./14. Jh. – *Schloß Rosenberg:* Das für einen Salzburger Ansitz des späten 16. Jh. typische Gebäude ist heute Rathaus und Sitz des *Stadtmuseums.* – Mehrere noch erhaltene, teilweise umgestaltete Häuser aus dem 16. und 17. Jh.

Umgebung

Thumersbach (5 km ö): *Filialkirche St. Sigismund:* Der schlichte Barockbau vom Ende des 17. Jh. mit modernem Turm besitzt eine Ausstattung aus dem 17. und 18. Jh. *Lohninghof:* Der massive dreigeschossige Bau entstand bereits im Mittelalter und wurde modern verändert und ausgebaut.

Register der Fachausdrücke

Abakus (griech.-lat. »Tischplatte«): Deckplatte über dem Kapitell einer Säule.
Achse: Gedachte Linie, die vertikal oder horizontal (Quer-, Längsachse) ein Gebäude einteilt; z. B. Fensterachse.
Ädikula: Wandnische, die zur Aufstellung einer Büste oder Statue dient; meist mit → Giebel, → Pfeilern oder → Säulen verziert.
Agnus Dei (lat. »Lamm Gottes«): Symbol Christi mit der Kreuzesfahne.
Akanthus: Schmuckelement, das sich vor allem am → korinthischen → Kapitell findet und aus der stilisierten Darstellung eines scharf gezackten, distelähnlichen Blattes entwickelt wurde.
Altar: Opfertisch bei Griechen und Römern. Tisch des Herrn im christlichen Glauben. In katholischen Kirchen neben dem Hauptaltar oft mehrere Nebenaltäre für verschiedene Heilige, in protestantischen Kirchen meist nur ein Altar.
Altaraufsatz: Schreinartiger Aufbau über dem Altartisch.
Altarauszug: Oberer, abgehobener Teil des → Altaraufsatzes.
Altargerät: Gefäße und Requisiten für die gottesdienstlichen Handlungen am → Altar.
Altarretabel: → Altaraufsatz.
Ambo: Pult an den Chorschranken in altchristlichen und mittelalterlichen Kirchen; Vorläufer der → Kanzel.
Andachtsbilder: Kleinere Kunstwerke mit Einzeldarstellungen, die an Nebenaltären gezeigt werden und der religiösen Erbauung dienen.
Anna selbdritt: Darstellung von Anna, Maria und dem Jesusknaben.
Antependium: Frontverkleidung des Altartisches.
Apsis: Abschluß des → Chors, meist halbkreisförmig. In der Regel Standort des → Altars.
Aquädukt: Wasserleitung, oft als über eine Bogenbrücke geführter Kanal, bei den Römern häufig zu Monumentalbauten entwikkelt.
Aquamanile: Gießgefäß oder Schüssel für rituelle Waschungen bei der kath. Liturgie.
Arabeske: Ein stilisiertes Blattwerk, das als Schmuckmotiv verwendet wird.
Architrav: Steinerner Hauptbalken über den → Säulen.
Archivolte: Bogenlauf über romanischen und gotischen Portalen.
Arkade: Bogen, der von → Säulen oder → Pfeilern getragen wird. Mehrere Arkaden werden zu Bogengängen zusammengefaßt. Wenn die Arkaden keine Öffnung haben (und nur aus dekorativen Gründen verwendet werden), spricht man auch von Blendarkaden.
Arkatur: Von Pfeilern oder auch Säulen getragene Bogenstellung.
Atrium: Bei den Römern ein zentraler Raum mit einer Öffnung im Dach, durch die das Regenwasser einfallen konnte.
In der christlichen Architektur ein Vorhof, der meist von → Säulen umgeben ist, auch Paradies genannt.
Attika: Eine (meist reich verzierte) Wand, die über das → Gesims einer Säulenreihe gemauert wird und das Dach verdecken soll.
Aufgehendes Mauerwerk: Der sichtbare (oberirdische) Teil des Mauerwerks.
Aula: Halle, Versammlungssaal.
Auslucht (niederdeutsch Utlucht): Gebäudeerker auf massivem Sockel (→ Erker).

Backstein: Ziegel, der im Brand gehärtet worden ist (im Gegensatz zum natürlichen Gestein).
Backsteingotik: Bauten aus → Backstein in den Formen der → Gotik. Vorwiegend in Nord-, Ost- und Süddeutschland zu finden.
Baldachin: Schutzdach über → Altären, Grabmalen, Statuen und Portalen.
Balkendecke: Holzdecke aus unverputzten Balken über einem → Schiff; durch die Balken ist die Decke meist in Dekorationsfelder unterteilt.
Baluster: Kleine bauchige oder profilierte Säule.
Balustrade: Aus → Balustern gebildetes Geländer.
Bandelwerk: Ein im späten 17. Jh. in Frankreich entstandenes Ornament aus verschlungenen Bändern.
Baptisterium: Taufkirche oder Taufkapelle, in der Regel Zentralbau.
Barbakane: Einer mittelalterlichen Stadtbefestigung vorgelagerter Torbau, meist gerundet und mit Schießscharten versehen.
Barock: Stilbezeichnung für die Kunst und Kulturepoche ab etwa 1600 bis etwa 1750. Bestimmend sind kraftvoll bewegte, ineinandergreifende Formen.
Basilika: Griechische Königshalle; im Kirchenbau Bezeichnung für eine mehrschiffige Kirche (→ Schiff), deren Satteldach über dem Hauptschiff höher ist als die Pultdächer über den Seitenschiffen. Siehe auch → Säulenbasilika und → Pfeilerbasilika.
Basis: Fuß einer → Säule oder eines → Pfeilers, meist breit auslaufend und dekorativ gestaltet.
Basrelief (auch: Flachrelief): Aus der Fläche nur wenig vortretende, Rundungen lediglich andeutende Skulptur.

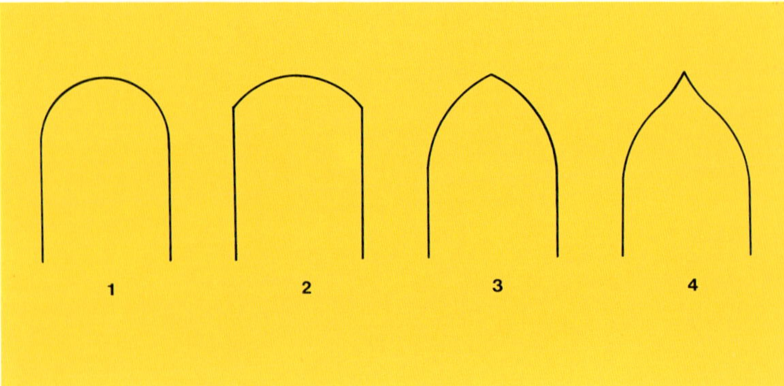

1 Rundbogen 2 Flachbogen 3 Spitzbogen 4 Kielbogen

Bauhütte: Die Werkstatt der Handwerker, die an einem Kirchenbau beteiligt waren.

Beinhaus: Gebäude zur Aufnahme von Gebeinen aus ausgeräumten Gräbern, meist verbunden mit einer Kapelle.

Bergfried: Hauptturm einer Burg, letzte Zufluchtsstätte bei Belagerungen.

Bering: Mantelmauer einer Burg.

Beschlagwerk: Schnitzwerk der → Renaissance, das bandeisernen Zierbeschlägen nachgebildet wurde.

Bettelordenskirchen: Die auf das Wesentliche beschränkten, großenteils ohne Querhaus, immer ohne Türme erbauten Kirchen der Dominikaner und Franziskaner (v.a. 13. und 14. Jahrhundert).

Biedermeier: Kunst- und Kulturepoche (v. a. im deutschsprachigen Raum) v. ca. 1815 bis ca. 1850.

Blattkapitell: Gotisches → Kapitell, bei dem die Grundform von feinen Blattornamenten überzogen ist.

Blendarkade: → Arkade.

Blende: in die Wand eingetieftes Feld oder der Wand vorgelegtes architektonisches Motiv mit der Wirkung einer Scheinarchitektur.

Blendmaßwerk: → Maßwerk.

Blockbau: Holzbauweise, bei der die tragenden Wände aus waagrecht aufeinandergeschichteten Balken konstruiert sind; auch gewetteter oder gestrickter Bau genannt (Gegenteil: → Ständerbau).

Bogenformen: Der Bogen dient zur Überbrückung größerer Spannweiten im Steinbau.

Bogenfries: Ein → Fries in der Form von Rundbogen (häufig bei romanischen Bauwerken).

Borgo: Eigenständig befestigte Gebäude (meist Vorstadt) in ital. Städten.

Boskett, Bosquett: Besonders in französischen Parks und Gärten angepflanzte Baum- und Sträuchergruppen (»Lustwäldchen«).

Bossenquader: Quaderstein, der an der Sichtfläche gerundet vorsteht (→ Quader).

Bruchsteinmauerwerk: Eine aus unbearbeiteten, rohen Steinen unregelmäßig aufgeschichtete Mauer.

Bündelpfeiler: In der Gotik beliebte → Pfeilerform. Um Kernpfeiler gruppieren sich kleinere und größere Dreiviertelpfeiler.

Campanile: Frei stehender Glockenturm einer Kirche, in Italien stark verbreitet.

Campo Santo (ital. »Heiliges Feld«): Ein häufig v. Arkaden umzogener Friedhof.

Carré Savoyard: Burganlage über regelmäßigem viereckigem Grundriß, an den Ecken vorspringende Rundtürme, einer davon als Wohnturm ausgebildet.

Cella: Hauptraum des antiken Tempels mit dem Götterbild.

Chor: Der meist erhöhte und in der Regel östlich gelegene Abschluß des Kirchenraumes. Der Chor hat meist nicht die gleiche Breite wie das → Schiff. Er dient zur Aufnahme des → Altars. Im Mittelalter war der Chor oft durch Schranken zum übrigen Kirchenraum abgegrenzt.

Chorgestühl: Sitzreihen für die Geistlichkeit bzw. in Klosterkirchen für die Mönche und Nonnen, zu beiden Seiten des → Chors aufgestellt.

Chorgitter: Etwa seit dem 17.Jh. anstelle des Lettners verwendetes Gitter.

Chorumgang: Ein Gang, der durch die Fortführung der Seitenschiffe entsteht und um den Chor herumführt.

Confessio: Vorform der ma Krypta. Unter dem Hochaltar angelegtes Märtyrer- oder Kirchenheiligengrab: Verehrungs- und Bekenntnisstätte.

Cosmatentechnik: Mosaikarbeiten, meist ornamental aus Marmor angefertigt.

Dachformen, *Pultdach:* eine einzige schräg ansteigende Dachfläche. *Satteldach:* zwei schräge, gegeneinander aufsteigende Dachflächen, an den Enden durch einen Giebel begrenzt. *Tätschdach:* flach geneigtes Satteldach. *Walmdach:* Satteldach, bei dem auch die Giebelseiten mit einer Dachfläche (Walm) versehen sind. *Krüppelwalmdach:* Walmdach, bei dem nur der obere Giebelteil abgewalmt ist. *Zeltdach:* vier steil aufsteigende Dachflächen über viereckigem Grundriß, z.B. als Turmabschluß. Vgl. → Klebdach.
Dachreiter: Türmchen über dem Dachstuhl.
Deesis: Darstellung des thronenden Christus, flankiert von Maria und Johannes d.Täufer.
Dienste: Dünne Säulen oder Rundstäbe, die einer Wand oder einem Pfeiler vorgelagert sind, meist zur Unterstützung des Gewölbes.
Diptychon: Zusammenklappbare zweiteilige (Altar-)Tafel.
Directoire-Stil: Französischer Kunststil während der Herrschaft des Direktoriums (1795–99), Anlehnung an die Antike.
Donjon: Befestigter Haupt- und Wohnturm mittelalterlicher französischer Burgen.
Doppelkapelle: Eine zweigeschossige Kapelle.
Dorische Säulenordnung: → Ordnung, bei der die → Säulen ohne → Basis direkt auf den Boden gesetzt sind und flache, wulstförmige → Kapitelle tragen.
Draperie (franz. drap. »Tuch«): Dekoration mit Stoffen, Behänge aus Stoffen und deren malerische Darstellung.
Dreipaß: einem Kreis eingeschriebenes kleeblattförmiges → Maßwerkmotiv in der Gotik.

Ecce-Homo (lat. »Seht, welch ein Mensch!«): Darstellung Christi mit der Dornenkrone.
Echauguette: erkerartig vorragendes Wachtürmchen.
Eckrisalit: vorspringende Eckpartie eines Gebäudes.
Empore: Zwischengeschoß; in der Kirche meist Galerie für Sänger und Orgel.
Empire-Stil: Klassizistischer Kunststil in Frankreich zu Beginn des 19.Jh., mit griechisch-römischen und ägytischen Vorbildern.
Enclos Paroissial: Kirchplatz (eingefriedet), in Frankreich oft mit Kalvarienberg.
Enfilade (franz. »Aufreihung«): Anordnung v. Räumen, deren Verbindungstüren in einer Achse liegen.
Englischer Garten: Im Gegensatz zur (franz.) geometrischen Barockanlage hat der engl. Garten Landschaftscharakter und ist aufgelockert.
Englischer Gruß: Verkündigung des Engels an Maria.
Epiphanie: Erscheinungsfest eines Gottes bzw. Christi (vgl. Dreikönigsfest am 6. Januar).
Epitaph: Gedenktafel oder Gedenkstein an Wand oder Pfeiler, oft über dem Grab des Verstorbenen.
Erker: In sich geschlossener vorspringender Anbau an die Außenwand eines Gebäudes. Oft ein Dekorationselement.
Eremitage: Pavillon in Park- und Gartenanlagen, einsam gelegenes Schloß.
Eselsrücken: → Bogenformen.
Eselstreppe: Stufenloser Aufgang eines Turms, vermutlich benutzt, um Esel das Baumaterial hinauftragen zu lassen. Daher sog. Eselstürme an mittelalterlichen Domen.
Evangelistensymbole: Erstmals Hieronymus (347–419) deutete die 4 Lebewesen in der Offenbarung des Johannes (Offb. 4,6–8) als Sinnbild der Evangelisten. Der Mensch ist das Symbol für Matthäus, der Löwe für Markus, der Stier für Lukas, der Adler für Johannes.
Exedra: Apsis, überwölbt mit einem Kuppelausschnitt.
Exvoto: Ein aufgrund eines Gelübdes gestiftetes Bild: Votivbild, -tafel.

Fachwerk: Balken, die als tragende Teile benutzt werden, sind mit Lehm oder Ziegeln aufgefüllt.
Fassade: Haupt- oder Schauseite eines Bauwerks.
Fassung: Bemalung.
Fayence: Töpferwaren mit Glasurüberzug, benannt nach der italienischen Stadt Faënza.
Feiertagschristus: Darstellung Christi als Schmerzensmann, umgeben von bäuerlichen oder handwerklichen Geräten. Mahnbild mit der Bedeutung, daß Christus durch Sonntags- und Feiertagsarbeit stets neu verwundet werde.
Fiale: Ziertürmchen in der → Gotik; oft als Bekrönung eines → Strebepfeilers.
Figurenkapitell: Das → Kapitell einer Säule, das zu einer Figur ausgearbeitet worden ist.
Filigranwerk: Ursprünglich Goldschmiedearbeit, bei der Gold- und Silberdraht ornamentartig auf eine Metallunterlage gelötet werden. Auch auf vielfach durchbrochene Schnitzwerke und Stukkaturen übertragen.
Filialkirche: Gemeindekirche, deren Pfarreirechte ganz oder teilweise bei einer Mutterkirche liegen.
Fischblase: Flammenförmige Ornamentform im gotischen → Maßwerk.

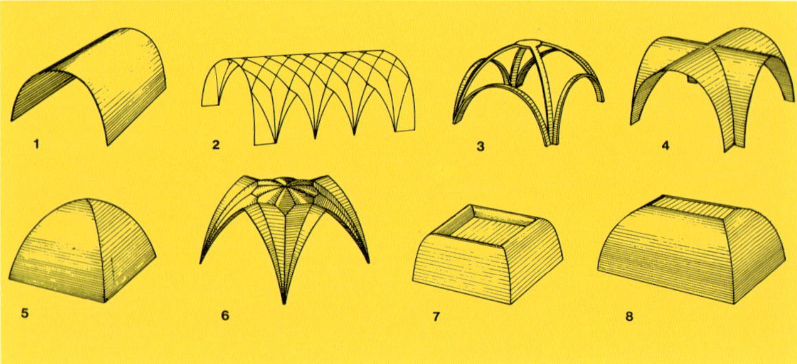

1 Tonnengewölbe 2 Stichkappengewölbe 3 Kreuzrippengewölbe 4 Kreuzgratgewölbe 5 Klostergewölbe 6 Sterngewölbe 7 Kassettengewölbe 8 Spiegelgewölbe

Flamboyant-Stil: Bezeichnung für die Stilform der englischen und französischen Spätgotik mit flammenden Ornamenten (→ Fischblase) im → Maßwerk.
Flechtband/Flechtwerk: Ornament mit dem Motiv ineinander verschlungener Streifen, im Frühmittelalter häufig verwendet.
Flügelaltar: Der → Altaraufsatz hat ausklappbare, meist reich geschnitzte oder bemalte Flügel.
Fresko: Auf den noch feuchten Kalkputz werden Wasserfarben ohne Bindemittel aufgetragen. Beim Trocknen des Mörtels verbinden sich die Farben besonders haltbar mit dem Putz.
Fries: Schmuckstreifen zum Abschluß oder als Untergliederung einer Wand. Der Fries kann flächig oder plastisch sein, er kann aus Figuren oder → Ornamenten bestehen.
Frontale: Zusätzliche, vor die Vorderseite des Altars zu setzende Tafel.
Frontispiz/Fronton: Giebeldreieck über einer Fassadenfront, einem Portal oder einem Altaraufsatz.
Füllmauer: Eine nur außen aufgemauerte, innen mit Mörtel und Steinen aufgefüllte Mauer.

Gaden: In der Architektur Bezeichnung für Obergeschoß.
Galerie: Ein langgestreckter Raum; oft werden → Emporen und → Arkadengänge auch Galerie genannt.
Gaube: Als Giebelhäuschen ausgebildetes Dachfenster.
Gebälk: Balkensystem eines Holzbauwerks. Im Steinbau der → Renaissance und des → Barock werden → Architrav, → Fries und → Gesims zusammen als Gebälk bezeichnet.
Gebundenes System: Quadratisches Schema eines Grundrisses (vorwiegend in romanischen Kirchen). Ausgehend von der quadratischen 6-Vierung sind jeweils gleich große Gewölbequadrate in allen Richtungen angefügt. In den Seitenschiffen entsprechen jeweils zwei kleinere Gewölbequadrate den größeren Quadraten des Mittelschiffes.
Gesims: Ein vorspringender Wandabschluß.
Gesprenge: Abschließende Bekrönung des → Altaraufsatzes.
Gewölbe: Bogen- oder haubenförmiger Abschluß eines Raums.
Gewölbeformen: *Tonnengewölbe:* Gewölbe mit dem Querschnitt eines Halbkreis-, Segment-, Korb- oder Spitzbogens. *Stichkappengewölbe:* Tonnengewölbe, das durch einen seitlich einschneidenden Kappenkranz, meist mit Fensteröffnungen, begrenzt ist. *Kreuzgewölbe/Kreuzgratgewölbe:* rechtwinklige Durchdringung von zwei gleich hohen Tonnengewölben, die Durchdringungslinien heißen Grate. *Kreuzrippengewölbe:* Kreuzgratgewölbe mit tragenden Rippen entlang der Grate.
Sterngewölbe: sternartig verzweigtes Rippengewölbe.
Giebel: Stirnseite; bei Gebäuden mit Sattel- oder Pultdach dreieckig und meist senkrecht. Auch über Fenstern oder Türen. Staffel-, Treppengiebel.
giebelständig: Eine Giebelseite zeigt gegen die Straßenseite (Gegenteil: traufständig).
Glockenjoch: Aufgemauertes Giebelchen mit jochartiger Öffnung, in der eine Glocke aufgehängt ist.
Gobelin: Bildteppich.
Gotik: Epoche der europäischen Kunst und Kultur, die von der Mitte des 12.Jh. bis ins 16.Jh. reicht.
Graffiti: Eingekratzte Inschriften oder Zeichnungen, meist an Wänden antiker Gebäude.
Grisaille: Malerei in verschiedenen Grauabstimmungen.

Gurtbogen: Eine konstruktive und dekorative Unterstützung des Gewölbeabschnitts, die sich rippenartig als Bogen quer zur Längsachse spannt.

Hängewerk: Konstruktion in Holz oder Stahl zur Bewältigung großer Spannweiten, die vor allem im Brückenbau angewendet wird: ein waagrechter Hängebalken wird von einer oder mehreren Hängesäulen gehalten, die mit den Brückenenden verstrebt sind.
Halbsäulen: Nur mit ihrem halben Durchmesser, im Querschnitt halbkreisförmig aus der Wand vortretende Säulen.
Hallenchor: Ein → Chor, der aus mehreren, jedoch gleich hohen → Schiffen besteht.
Hallenkirche: Im Gegensatz zur → Basilika sind Hauptraum und → Seitenschiffe gleich hoch; ohne → Querhaus.
Halsgraben: Künstlich geschaffener Graben, der Burgen vom Landrücken trennt. Oft auch Zugang über Zugbrücken.
Haustein: Ein an seiner Oberfläche bearbeiteter Naturstein.
Heidenhäuser: Mit »Heidenhaus«, »Heidenwölbi«, »Heidenstock« bezeichnet der Volksmund Architekturformen, die wegen ihres Alters ungewöhnlich erscheinen und deshalb mit Abergläubischen verbunden werden.
Helm: Der Abschluß eines Turmes.
Hochaltar: Zentraler Hauptaltar einer Kirche.
Hocheingang: In einem oberen Geschoß gelegener Eingang zu einem Turm oder → Palas.

Ikonostasis: In der Ostkirche Bilderwand zwischen Allerheiligstem und Gemeinderaum.
Immaculata: Die Unbefleckte, Ehrenname Marias.
Inkarnation: Fleischwerdung.
Inkrustation: Farbige, ornamentale Einlegearbeiten in Stein zur Verzierung v. Wand- u. Fassadenflächen.
Intarsia: Einlegearbeit in Holz, Stuck, Stein etc.
Ionische Säulenordnung: → Ordnung, bei der die Ä Säulen auf einer mehrgliedrigen → Basis stehen und das → Kapitell durch zwei Schneckenbögen charakterisiert ist.

Joch: Grundeinheit des durch → Pfeiler, → Säulen oder → Gurtbogen gegliederten Raumes.
Jugendstil: Nach der Münchner Zeitschrift »Jugend« benannte Stilrichtung, die sich gegen die Übernahme alter Formen wendet und neue, der Natur entnommene Ausdrucksformen schafft. Schwerpunkt von 1895 bis um 1905.

Kabinettscheibe: Kleines Glasgemälde als Schmuck von Fensterscheiben.
Kämpfer: Steinplatte zwischen → Säule bzw. → Kapitell und Bogen oder Gewölbe.
Kalotte: Gewölbte Kuppel in Form eines Kugelabschnitts.
Kalvarienberg, *Calvaire:* Plastische Darstellung der Kreuzigungsgruppe und des Kreuzigungsberges, oft Wallfahrtsort.
Kamee: Stein oder Edelstein mit erhaben geschnittener Darstellung.
Kampanile, *Campanile:* (meist frei stehender) Glockenturm.
Kanon: Regelmäßiges, wiederkehrendes Maß.
Kannelüren: Senkrechte Rillen am Schaft von Säulen oder Pfeilern.
Kanzel: Erhöhter Platz in der Kirche, von dem aus die Predigt gehalten wird. Oft von einem → Baldachin oder einem → Schalldeckel überdeckt.
Kapelle (lat. Cappa »Mantel«): Name urspr. abgeleitet v. einem kleinen Raum der Königspfalz v. Paris, wo sich der Mantel des hl. Martin befand. Kleines gottesdienstliches Gebäude ohne Pfarrecht; selbständiger Teil einer Hauptkirche (Grab-, Taufkapelle); Burg- oder Schloßkapelle.
Kapellenkranz: Mehrere um den Chor gezogene Kapellen.
Kapitell: Abschließender, kopfartiger Teil einer → Säule. Die Form der Kapitelle ist ausschlaggebend für Stil oder → Ordnung.
Kapitelsaal: Versammlungsraum der Klostergemeinde.
Kappe: Ausgeschiedenes Teilstück eines Gewölbes (→ Gewölbeformen).
Karner: (auch: Beinhaus): Kapellenartiges Haus auf Friedhof, in dem die Gebeine aufbewahrt werden, die bei Neubelegung von Gräbern ausgegraben werden; oft zweigeschossig und mit Totenkapelle; vor allem in den Alpenländern.
Karnies (griech. koronis »gekrümmt«): Leiste mit leicht S-förmig gekrümmtem Profil.
Kartause (ital. Certosa): Kloster der Kartäuser mit einzelnen Wohnzellen und Gärten, Kreuzgang, Kirchen- und Kapitelsaal.
Kartusche: Zierrahmen, mit dem Wappen, Initiale oder Inschriften eingefaßt sind.
Karyatide: → Gebälk tragende Figur.
Kassettendecke: Diese in rechteckige Felder unterteilte Decke ist durch → Ornamente, Bemalung oder anderen Schmuck ausgeprägt.
Kassettengewölbe: Ein von einer rechteckigen Kassette angeschnittenes → Kloster- oder Haubengewölbe in regelmäßiger Folge.
Kastell: In römischer Zeit befestigter Garnisonsplatz.
Kathedrale: Bischofskirche, Dom.
Kehrgiebelhaus: Ein Giebelhaus mit → traufständig anschließendem Nebengebäude.

Kenotaph: Grabdenkmal, an anderer Stelle errichtet als das tatsächliche Grab.
Kielbogen: → Bogenformen.
Klangarkade (auch: Schallarkade): Bogenförmige Schallöffnungen im Glockengeschoß eines Kirchturms.
Klassizismus: Von klassisch-antiken Vorbildern ausgehende Stilrichtung, die zwischen etwa 1770 bis etwa 1830 ihren Höhepunkt erreichte.
Klebdach: An der Außenwand über Fenstern und Portalen angefügtes Vordächlein.
Klostergewölbe (Haubengewölbe): Ein kuppelähnliches, waagrecht gerade abschließendes Gewölbe aus Tonnenabschnitten.
Knorpelstil: Die vorbarocke Form des → Ornaments, aus dem → Beschlagwerk entwickelt, mit ohrmuschelartigen Formen.
Knospenkapitell: Abwandlung des → korinthischen Kapitells in frühgotischer Zeit.
Konche: Halbrunder, sich in einen Nebenraum öffnender Raum, besonders Halbkuppel der Apsis.
Konsole: Wandvorsprung, Balkenstütze.
Kopfreliquiar: → Reliquiar in Kopf- oder Büstenform.
Korbbogen: Flachgedrückter Rundbogen.
Korinthische Säulenordnung: Reiche Zierformen kennzeichnen bei dieser → Ordnung die → Kapitelle. Die → Basis ähnelt der → ionischen Ordnung.
Kragstein: Aus der Mauer herausragender Stein, der als Stütze, als Auflage oder auch nur als Träger für eine Büste dient.
Kranzgesims: Abschlußgesims der Fassade unter dem Dachansatz.
Kreuz (lateinisch crux): Zwei sich meist rechtwinklig schneidende Balken als alte Symbolform. Griech. Kreuz mit gleich langen Armen, lat. Kreuz mit verschobenen Querbalken. Andreaskreuz, Malteserkreuz mit zweispitzigen Armen, Papstkreuz mit 3 Querbalken; außerdem lothringisches Kreuz mit 2 Querbalken, Antonius- und Gabelkreuz.
Kreuzgang: Meist gewölbtes, nach innen durch → Arkaden geöffnetes Geviert, das als Umgang im Hof eines Klosters dient und an einer Seite an die Kirche anschließt.
Kreuzgewölbe: Ein → Gewölbe, bei dem sich zwei → Tonnengewölbe rechtwinklig kreuzen. Man unterscheidet das einfache Kreuzgratgewölbe von dem Kreuzrippengewölbe, bei welchem die Schnittkanten durch Rippen verstärkt sind.
Kruzifixus: Kreuz mit einer Darstellung des Gekreuzigten.
Krypta: Unterkirche, Grabraum, meist unter dem → Chor gelegen. Oft sind Kirchen über einer alten Krypta errichtet worden.
Kuppelformen, wichtigste: *Pendentif- oder Hängekuppel:* über quadratischem oder vieleckigem Grundriß gewölbte halbrunde Kuppel mit ausgeschiedenen Seitenflächen. Die von der Kuppelwölbung in den Kuppelansatz überleitenden sphärischen Dreiecke heißen *Pendentifs* oder *Hängezwickel. Tambourkuppel:* Pendentifkuppel mit zylindrischem oder polygonalem Zwischenstück *(Tambour, Trommel)*, das zwischen Pendentifs und Halbkugel geschoben ist. Der obere Abschluß einer Kuppel wird meist durch eine → Laterne gebildet.

Langhaus: Hauptteil der Kirche, für die Gemeinde bestimmt (ohne → Chor und → Apsis).
Laterne: Runder oder polygonaler, mit Fenstern versehener kleiner Aufbau über der Scheitelöffnung einer Kuppel oder als Turmbekrönung.
Laubengang: Bogengang, der dem Erdgeschoß eines Baus vorgelagert ist.
Leibung: Fläche des Mauereinschnitts bei Fenstern und Türen.
Lettner: Wand oder Brüstung zwischen → Chor und → Mittelschiff, die den klerikalen Bereich vom Laienraum trennt.
Leutkirche: Dem Laiengottesdienst vorbehaltener Raum in Stiftskirchen.
Lichtgaden: Fensterzone der Hochwand im Mittelschiff einer → Basilika, auch *Obergaden* genannt.
Lisene: Schwach aus der Wand vortretender senkrechter Mauerstreifen ohne Basis und Kapitell.
Loggia: Nach außen geöffnete Säulenhalle eines Bauwerks, häufig im Obergeschoß.
Loretokapelle: Architektonische Nachahmung des Muttergottes-Hauses, das der Legende nach durch Engel von Nazareth nach Loreto bei Ancona (Mittelitalien) versetzt wurde.
Louis-Quatorze: Französischer Kunststil, dem deutschen → Barock vergleichbar; benannt nach Ludwig XIV. (1638–1715).
Louis-Quinze: Epoche des Spätbarock in Frankreich, benannt nach Ludwig XV. (1710–74). Entspricht in etwa dem → Rokoko in Deutschland und Österreich.
Louis-Seize: Beginn des → Klassizismus in Frankreich, benannt nach Ludwig XVI. (1754–93); eine gemäßigte Form des → Rokoko.
Lüftlmalerei: Malerei an Hauswänden, vornehmlich im süddeutschen Raum.
Lünette: Halbkreisförmiges Feld über Türen und Fenstern, oft mit Malerei oder Plastik.
Luginsland: Ein hochragender, häufig alleinstehender oder vorgesetzter Wart- und Aussichtsturm; in Städten auch als Feuerwacht benutzt.
Lukarne: Kleines Dachfenster.

1 dorisches Kapitell 2 romanisches Würfelkapitell 3 korinthisches Kapitell 4 ionisches Kapitell 5 gotisches Knospenkapitell 6 gotisches Blattkapitell

Majestas Domini: Frontal thronender Christus mit hochgehaltener Rechter und Lebensbuch, oft mit den 24 Ältesten oder den 4 Evangelistensymbolen dargestellt.

Mandorla: Heiligenschein in zugespitzter Mandelform, der eine ganze Heiligengestalt (Maria oder Christus) umgibt.

Manierismus: Kunststil zwischen → Renaissance und → Barock (ungefähr von 1530 bis 1630). Der Manierismus vernachlässigt natürliche und »klassische« Formen zugunsten gewollter Künstlichkeit der Manier.

Mansarde: Ein abgeknicktes Dach, wobei der untere Teil steiler als der obere ist.
Der gewonnene Raum wird ebenfalls Mansarde genannt und läßt sich gut für Wohnzwecke benutzen. (Benannt nach dem Franzosen F. Mansart.)

Maschikuli: Kleine Öffnungen zwischen einem vorkragenden Zinnenkranz, bei mittelalterlichen Wehrbauten zum Ausguß von Pech und Schwefel bestimmt.

Maßwerk: Gotische geometrische Zierformen, vor allem für die Ausgestaltung von Fensterbogen oft verwendet. Liegen die Zierbogen direkt auf der Wand, spricht man von Blendmaßwerk.

Mausoleum: Ein prächtiges Grabmal, meist in der Form eines Hauses oder Tempels.

Medaillon: Meist runde od. ovale Rahmung eines Ornaments oder Freskos (aus Stuck, Stein u. ä.).

Menhir: Roh behauener, senkrecht aufgestellter Stein aus vorgeschichtlicher Zeit.

Mensa: Die Deckplatte des Altars.

Mezzanin: Halb- oder Zwischengeschoß.

Miniatur: Kleinformatiges Bild; handgemalte Bilder in alten Handschriften.

Mittelschiff: Mittleres → Schiff der → Basilika oder der mehrschiffigen → Hallenkirche.

Mönchschor: Der Teil des → Chores, der den Mönchen vorbehalten ist, oft abgeschlossen.

Monstranz: Schmuckgerät, in dem (meist hinter Glas) die geweihte Hostie gezeigt wird.

Mosaik: Wand-, Boden- oder Gewölbeschmuck, zusammengefügt aus kleinen bunten Steinchen, Glasscherben oder anderen Materialien.
Münster: Große Klosterkirche bzw. große Stiftskirche, vor allem in Rheinnähe gebräuchlich.
Municipium: In der röm. Republik die in den Staatsverband einbezogenen italischen Städte, in der röm. Kaiserzeit die mit röm. Recht ausgestattete selbständige Stadtgemeinde; munizipal bedeutet soviel wie städt.
Muschelwerk: Zierornamente, die dem Muschelmotiv nachempfunden sind; vor allem in der späten → Renaissance und im → Rokoko.

Narthex: Vorhalle von Basiliken und Kirchen.
Netzgewölbe: Ein → Gewölbe, bei dem sich die Rippen mehrfach kreuzen. Vor allem zur Zeit der → Gotik anzutreffen.
Neubarock: Reaktion auf den kühlen → Klassizismus. Die Wiederverwendung der Formen des → Barock entwickelte sich im letzten Drittel des 19. Jh. als ein historisierender Prunkstil mit übertriebenem plastischem Schmuck und auffälligen Farben.
Neugotik (Neogotik): Historisierender Kunststil, mit dem man im 19. Jh. die Bauformen und Schmuckornamente der → Gotik neu beleben wollte.
Nonnenchor: → Empore, auf der Nonnen dem Gottesdienst beiwohnen.

Obelisk: Frei stehender Pfeiler mit quadratischem Grundriß und pyramidenartiger Spitze.
Oculus: Runde Fensteröffnung.
Odeon: Meist rundes Gebäude, in dem musikalische und andere musische Aufführungen stattfinden.
Oktogon: Gebäude mit achteckigem Grundriß.
Olifant: Das Wunderhorn Rolands, ein Signal- und Kriegshorn aus Elfenbein, reich geschnitzt und in Edelmetall gefaßt.
Opisthodom: Beim griechischen Tempel Raum hinter der → Cella.
Orangerie: Teil barocker Schloß- und Parkanlagen, ursprünglich für die Überwinterung der während des Sommers im Freien aufgestellten Orangenbäume und anderer südlicher Gewächse gedacht.
Oft erhielten die Orangerien jedoch Festräume für große Hofgesellschaften.
Oratorium: Kleine Kapelle, die in der Regel nicht für die Öffentlichkeit zugänglich ist, oft dem Chorraum angegliedert.
Ordensburg: Burgen des Deutschen Ritterordens vornehmlich in Preußen und Livland. Die vierflügeligen Anlagen sind um einen Innenhof gruppiert und durch sehr starke Befestigungsanlagen geschützt. Kloster, Garnison und Verwaltung sind in den Ordensburgen gemeinsam untergebracht gewesen.
Ordnung: Architektursystem der Antike, das bestimmte Reihenfolgen vorschreibt, vor allem bei → Säulen (→ dorische, → ionische etc.).
Orgelprospekt: Schauseite einer Orgel.
Ornament: Regelmäßig sich wiederholende Zierformen. Wiederkehrende Ornamente sind oft unter anderen Begriffen zusammengefaßt (z.B. → Fries).
Ossarium: → Beinhaus.
Ottonische Kunst: Kunst aus der Zeit der Könige Otto I., Otto II. und Otto III. (936 bis 1002). Anreger und Finanziers dieser Kunst waren die Könige sowie Würdenträger der Kirche.

Pagode: Süd- und ostasiatischer Reliquienschrein und Tempel.
Pala: Altaraufsatz.
Palas: Wohnbau einer Burg.
Palladiomotiv: Ein von Sebastiano Serlio entwickeltes, nach Andrea Palladio (1508 bis 1580) benanntes Architekturmotiv seit der Spätrenaissance, auch *Serliana* genannt: dreiachsige Wandöffnung, mittlere Achse breiter und von Rundbogen überhöht, schmälere Seitenöffnungen mit horizontalem Abschluß auf Höhe des Bogenansatzes.
Pallium: Ein mantelähnlicher Umhang der Römer, im Mittelalter Krönungsmantel für Könige und Kaiser, später auch bei Erzbischöfen.
Paneel: Brusthohe Holzvertäfelung.
Panorama: In der Kunst ein Rundgemälde, vor allem zur Darstellung von Schlachten und Städteansichten.
Pantheon: Den Göttern geweihter Tempel. Nach dem Vorbild des Pantheons in Rom (Rundbau).
Paradies: → Atrium.
Parament: Sakrale Bekleidungsstücke, z. B. des Priesters oder des Altars.
Patio: Innenhof des Hauses, vor allem in Spanien.
Patrozinium: Schutzherrschaft des Heiligen, in dessen Namen die Kirche geweiht ist (Kirchenpatron); auch Namensfest des Kirchenpatrons.
Pavillon: Meist mehreckiger oder runder Bau in Parkanlagen. Bei Barockschlössern verbinden sehr häufig Eckpavillons den Hauptbau mit den davon abzweigenden → Galerien.
Pechnasen: Kleine, an der Unterseite geöffnete Erker bei mittelalterlichen Burgen, durch die man heißes Pech auf die Angreifer schütten konnte.
Pendentifkuppel: → Kuppelformen.

Pergola: Offener Laubengang aus einer Holzkonstruktion; an den Balken ranken sich Pflanzen empor.
Peripteros: Griech. Tempel mit einem Säulengang rundum.
Peristyl: Einen Hof umgebende Säulenhalle, bei profanen wie sakralen Bauten verbreitet.
Pesel: Wohnraum und Zentrum norddeutscher Bauernhäuser.
Pestsäule: Mittelalterliche Schmucksäulen, die an Zeiten erinnern, in denen die Pest im Ort gewütet hat.
Pfalz: Wohnstatt für Könige und Kaiser, die im Mittelalter nicht an einem Ort residierten, sondern ihren Sitz regelmäßig wechselten.
Pfeiler: Stützglied wie die → Säule, doch von recht- oder mehreckigem Grundriß.
Pfeilerbasilika: Die Bogen des → Schiffes der → Basilika liegen auf → Pfeilern.
Piano Nobile: Das wichtigste (edelste) Geschoß eines Profanbaues, meistens das 1. Obergeschoß z.B. mit Prunk- und Repräsentationsräumen.
Pieta: Darstellung der trauernden Maria mit dem Leichnam des Sohnes auf dem Schoß.
Pieve (ital. »Pfarrkirche«): Mit bes. Rechten ausgestattete, häufig etwas außerhalb der Ortschaften gelegene, meist dreischiffige Pfarrkirche.
Pilaster: → Pfeiler, der aus einer Wand hervortritt (Halbpfeiler), mit → Basis und → Kapitell.
Pinakothek (griech.): Bildersammlung.
Piscina: 1. Schwimmbassin in den römischen Bädern. 2. Taufbecken in einem Baptisterium. 3. Kleine Mauernische mit Wasserablauf im Chor für die liturgische Handwaschung.
polychrom: Vielfarbig ausgeführt; Farben deutlich gegeneinander abgesetzt: Ggs. monochrom.
Portal: In der Form und im Schmuck hervorgehobener repräsentativer Eingang v. Kirchen, Palästen oder vornehmen Profanbauten.
Polygon: Vieleck.
Polyptychon: Ein aus mehreren Tafeln (Flügeln) zusammengesetztes (Altar-)Bild.
Portikus: Von → Pfeilern gestützte Vorhalle.
Porträt (franz. »Portrait«): Darstellung v.a. des Antlitzes eines Menschen in Malerei oder Plastik.
Postament: Sockel eines Standbildes.
Präraffaeliten: Von London ausgehende Kunstrichtung (um 1850), die eine Verbindung religiöser und seelischer Motive forderte und sich an der italienischen Malerei der frühen → Renaissance orientierte. Vorstufe des → Jugendstils.
Predella: Unterbau des → Altars.
Presbyterium: Ursprünglich »Raum der Priester«, heute allgemeine Bezeichnung für den → Chor bzw. die → Apsis einer Kirche.
Prior: Bei Benediktinern und verwandten Orden Stellvertreter des Abts in einer Abtei oder Hausoberer in einem Priorat; bei Dominikanern und Kartäusern der Klostervorsteher.
Prismeller Baumeister: Baumeisterfamilie aus einer Walserkolonie jenseits des Monte Rosa (Val Sesia, früher Prismell). Berühmtester Vertreter: Ulrich Ruffiner (1. Hälfte 16. Jh.).
profan: Das Gegenteil von → sakral, also Kunst, die nicht mit dem religiösen Bereich in Verbindung steht. Zu den Profanbauten zählt man z. B. Rathäuser, Burgen, Schlösser, Bürgerhäuser etc.
Pronaos: Vorhalle des antiken Tempels (auch christliche Kirchengebäude).
Propstei: Dom- oder Stiftskapitel.
Propyläen: Die Eingangshalle monumentaler Bauten. Vorbild späterer Bauten waren die Propyläen auf der Akropolis in Athen (entstanden 437 bis 432 v. Chr.).
Prospekt: → Orgelprospekt.
Prothyros: Einfriedung vor der Tür des römischen Hauses.
Protorenaissance (Vorrenaissance): Florentinische Baukunst im 11. und 12. Jh.
Pseudobasilika (falsche Basilika): Basilikale Kirche mit erhöhtem, aber fensterlosem Mittelschiff.
Pulpitum: Frei stehende Kanzel.
Pultdach: → Dachformen.
Purifizierung (lat. »Reinigung«): Entfernung v. An- oder Umbauten; Wiederherstellung des urspr. Äußeren und Inneren.
Putten: Nackte engelhafte Kinderfiguren in der → Renaissance, im → Barock und im → Rokoko.
Pylon: Eingangstor bei griech. Tempeln und Palästen.

Quader: Behauener Block aus massivem Stein.
Quadriga: Ein vierspänniger Wagen.
Querhaus oder **Querschiff:** Raum in der Kirche, quer zum → Langhaus (→ Basilika).
Querschnitt: Ein gedachter Schnitt quer durch ein Gebäude zur Darstellung der Architektur.

Radfenster: Speichenartig gegliederte Fensterrose.
Refektorium: Speiseraum in Klöstern.
Refugium: Im Mittelalter in Kriegszeiten benützte Wehranlage zum Schutz der Bevölkerung, auch *Fluchtburg* genannt.
Régence: Französische Ausformung des → Rokoko.

Relief: Bildhauerarbeit, bei der die Figuren halbplastisch aus der Fläche herausgeschnitten (Holz) oder gemeißelt (Stein) sind. Je nach der Stärke der Erhebung spricht man von Flach-, Halb- oder Hochrelief.
Reliquiar: Behälter, in dem die Reliquien eines Heiligen aufbewahrt werden.
Remter: Speisesaal einer → Ordensburg (→ Refektorium).
Renaissance: Stilbezeichnung für die bildende Kunst ab etwa 1500 bis etwa 1600. Die Renaissance fällt zusammen mit dem Ende des mittelalterlichen Weltbilds und dem Beginn einer neuen, an der Antike orientierten Lebenshaltung (ital. rinascimento = Wiedergeburt).
Riegelbau, Fachwerkbau: Skelettbauweise, deren Gerüst aus waag- und senkrechten Pfosten (meist Holz) sowie diagonalen Streben besteht. Die Zwischenräume sind mit anderem Material gefüllt (Lehm, Backstein). Verfeinerte → Ständerbauweise.
Rippe: Tragendes Konstruktionselement eines Gewölbes mit Band-, Rundstab-, Birnstabprofil: in der Spätzeit des Gewölbebaus wurden die Rippen der selbsttragenden Schale als dekorative Oberflächengliederung vorgeblendet (→ Gewölbeformen).
Risalit: Aus der Fluchtlinie vortretender Teil eines Gebäudes, der dessen volle Höhe erreicht.
Rocaille: Reich gestaltete, muschelähnliche → Kartusche, die namengebend für das → Rokoko wurde.
Rokoko: Stilbezeichnung für die Zeit des ausklingenden → Barock (etwa 1720–70), mit eleganten, leichten, oft verspielten, vor allem ovalen Formen.
Rollwerk: Bandartiges Ornament, dessen sich aufrollende Enden plastisch ausgeformt sind. Motiv vieler Holzarbeiten vor allem im 16. Jahrhundert in Flandern und Holland (→ Beschlagwerk).
Romanik: Die zusammenfassende Bezeichnung für die Kunst vom Jahr 1000 bis ins 13. Jh. In ihren Bauwerken ist die Romanik bestimmt von Rundbogen, ruhigen Ornamenten und einer insgesamt schweren Haltung.
Romantik: Kunstrichtung zu Beginn des 19. Jh., die sich vor allem in der Literatur (Märchen), Malerei und Musik ausbreitete. Sie nimmt Formen und Motive des Mittelalters wieder auf und bedeutet eine Abkehr von den rationalen Normen des → Klassizismus.
Rose: Ein stark gegliedertes Rundfenster über dem Portal mit reichem → Maßwerk, vor allem bei gotischen Kirchen.
Rosette: Rosenartige Dekorationsform, z. B. in Kassetten oder an Friesen.
Rotunde: Rundbau.
Rundbogen: → Bogenformen.
Ründe/Ründi: Halbrunde Holzverschalung unter einem Hausgiebel.
Rundling: Dörfer, die sich regelmäßig um den (runden) Marktplatz herum entwickelt haben.
Rustika: Mauern aus → Quadern, deren Schauseite absichtlich unbehauen geblieben ist.

Saalkirche: Stützenfreier Kircheninnenraum, also ohne → Seitenschiff.
Sacra Conversazione: Madonna inmitten mehrerer Heiliger, seit dem 15. Jh. v. a. in der ital. Malerei gebräuchlich.
Säkularisation: Umwandlung geistlicher Besitztümer in weltliche, vor allem in der Zeit unter Napoleon (1803).
Säule: Stützglied mit kreisförmigem Grundriß, Gliederung in Basis, Schaft und Kapitell. Säulenordnungen sind durch strenge Maß- und Proportionsregeln gekennzeichnet und kommen in den klassischen bzw. den von der Klassik beeinflußten Stilepochen vor (→ Pfeiler).
Säulenbasilika: → Basilika, die von → Säulen gestützt wird (im Gegensatz zur → Pfeilerbasilika).
sakral: Kirchlich, geistlich (im Gegensatz zu → profan).
Sakramentshäuschen: Gehäuse zur Aufbewahrung der geweihten Hostien. In der späten → Gotik entstanden zahlreiche große Sakramentshäuschen, die zu bedeutenden Kunstwerken ausgestaltet sind.
Sanktuarium: Allerheiligstes der Kirche, Altarplatz.
Sarkophag: Meist reich verzierter steinerner Sarg.
Satteldach: Von zwei schräg gegeneinander gestellten Flächen gebildetes Dach. Die 2 Giebel befinden sich an den Schmalseiten.
Scagliola: Ein aus Gips, Leim, Wasser und Farben zusammengestelltes, später poliertes Material zur Imitation v. Marmor.
Schalenturm: Wehrturm in einer Ringmauer, an der Rückseite geöffnet.
Schalldeckel: → Kanzel.
Schildbogen: Ein das Joch gegen die Wandseiten hin begrenzender Gewölbebogen (→ Gewölbeformen).
Schildmauer: Hohe und starke, meist frei stehende Mauer zum Schutz einer Burg vor fremdem Beschuß.
Schiff: Raumteil einer Kirche; daraus einschiffige oder mehrschiffige Kirchen; letztere durch → Säulen oder → Pfeiler aufgeteilt.
Schlußstein: Stein im Scheitel eines Bogens oder Rippengewölbes, häufig plastisch verziert oder bemalt.
Schnitzaltar: Altar mit geschnitzten Holzfiguren im Altarschrein.
Schwibbogen: Quer über einen Raum gezogener, 2 Wände verbindender freier Bogen

als Mauerstütze oder Element der Raumgliederung.

Seitenschiff: Seitlich gelegenes → Schiff, durch → Säulen oder → Pfeiler vom Hauptraum der Kirche getrennt.

Sepultur: Für Begräbnisstätten reservierter Kirchenraum.

Serliana: → Palladiomotiv.

Sgraffito: Kratzputz.

Sinopie: Meist rötliche oder braune Vorzeichnungen von Fresken auf der Wand.

Sockel: Vorspringender unterer Teil einer Wand, eines → Pfeilers oder einer Säule.

Spiegelgewölbe: Ein langgestrecktes → Klostergewölbe, das im Scheitel mit einer waagrechten Fläche schließt.

Spitzbogen: → Bogenformen.

Spolie (lat. spolia »Beute«): Wiederverwendetes Glied (Kapitelle, Säule, Stein u. ä.) eines älteren Bauwerks.

Sprengwerk: → Gesprenge.

Stabkirche: Holzkirche (in Deutschland fast ausschließlich im Harz) aus senkrecht stehenden Planken und Pfosten.

Stabwerk: Senkrechte Stäbe zur Gliederung gotischer Fenster und Fassaden (→ Maßwerk).

Staffelgiebel: Giebel mit treppenartiger Stufung, auch Treppen- oder Stufengiebel.

Staffelhalle/Stufenhalle: Hallenkirche oder Pseudobasilika, deren Mittelschiff höher ist als die Seitenschiffe, jedoch ohne eine direkte Belichtung des Mittelschiffs (→ Basilika).

Stichkappengewölbe: Ein von dreieckigen Kugelflächen eingeschnittenes → Tonnengewölbe.

Strebepfeiler: Die in der Gotik ungewöhnlich großen Fensteröffnungen forderten eine Abstützung der Außenmauern durch → Pfeiler und Halbbögen. Dieses Strebewerk fing den Gewölbedruck auf.

Strebewerk: System von Strebepfeilern und -bögen an Außenwänden zur Abstützung von Mauern und Gewölben; im got. Kirchenbau häufig verwendet.

Strickbau: → Blockbau.

Stuccolustro: Mit Marmorstaub und Freskoputz vermengtes, heiß behandeltes und glattpoliertes Material, wirkt wie Marmor. Dieser »Stuckmarmor« wird v.a. zur Verkleidung v. Pfeilern, Säulen oder Wandflächen verwendet.

Stuck: Ein leicht formbarer Werkstoff aus Gips, Kalk, Sand und Wasser, der v.a. im 17./18. Jh. zur plastischen Ausschmückung von Innenräumen gedient hat.

Stukkatur: Ornamentale und figürliche Stuck-Dekoration v.a. im Barock.

Supraporte: Dekoratives Feld (Malerei, Schnitzerei, Stuck) über der Türe; v.a. im Barock gebräuchlich.

Synagoge: Jüdisches Gotteshaus.

Tabernakel: Altargehäuse für die Hostie.

Tabor: Befestigtes Lager, Befestigung, besonders in der Steiermark gegen Türkeneinfälle; auch Taborkirche.

Täfer: Hölzerne, meist profilierte Wand- oder Deckenverkleidung.

Tambour: Unterbau einer Kuppel, in der Regel zylindrisch oder polygonal.

Terrakotta: Gebrannte, unglasierte Tonerde.

Thermen: Römische Warmbadeanstalten.

Thermenfenster: Senkrecht dreigeteiltes Halbkreisfenster, aus der römischen Thermenarchitektur übernommen.

Tonnengewölbe: → Gewölbe, das einer Tonne gleicht, die in Längsrichtung durchgeschnitten wird.

Toskanische Säulenordnung (röm. Bezeichnung): Abwandlung der dorischen Säulenordnung durch Zufügen einer Basis und Wegnehmen der Kannelüren des Schafts; glatter Säulenschaft, Kapitell ohne Schmuck und Verzierung.

Transenne: In die Fensteröffnungen eingefügte Holz- oder Steinplatten (Vorläufer der Fensterverglasung).

Traufe, Dachtraufe: Untere horizontale Begrenzung eines Daches.

Treppengiebel: → Staffelgiebel.

Treppenhaus: Monumentale Treppenanlage (häufig zweiteiliger Treppenaufgang) in der Höhe des Gebäudes; v.a. im Barock, jedoch bereits auch während der Renaissance.

Triforium: Laufgang in der Wand unter den Fenstern von Mittelschiff, Querschiff und Chor, besonders in gotischen Kirchen.

Trinität (lateinisch trinitas »Dreiheit«): Dreieinigkeit, die Dreiheit von Gottvater, Sohn und Hl.Geist in der Einheit des göttlichen Wesens u.a. als Dreieck mit dem Auge Gottes dargestellt.

Triptychon: Dreiteiliges Altarbild.

Triumphbogen: Geschmückter Torbogen.

Trompe l'œil: Spezielle Art der Darstellung, bei der Gegenstände so täuschend ähnlich gemalt sind, daß sie dem Auge als Wirklichkeit erscheinen.

Tudorstil: Baustil, der Elemente der → Gotik und der → Renaissance verbindet; benannt nach der englischen Familie Tudor (etwa um 1530 bis um 1600).

Tumba: Aufbau über einer Grabstelle.

Tympanon: Das Bogenfeld über dem mittelalterlichen Portal.

Vedute: Gemälde oder Zeichnung mit der genauen Darstellung einer Stadt oder Landschaft.

Verblendung: Verkleidung von Bauteilen, die nicht sichtbar sein sollen.

Verkröpfung: Vorziehen eines Gesimses über einem vorstehenden Bauteil (Wandpfeiler, Pilaster usw.).

Vesperbild: Pieta.
Vierpaß: Ornament des got. Maßwerks: vier einem Kreis eingeschriebene, kleeblattförmig angelegte Kreissegmente.
Vierung: Die Stelle, an der sich → Lang- und → Querhaus kreuzen.
Vierzehn Nothelfer: Die als Helfer in jeder Not angerufenen Hll. sind Achatius, Ägidius, Barbara, Blasius, Christophorus, Cyriacus, Dionysius, Erasmus, Eustachius, Georg, Katharina, Margaretha, Pantaleon und Vitus.
Viztum: Stellvertreter des Landesherrn, meist in bischöflichen Herrschaften.
Vollplastik: Allseits plastisch gearbeitetes Bildwerk (dagegen → Relief).
Volute: Spiralenförmiges → Ornament.
Vorarlberger Schema: Umstrittener Begriff für den Typus der barocken Wandpfeilerhalle mit Emporen, wie er im 17. und 18. Jh. von den Vorarlberger Baumeistern entwickelt und nördlich der Alpen verbreitet wurde.
Vorburg: In größeren Burganlagen der äußere Wehrbezirk.
Vorhalle: Ein der Westfassade integrierter Vorraum bei Kirchenbauten.
Vortragekreuz: Ein hauptsächlich bei Prozessionen benutztes Kreuz.
Vorzeichen: → Portikus.
Votivaltar (lat. votum »Gelübde«): Infolge eines Gelübdes gestifteter Altar; ebenso Votivkirche oder -kapelle.

Walmdach: → Dachformen.
Wange: Seitlicher Abschluß des → Chorgestühls.
Wandvorlage: Gliederung oder Verstärkung (Stabilisierung) einer Wand durch Dienste, Halbsäulen, Lisenen, Pilaster oder Pfeiler.
Wehrgang: Zur Verteidigung hergerichteter Laufgang in den oberen Partien einer Ringmauer.
Weicher Stil: Spezifische Erscheinung in der deutschen Malerei und Plastik der Spätgotik mit fließenden Gewandfalten und zartem Gesichtsausdruck.
Welsche Haube: Geschwungenes Haubendach für Türme, Vorläufer der → Zwiebelhaube.
Westwerk: Monumentaler Westabschluß bei Kirchen aus karolingischer, ottonischer und romanischer Zeit. Als Kirche für den Herrscher vorgesehen und deshalb oft auch mit einem eigenen Altar ausgestattet.
Wimperg: Giebelartige Bekrönung über got. Portalen und Fenstern, meist aus Maßwerk konstruiert.
Winkelhakenkirche: Kirche mit zwei längsrechteckigen Schiffen, die in einem stumpfen, beinahe rechten Winkel aufeinanderstoßen.
Würfelkapitell: Aus der Durchdringung von Würfel- und Kugelform entwickeltes → Kapitell der romanischen Stilepoche.

Zackenstil (auch: Knitterstil): In der Spätgotik, sogar bereits in der Spätromanik auftretender Stil, Falten an (Schnitz-)Figuren sehr scharf (zackig, knitterig) zu gestalten.
Zeltdach: → Dachformen.
Zentralbau: Baukörper mit gleich oder nahezu gleich langen Hauptachsen, im Grundriß dem Kreis, Quadrat, regelmäßigen Vieleck oder griechischen Kreuz angenähert.
Ziborium (auch Ciborium): Großer von Säulen getragener steinerner → Baldachin über dem → Altar.
Zinnenkranz: Oberer Abschluß einer Wehrmauer, bestehend aus schützenden, schildartigen Aufbauten, unterbrochen durch schartenartige Zwischenräume im Mauerrand.
Zopfstil: Stilrichtung aus der Zeit zwischen → Rokoko und → Klassizismus (etwa um 1760 bis 80); geprägt von strenger Ausdrucksweise.
Zwerchhaus: Dachhäuschen mit einem Giebel, der quer zum Hauptdach steht.
Zwerggalerie: Gang in der Außenmauer unter dem Dachgesims; nach außen geöffnet und meist reich verziert.
Zwickel: Teilgewölbe, das meist zu einer Kuppel überleitet (→ Kuppelformen).
Zwiebelhaube: Dach in Form einer Zwiebel.
Zwinger: Das Gelände zwischen den inneren und äußeren Mauern der mittelalterlichen Stadtbefestigungen. Hier wurden oft Tiere gehalten. Im → Barock errichtete man an dieser Stelle dann oft Vergnügungsstätten.

Künstlerregister

Sehenswürdigkeiten der Stadt Salzburg

Salzburger Museum Carolino Augusteum, Mille-fiori-Teppich des Salzburger Erzbischofs

Kardinal Matthäus Lang von Wellenburg

Salzburg, Volkskundemuseum, Stuhllehne geschnitzt und bemalt, 19. Jh.

Ortsregister Salzburger Land

Salzburg, Volkskundemuseum, Gasteiner Truhe v. 1821 mit den Hll. Katharina u. Barbara

Anschluß-Seite 256

Anschluß-Seite 259

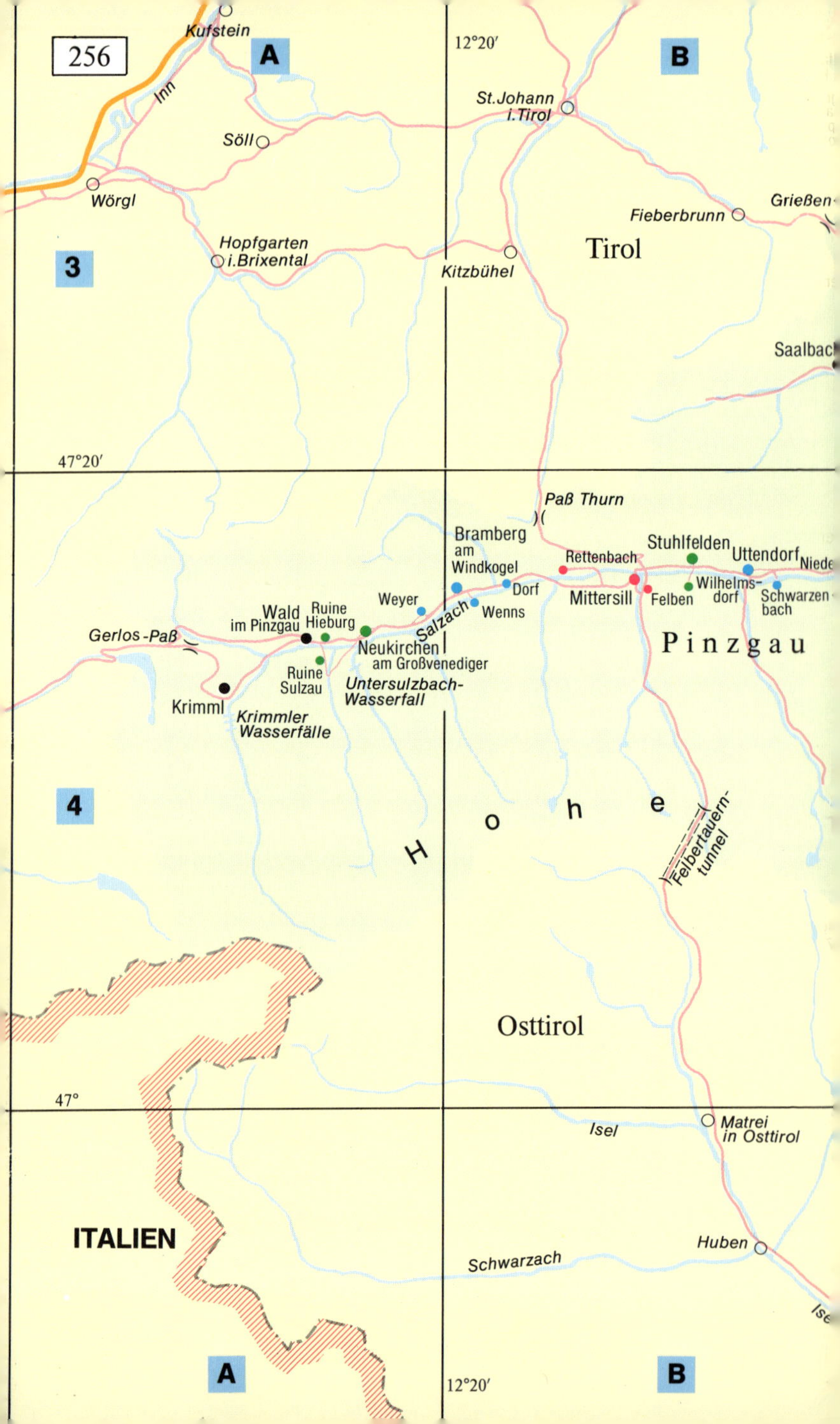
A
B
12°20′
Kufstein
Inn
Söll
Wörgl
St.Johann i.Tirol
Fieberbrunn
Grießen
Tirol
Hopfgarten i.Brixental
Kitzbühel
3
Saalbac
47°20′
Paß Thurn
Bramberg am Windkogel
Rettenbach
Stuhlfelden
Uttendorf
Niede
Dorf
Mittersill
Felben
Wilhelmsdorf
Schwarzenbach
Weyer
Wenns
Salzach
Wald im Pinzgau
Ruine Hieburg
Neukirchen am Großvenediger
Gerlos-Paß
Ruine Sulzau
Untersulzbach-Wasserfall
Krimml
Krimmler Wasserfälle
Pinzgau
4
Hohe
Felbertauerntunnel
Osttirol
47°
Isel
Matrei in Osttirol
ITALIEN
Huben
Schwarzach
Ise
A
B
12°20′

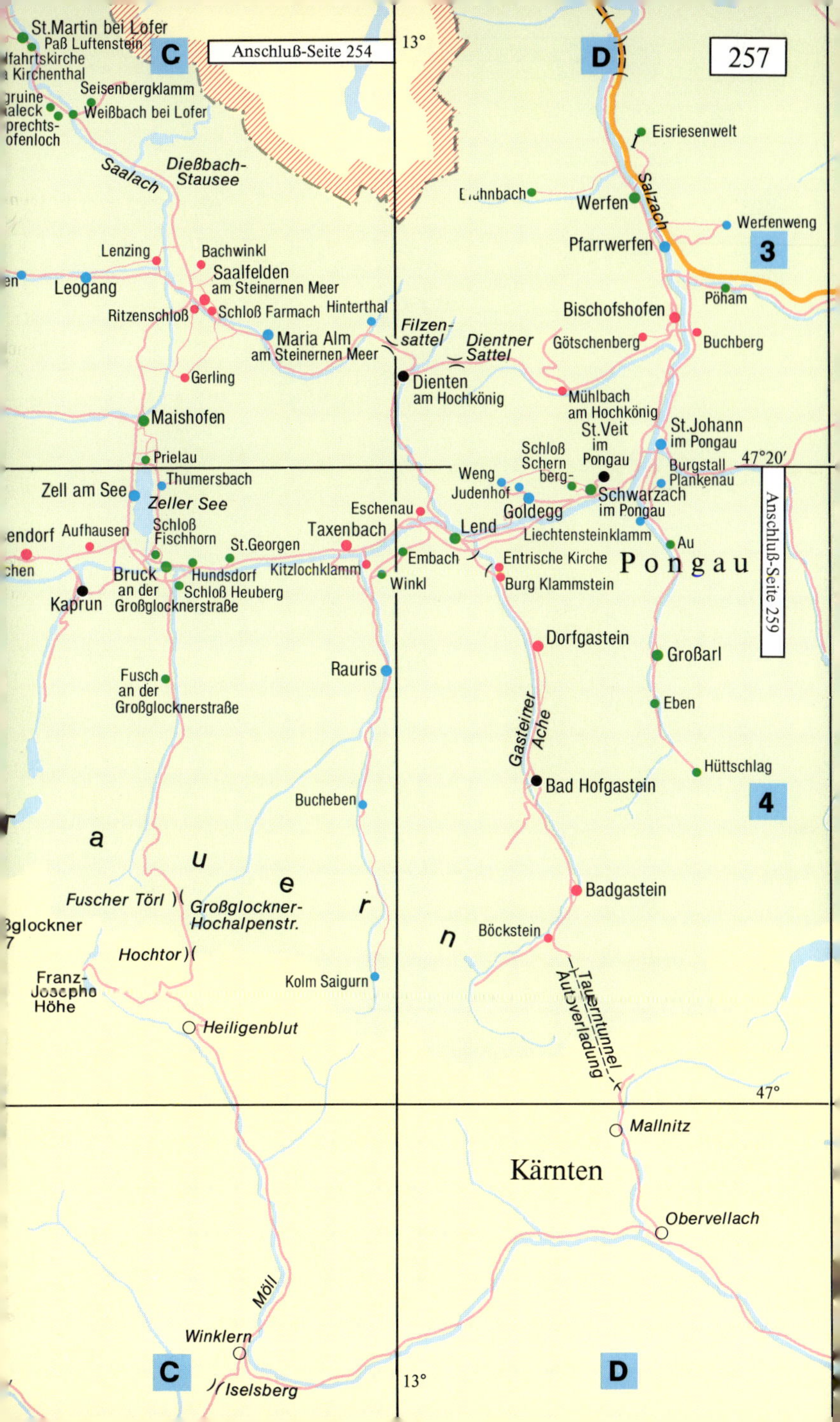
257
Anschluß-Seite 254
Anschluß-Seite 259
C
D
3
4
13°
47°20′
47°
St.Martin bei Lofer
Paß Luftenstein
Seisenbergklamm
Weißbach bei Lofer
Saalach
Dießbach-Stausee
Lenzing
Bachwinkl
Saalfelden am Steinernen Meer
Leogang
Ritzenschloß
Schloß Farmach
Hinterthal
Maria Alm am Steinernen Meer
Gerling
Filzensattel
Dientner Sattel
Dienten am Hochkönig
Maishofen
Prielau
Thumersbach
Zell am See
Zeller See
Aufhausen
Schloß Fischhorn
St.Georgen
Taxenbach
Eschenau
Bruck an der Großglocknerstraße
Hundsdorf
Schloß Heuberg
Kitzlochklamm
Embach
Winkl
Kaprun
Fusch an der Großglocknerstraße
Rauris
Bucheben
Fuscher Törl
Großglockner-Hochalpenstr.
Hochtor
Franz-Josephs Höhe
Kolm Saigurn
Heiligenblut
Möll
Winklern
Iselsberg
Eisriesenwelt
Werfen
Salzach
Werfenweng
Pfarrwerfen
Pöham
Bischofshofen
Götschenberg
Buchberg
Mühlbach am Hochkönig
St.Veit im Pongau
St.Johann im Pongau
Schloß Schernberg
Burgstall
Plankenau
Weng
Judenhof
Goldegg
Schwarzach im Pongau
Lend
Liechtensteinklamm
Au
Entrische Kirche
Burg Klammstein
Pongau
Dorfgastein
Großarl
Eben
Gasteiner Ache
Hüttschlag
Bad Hofgastein
Badgastein
Böckstein
Tauerntunnel Autoverladung
Mallnitz
Kärnten
Obervellach

C
Anschluß-Seite 254
D
Burgruine Saaleck
Weißbach bei Lofer
Lamprechts-
ofenloch
Saalach
Dießbach-
Stausee
3
Eisriesenwelt
Blühnbach
Werfen
Salzach
Werfenw
Pfarrwerfen
Hütten
Lenzing
Leogang
Bachwinkl
Saalfelden
am Steinernen Meer
Ritzenschloß
Schloß Farmach
Hinterthal
Filzen-
sattel
Maria Alm
am Steinernen Meer
Dientner
Sattel
Dienten
am Hochkönig
Gerling
Götschenberg
Bischofshofen
Pöham
Hüttau
Buchberg
Mühlbach
am Hochkönig
Ponga
Maishofen
St.Veit
im
Pongau
St.Johann
im Pongau
47°20′
Prielau
Schloß
Schern-
berg
Weng
Judenhof
Burgstall
Plankenau
Zell am See
Thumersbach
Zeller See
Schwarzach
im Pongau
Goldegg
Wag
Eschenau
Aufhausen
Schloß
Fischhorn
Taxenbach
Lend
Liechten-
steinklamm
Au
St.Georgen
Embach
Entrische Kirche
Bruck
an der
Großglocknerstraße
Hundsdorf
Kitzlochklamm
Winkl
Burg Klammstein
Kleina
Schloß Heuberg
Kaprun
Anschluß-Seite 256
Pinzgau
Dorfgastein
Großarl
Rauris
Fusch
an der
Großglocknerstr.
Gasteiner
Ache
Eben
Hüttschlag
4
Bad Hofgastein
Bucheben
H
o
Fuscher Törl
Großglockner-
Hochalpenstr.
h
Badgastein
Böckstein
Hochtor
e
u
Franz-
Josephs-
Höhe
Kolm Saigurn
T
a
Autoverladung
Tauerntunnel
Heiligenblut
47°
Mallnitz
Obervellach
Osttirol
Möll
Winklern
C
13°
D

Anschluß-Seite 255

Abkürzungen

a. d. Zt.	aus der Zeit
bes.	besonders
d. Ä.	der Ältere
d. J.	der Jüngere
d. T.	der Täufer
Di	Dienstag, dienstags
Do	Donnerstag, donnerstags
dt.	deutsch
ehem.	ehemals, ehemalig
eigtl.	eigentlich
engl.	englisch
ev.	evangelisch
Ev.	Evangelist
Fr	Freitag, freitags
fränk.	fränkisch
frz.	französisch
Ft.	Feiertag
gen.	genannt
gest.	gestorben
got.	gotisch
griech.	griechisch
h	Uhr
hl.	heilig
Hl., Hll.	Heiliger, Heilige
i. Mt.	im Monat
ital.	italienisch
Jh.	Jahrhundert
Jt.	Jahrtausend
karol.	karolingisch
kath.	katholisch
km	Kilometer
kgl.	königlich
l	links, linke
lothr.	lothringisch
luth.	lutherisch
m	Meter
MA	Mittelalter
ma	mittelalterlich
Mi	Mittwoch, mittwochs
Mo	Montag, montags
N	Norden
n	nördlich
n. Vbg.	nach Vereinbarung
O	Osten
ö	östlich
pfälz.	pfälzisch
preuß.	preußisch
r	rechts, rechte
rhein.	rheinisch
röm.	römisch
roman.	romanisch
S	Süden
s	südlich
Sa	Samstag, samstags
So	Sonntag, sonntags
span.	spanisch
St.	Sankt
tägl.	täglich
u. a.	unter anderem, und andere
v.	von, vom
v. a.	vor allem
v. d.	von der
vgl.	vergleiche
W	Westen
w	westlich
z. T.	zum Teil
z. Zt.	zur Zeit

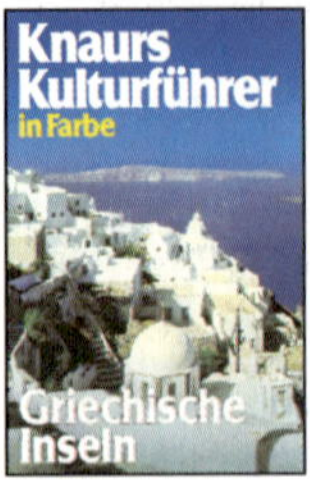
Knaurs Kulturführer
in Farbe
Griechische Inseln

Knaurs Kulturführer
in Farbe
Großbritannien und Irland
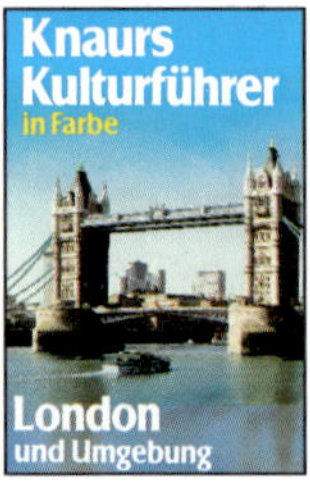
Knaurs Kulturführer
in Farbe
London
und Umgebung
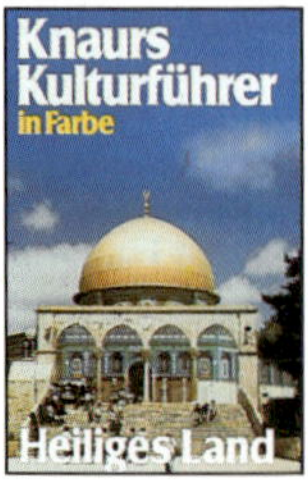
Knaurs Kulturführer
in Farbe
Heiliges Land

Knaurs Kulturführer
in Farbe
Holland

Knaurs Kulturführer
in Farbe
Italien
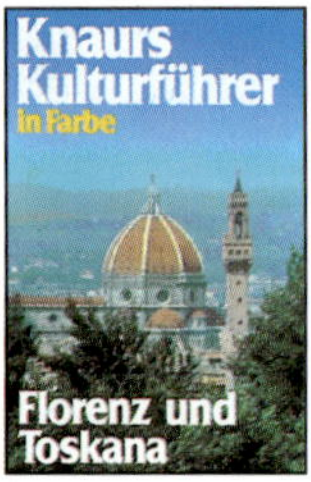
Knaurs Kulturführer
in Farbe
Florenz und Toskana

Knaurs Kulturführer
in Farbe
Rom und Latium

Knaurs Kulturführer
in Farbe
Sizilien

Knaurs Kulturführer
in Farbe
Südtirol

Knaurs Kulturführer
in Farbe
Venedig und Venetien
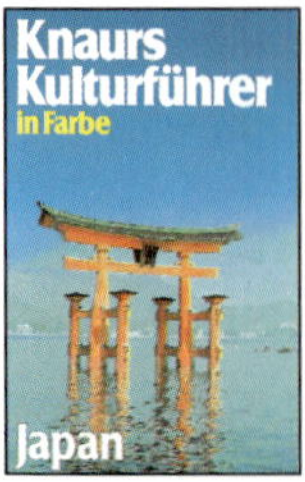
Knaurs Kulturführer
in Farbe
Japan

Knaurs Kulturführer
in Farbe
Marokko

Knaurs Kulturführer
in Farbe
Mexiko
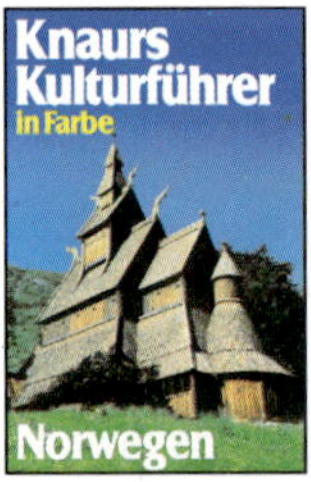
Knaurs Kulturführer
in Farbe
Norwegen

Knaurs Kulturführer
in Farbe
Österreich

Knaurs Kulturführer
in Farbe
Kärnten

Knaurs Kulturführer
in Farbe
Tirol

Knaurs Kulturführer
in Farbe
Wachau
Nibelungengau · Waldviertel

Knaurs Kulturführer
in Farbe
Salzburg
Salzburger Land